「地形」で読み解く世界史の謎

武光 誠

PHP文庫

○本表紙図柄＝ロゼッタ・ストーン（大英博物館蔵）
○本表紙デザイン＋紋章＝上田晃郷

はじめに

本書で読者の方々に伝えたいことが二つある。一つは、古い時代に世界の各地で、地形とそれにもとづく気候の違いによって、多様な文化が生み出された点である。

そして二つ目のさらに重要なことは、すべての民族がこれまで、系統の異なる文化と自己の持つ文化との交流を通じて自国の文化を発展させてきた点である。別の文化と触れ合うことのなかった民族の文化は、停滞したままであった。

日本に目を向けても、私たちのよく知るものの多くが、世界の各地からわが国に入ってきたありさまがわかる。日本で主食とされてきた米を最初に栽培したのは、インドのアッサム地方の人びとである。その稲がインド、ネパール、中国、朝鮮半島を経て日本にもたらされた。

私たちが日常用いる漢字は、中国から日本に伝えられたものであった。さらに日本人は、漢字をもとに独自の平仮名、片仮名をつくって、中国と異なる文法にたつ日本語を表記した。

ゼロを含む数字とそれに拠る数学は、古代インドでつくられた。インドのゼロの概念が、アラブ世界を経由してヨーロッパに伝えられて、そこの科学を大きく発展させたのである。西洋の数学を学ぶ前の日本人は、ゼロのない漢数字で数を表記していた。

世界規模の交流の興味深い例として、猫をとり上げてみよう。私たちになじみ深い猫は、もとはアフリカ北部からアラビア半島にかけて広がる乾燥地で生活するリビア猫という野生猫であったといわれる。

このリビア猫がはるか昔、紀元前三〇〇〇年頃にエジプトで飼い馴らされて、愛玩動物（ペット）になっていった。最初はネズミの害を防ぐための家畜であったが、やがてその愛らしい姿が好まれて飼い主の身近におかれるようになったのだ。

猫はそれから人間の手で世界中に広められた。ある猫はシルクロードで中国に、ある猫は地中海の航路でヨーロッパに運ばれた。

日本の猫は平安時代に中国人の商人の船に乗って来た。このあと平安貴族は競うようにして猫を求め、自分の飼い猫を自慢しあったという。

野生のままでいたなら、リビア猫が地球全域に広まることはなかったろう。本書では、多様な形の文化交流を通じてみた、世界の文化とそれをつくった人間の歴史を描いてみたい。

人類に有益な大発明の多くは、稀《まれ》にみる偶然のきっかけで生み出されたものである。同じ技術がほぼ同時期に、世界のあちこちでつくられた例は少ない。だから人びとは、交通が困難であった時代にも自国が持たない文化、技術に触れようとしてあちこち行き来した。いまでもはじめて海外旅行をした若い人が、「自分が育ったところと全く異なる国に触れて、物の見方が大きく変わった」と言う。本書でもところどころに、海外での筆者の驚きを簡単に記しておいた。

世界の文化の流れを摑むためには、まず十三世紀頃までのオアシスの道の役割を理解せねばならない。中央アジアの砂漠の中を通るその交易路は、その時期までシルクロードと呼ばれる三本の東西交通路の中で最も重視されていた。

中国の元代、日本の鎌倉時代末に当たる時期から、長距離の航路が開発されてオアシスの道による交流は後退していく。しかしそれまでのユーラシア大陸では、その東と西で全く異質な文化がつくられ、オアシスの道はその異質なものが交わる唯一の場であった。

オアシスの道の歴史を知ったうえで、その東側と西側の文化をみていくと、世界の歴史の大きな流れがわかってくる。

これから地形にからめて、人類の興味深い歴史をみていこう。

「地形」で読み解く世界史の謎　目次

第二章 なぜモンゴルは短期間でユーラシア大陸の大半を支配できたのか

第三章 穀物がほとんど採れないギリシアで、なぜ古代文明が興ったのか

第四章　イスラム教はなぜ、インドや東南アジアまで急速に広まったのか

第五章　なぜインドの南方には有力な政権が生まれなかったのか

第六章　なぜ中国王朝は南北に分かれることが多いのか

第七章　なぜ辺境の四川が、前漢の劉邦や蜀の劉備の本拠地になったのか

第八章　なぜ朝鮮半島には、七世紀末まで統一国家が生まれなかったのか

第九章　森林に覆われた西ヨーロッパがなぜ十一世紀以後急速に発展したのか

終章 地形からみえてくる世界史の流れ

第一章

なぜ乾燥地にある
シルクロードが
東西交易路として栄えたのか

世界の文化を大きく発展させたオアシスの道、絹の道

「はじめに」でも述べたように、シルクロードを用いた東西の交流が、世界の文化を大きく発展させた。世界史の流れを理解するためには、シルクロードの役割をきっちり掴む必要がある。「シルクロード」という言葉は、多様な使われ方をするが、近年では「シルクロード」は、ユーラシア大陸の東西の交通路の総称として用いられることが多い。

それは北方の草原地帯の「草原の道」、中央の乾燥地の「オアシスの道」、インドの南端を回る南方の「海の道」の三本の道からなる（図2参照）。

しかし本章では、古い時代に使用された「オアシスの道」だけをさす狭義のシルクロードを取り上げることにしよう。

このオアシスの道は、「絹の道」（シルクロード）、「黄金の道」などとも呼ばれる。その交易路を用いて、中国の絹がローマ帝国に、アルタイ山脈の金が中国に送られたためである。

オアシスの道は、陸路で中央アジアの乾燥地帯を抜ける道であった。この乾燥地

図１　トルキスタンの現在（新疆ウイグル自治区、カザフスタン、ウズベキスタン、キルギス、タジキスタンの領域を示す）

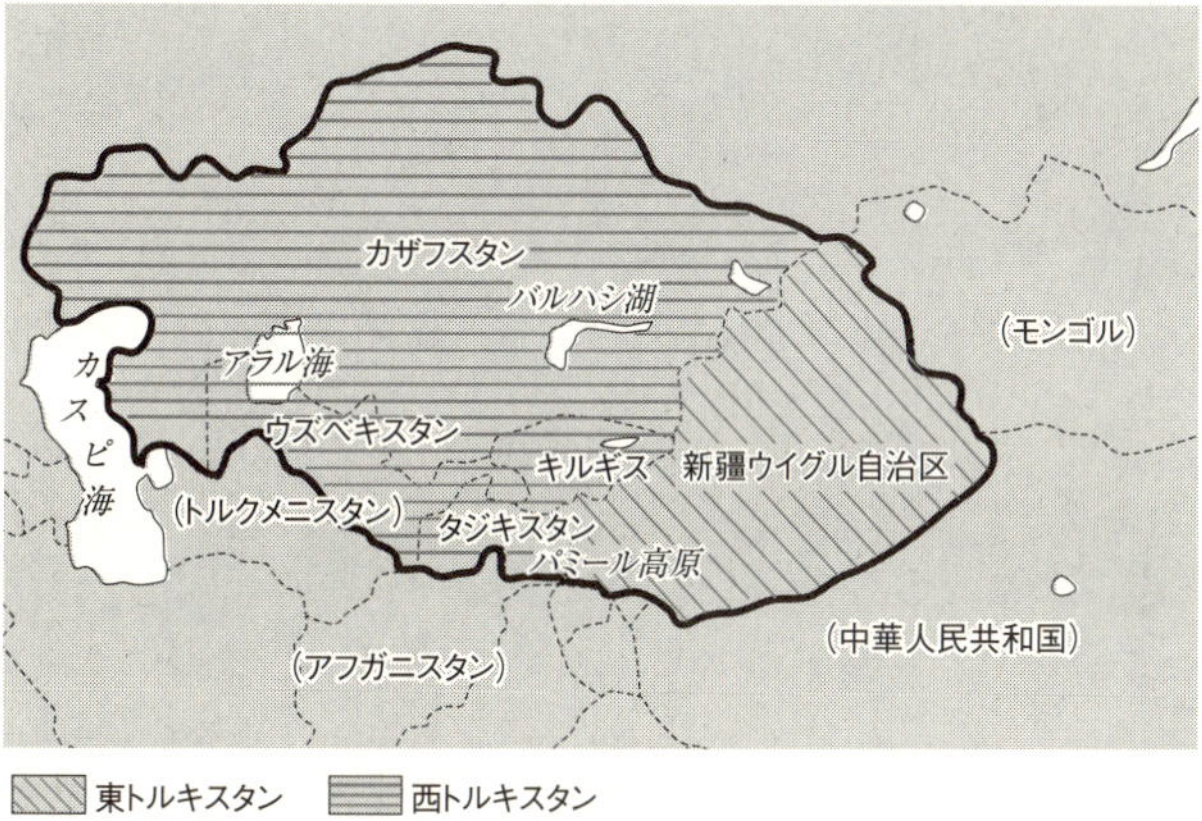

帯は長期にわたって交通の大きな障害となってきたが、草原の道、海の道が開ける前はそこを使うのが最も合理的であった。

後（64ページ）で述べるように、モンゴルの時代に相当する十三世紀末頃までは、東西の交易品の大部分はオアシスの道を通る隊商《たいしょう》（キャラバン）によって運ばれていた。

中央アジアは、「内陸アジア」「トルキスタン（トルコ系民族の居住地）」などとも呼ばれる。そこは広大なユーラシア大陸のほぼ中央にあたる場所である。世界史を概観する場合には、中央アジアをパミール高原あたりを境に東

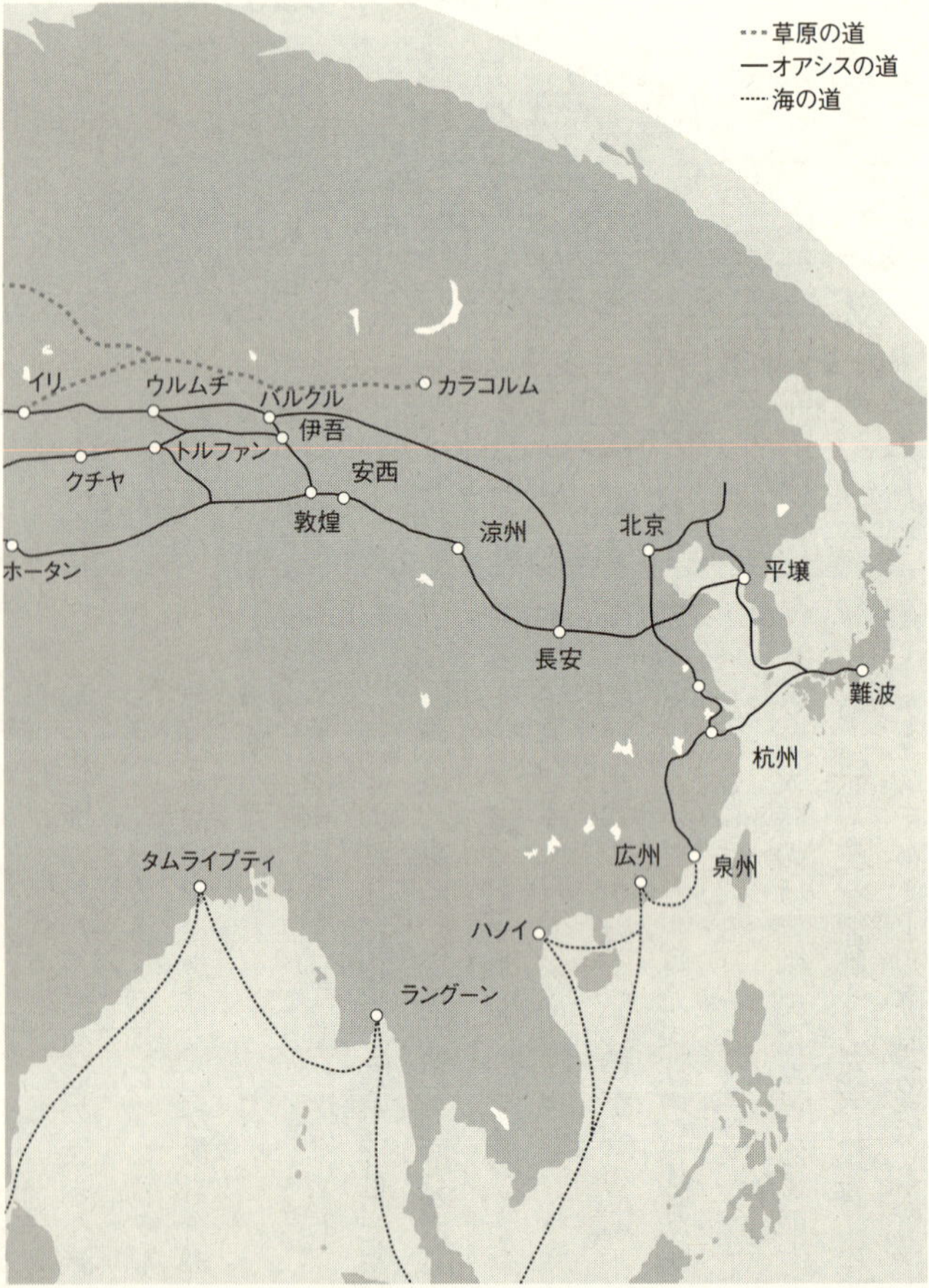

『ビジュアルワイド 図説世界史』(東京書籍)を参考に作成

図2　東西交流の3つの道

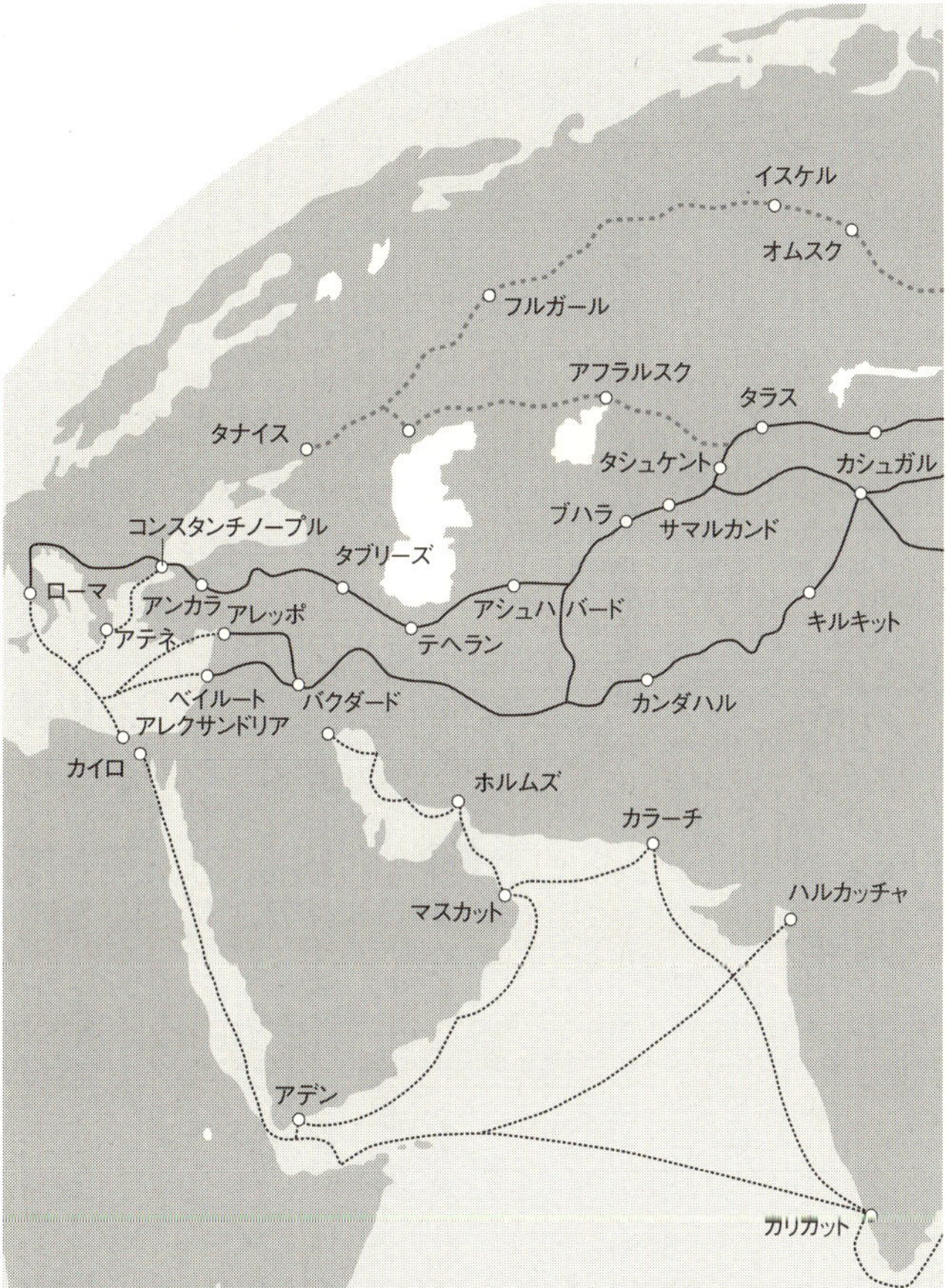

トルキスタンと西トルキスタンに分けて考えるのが便利であろう（図1参照）。東トルキスタンは、中国の新疆《しんきょう》ウイグル自治区のあたりになる。ここは、古代より中国の諸王朝とのつながりが比較的強かった地域である。

西トルキスタンは東トルキスタンより広い旧ソ連のカザフスタン、キルギス、ウズベキスタン、トクルメニスタンを中心とした範囲にあたる。つまりイラン、アフガニスタンより北方、カスピ海より東方の乾燥地が西トルキスタンとなる。

そこは、ペルシアやイスラム圏の文化の影響をより強く受けた地域であった。この西トルキスタンは十九世紀にロシア帝国の支配下に組み込まれ、二十世紀にソビエト連邦の一部とされた。

中央アジアの地形がつくった広大な乾燥地

大ざっぱにいってユーラシア大陸は、湿潤な（雨が多い）地域と乾燥地帯に分けられる（図3参照）。おおむね年間の雨量が五〇〇ミリメートルを超えるところを湿潤な地域、それが五〇〇ミリメートルに満たない範囲を乾燥地としておこう。

朝鮮半島の北端からアラビア半島の南端にかけて斜線を引くと、その線がおおむ

図3　ユーラシア大陸の乾燥地と湿潤な地域

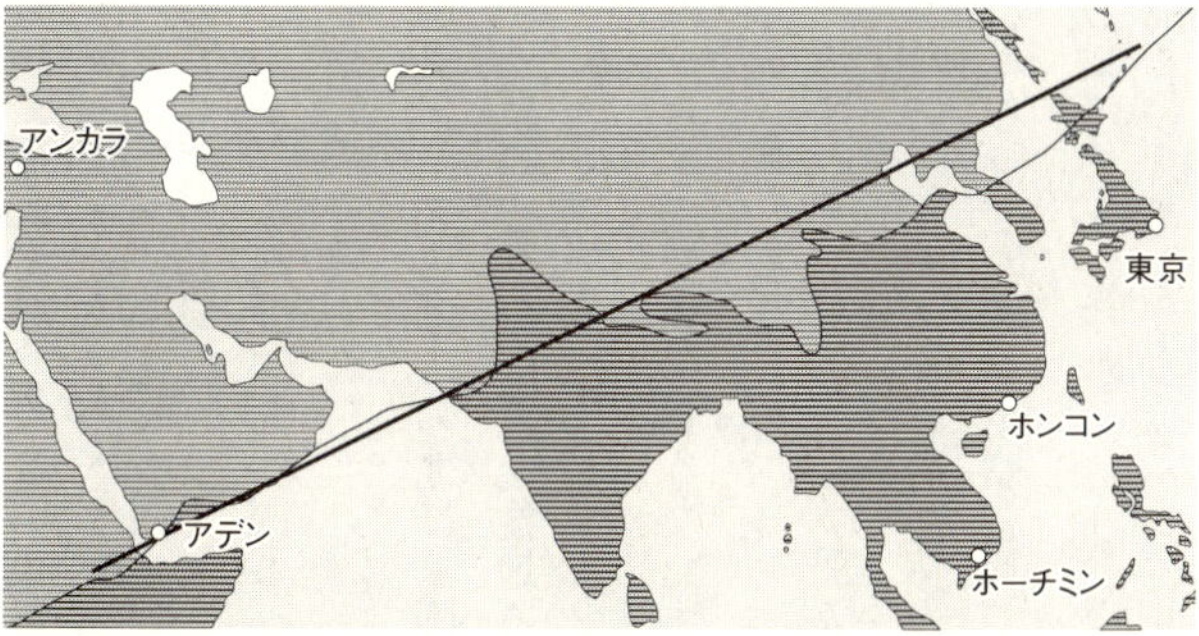

乾燥地域　湿潤な地域　― 乾燥地と湿潤な地帯のおおよその境界

ね二つの地域の境界になる。そこから南東の側が湿潤な地帯で、北西の範囲が乾燥地となる。

湿潤な日本で育った者は、むやみにユーラシア大陸の乾燥地に行かない方がよい。「人によっては乾燥地にいる間じゅう、熱の出ない風邪のような症状に苦しむことになる」と聞いたことがある。

太平洋、大西洋、インド洋といった大洋に近いところには雨が多く、地球の自転の影響で大陸の東側が、大陸の西側より多雨になる。

太陽が東から昇り西に沈む見かけの動きとは逆に、地球は西から東に回っている。そのため地球の動きに付いていけない空気が、東から西に流れていく。この東風が、大洋から湿った空気を大陸に運ぶのである。

さらに赤道に近い暑いところは、海や川が暖められて、雨の元になる多くの水蒸気を発生させる。

このような地理的条件によって、ユーラシア大陸の中央部は、雨が少ない乾燥地となった。

中央アジアにはこの他に、雨を乏しくする重要な要素がある。ここの地形が、高い山々に囲まれた巨大な盆地になっている点である。

日本でも、「山の中の盆地は雨が少ない」と言われる。ところが中央アジアの地形は、日本の盆地のようななまやさしいものではない。東トルキスタンの南側には阿爾金《あるちん》山脈、崑崙《くんるん》山脈、カラコルム山脈の険しい山並みが連なっている（26・27ページの図5参照）。そこには標高八〇〇〇メートルを超える山まである。

さらにトルキスタンの南側は、チベット高原を経てヒマラヤ山脈の天に届くかと思われるほどの峰々が連なっている。

次に東トルキスタンの北側をみると、そこには天山《てんしやん》山脈が連なっている。この山脈にも標高七〇〇〇メートル近い山がある。この地形によって、天山山脈と崑崙

図4　トルキスタンの気候

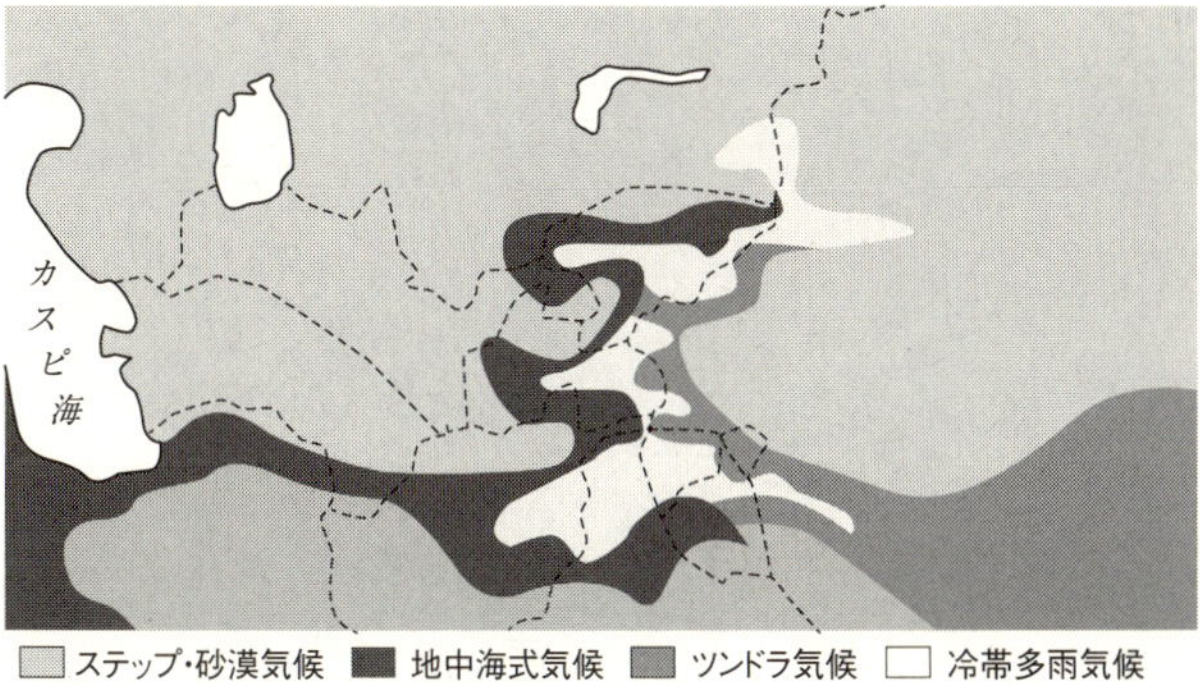

山脈の間の地域は、雨が少なく、夏は暑く、冬は寒い、厳しい環境となった。夏は四五度、冬は氷点下三〇度に達する土地まである。この盆地の地形が、タクラマカン砂漠と呼ばれる広大な乾燥地をつくったのである。

トルキスタンの標高の高いところは、乾燥地ではなくシベリア西部と同じ冷帯多雨気候と北極に近い地域に広がるツンドラと同様の気候になっている。

一方、西トルキスタンでは、自然の姿は多少穏やかになる。西トルキスタンの南側には、カラコルム山脈の西に連なるヒンドゥー・クシ山脈という交通の障害はあるが、西トルキスタンの北方は、カザフ高原の西部の台地とトゥラン低地を中心とする平野になっ

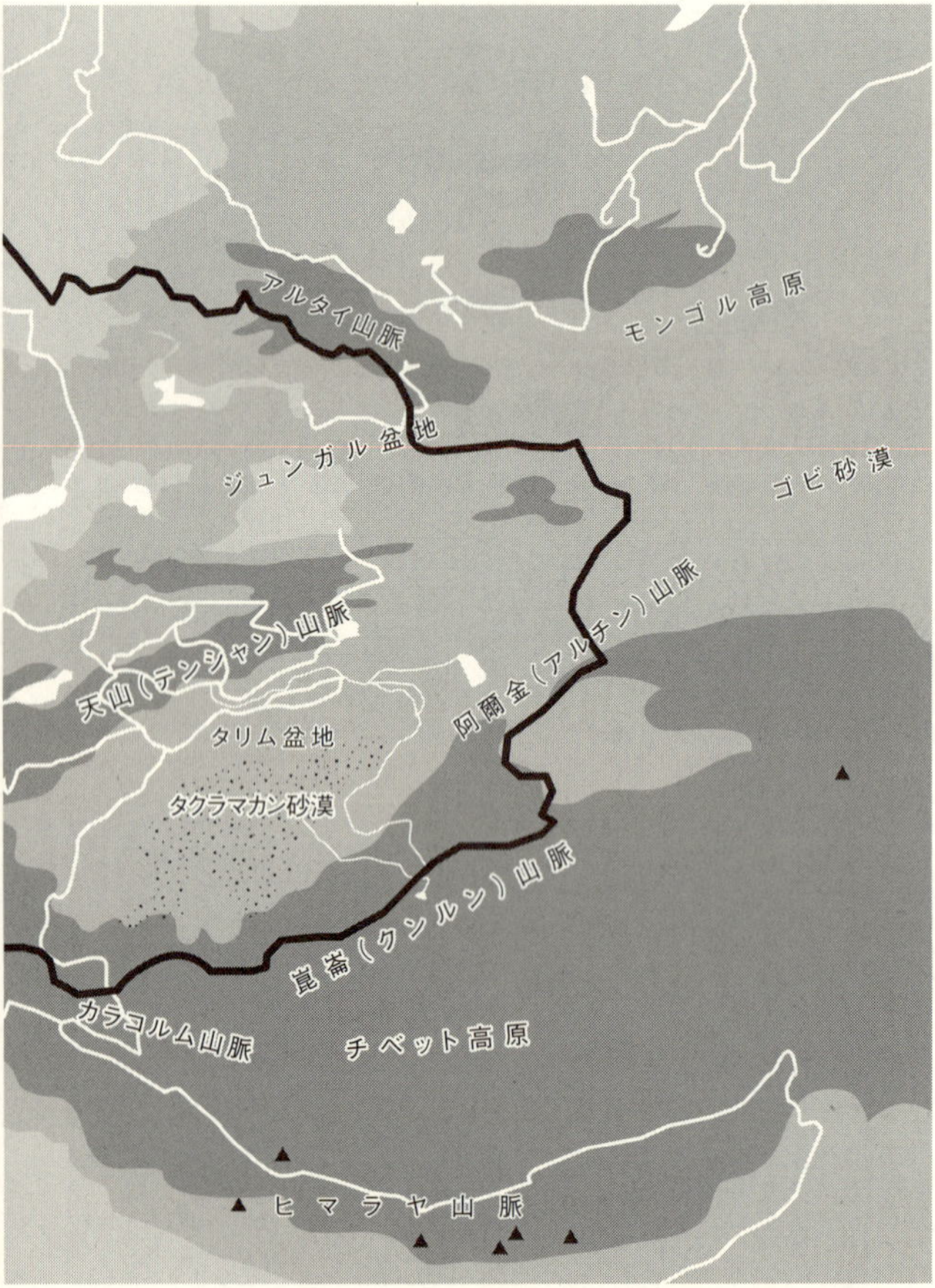
アルタイ山脈
モンゴル高原
ジュンガル盆地
ゴビ砂漠
阿爾金（アルチン）山脈
天山（テンシャン）山脈
タリム盆地
タクラマカン砂漠
崑崙（クンルン）山脈
カラコルム山脈
チベット高原
ヒマラヤ山脈

図5　トルキスタンの地形

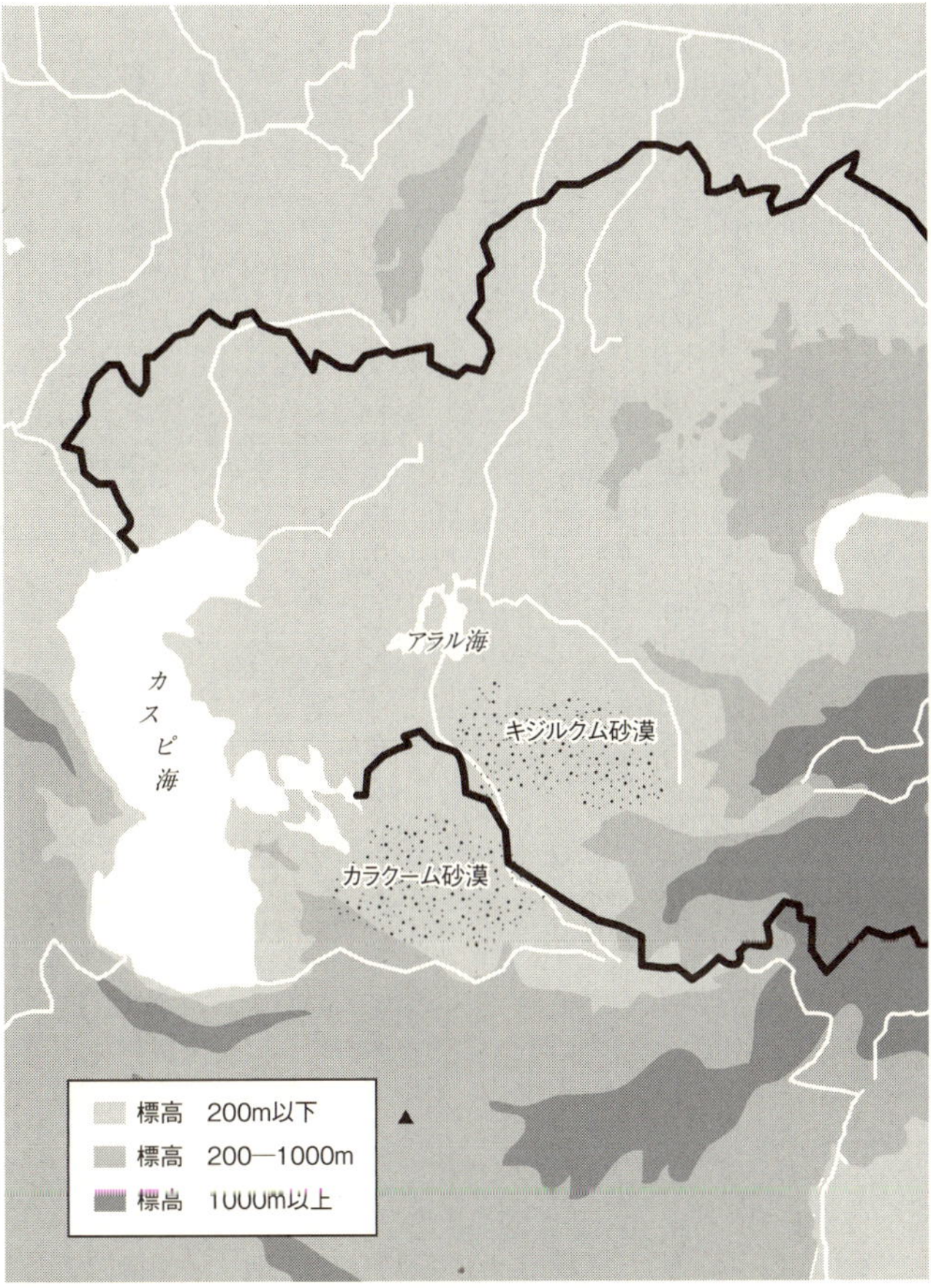

ているからである。

西トルキスタンにもキジルクム砂漠とカラクーム砂漠はあるが砂漠の南辺には、帯状に冬に雨が多く降る地中海式気候（73ページ参照）の湿潤地帯が連なっている（25ページの図4参照）。

中央アジアはこのような地形からみて、ユーラシア大陸で最も自然の厳しい地と評価できる。しかしそこにも、人間の営みがあった。そしてこのオアシスの道の住民たちが、十三世紀以前の世界の歴史を大きく変えていったのである。

オアシスの道を辿る

これから中国の唐代にあたる八世紀のオアシスの道を、東から西へと辿《たど》ってみよう（20ページの図2参照）。オアシスの道の入口と呼ぶべき位置に、敦煌《とんこう》がある。現在の甘粛省《かんしゆく》にあるその町は、前漢代（紀元前二〇二―紀元後八）に、西方や北方の異民族に備える前線基地として整備された。

敦煌にある石窟《せつくつ》寺院の石仏群は、海外からの旅行者が集まる観光地としても知られており、敦煌から唐代の歴史研究の貴重な手掛かりとされる、敦煌文書も発見さ

鳴沙山の楼閣（敦煌）

れている。敦煌の近くには、「風が吹くと音楽を奏でるような音がする」といわれる、広大な砂山、鳴沙山《めいさざん》がある。

敦煌は、乾燥地の中のオアシス都市である。私の親しい友人二人が敦煌の観光に出掛けたことがあるが、荒涼たる平地の中を八時間もバスで移動する体験をして驚かされたと語っていた。

オアシスの道は、天山北路、天山南路、天山南道の三本の交通路とその枝道からなる。天山北路と天山南路は天山山脈の北と南を行く道で、天山南道は天山山脈よりかなり南方の、崑崙山脈の北麓を通っている。

天山北路は、長安からゴビ砂漠の南方

を経てジュンガル盆地のバルクルに出る。このあとこの道はウルムチ、イリを経てタシュケントにいたり、北のアルタイ山脈と南の天山山脈の間にできたジュンガル盆地の南端を通る。

天山南路と天山南道はタリム盆地の北と南の縁《ふち》を行く道だが、前の地図（26・27ページ）に記したようにタリム盆地にはタクラマカン砂漠という巨大な砂漠がある。オアシスの道は敦煌の西方のタクラマカン砂漠の入口で、天山南路と天山南道に分かれる。天山南路はトルファン、クチャを経てカシュガルにいたる。天山南道はホータンを通ってカシュガルで天山南路と合流する。

この他に天山南路の伊吾《ハミ》と天山北道のバルクルをつなぐ枝道もある。

天山山脈、アルタイ山脈などの中央アジアの山々の南斜面は不毛の乾燥地であることが多い。これに対してその北斜面の大部分は森林になっている。これは、北風が山に当たって雨を降らせるためである。反対に南からの風は壮大なヒマラヤ山脈に妨げられ、水分を運んでこない。

山に囲まれた東トルキスタンの盆地は、乾燥地であるが、周囲の山麓の湧き水や河川の流域には大小さまざまのオアシスがみられる。このオアシスに営まれた都市

火焔山（トルファン）

を拠点にして東西交易が行なわれてきたのだ。

タクラマカン砂漠のオアシス都市をつなぐ道には、一木一草もない見わたす限り砂や石ころばかりのところを延々と進んでいくところも多い。

天山南路のトルファンの近くに、火焔《かえん》山《さん》という絶景がある。オアシスの道から、山肌すべてが赤い土砂で覆われた禿《はげ》山《やま》が見えるのである。

そのあたりは年間平均気温が摂氏三八度もあり、地表の温度が七〇度まで上がることもある自然の厳しいところである。『西遊記』の中に、孫悟空が芭蕉扇《ばしょうせん》という不思議な扇を使って、火焔山に燃えさかっていた火を消したという話があるほどだ。

遊牧民族に襲撃される恐れのあるウルムチ、イリを通る天山北路は、唐代まで（十世紀はじめ頃まで）はあまり使われなかった。

天山北路は西トルキスタンに入ったあと、タシュケントの先で天山南道、天山南路と合流して一つの道になる。この先に、西トルキスタンの交易の中心地であるサマルカンドという有力な都市がある。

サマルカンドを出たあとオアシスの道はカラクーム砂漠の南側を通って、アシュハバードを経てテヘランに行く。そのあたりは、もう地中海式気候（73ページ参照）の湿潤な土地になる。

このテヘランを発した東西交易路はタブリーズ、アンカラを経て、コンスタンチノープル（現在のイスタンブール）に到着する。ここはヨーロッパの入口と呼ぶべき地である。そしてこれとは別に、イラン高原のオアシス都市をつないで、バグダードからベイルートやアレッポに行く道もあった。

これらの交易路を通る旅人にとって、タクラマカン砂漠が、最大の難路であった。

縄文時代と同時期に始まった中央アジアの農耕

中央アジアの自然は、私たち日本人には想像がつかないほど厳しい。

その大部分を占める乾燥地帯は、気候の区分でいう砂漠気候とステップ気候の土地からなっている。ステップとは、草原地帯を表わす言葉である。

私たちは砂漠と聞くと、鳥取砂丘のようなどこまでも砂地が広がるところを想像しがちである。しかし実際の砂漠には、石ころだらけの場所も草や灌木がまばらに生えている土地もある。

砂漠には、全く水が出ない荒れ地も多いが、小さい泉や井戸のある場所も少なくない。そのような、水の得られるところに樹木が青々と茂るオアシスも点在している。

もう一つのステップの大部分は、木が育たず草だけが生えている乾燥地である。この草も、暑くなると枯れてしまう。しかしステップの中には一定の時期に高山の雪解け水が川となって流れてくる場所もみられる。さらに、川が流れこんで沼沢地をつくっているところもたまにある。

現在のステップには、鳥やカモシカの類いしかいないが、かつてはそこに野生の

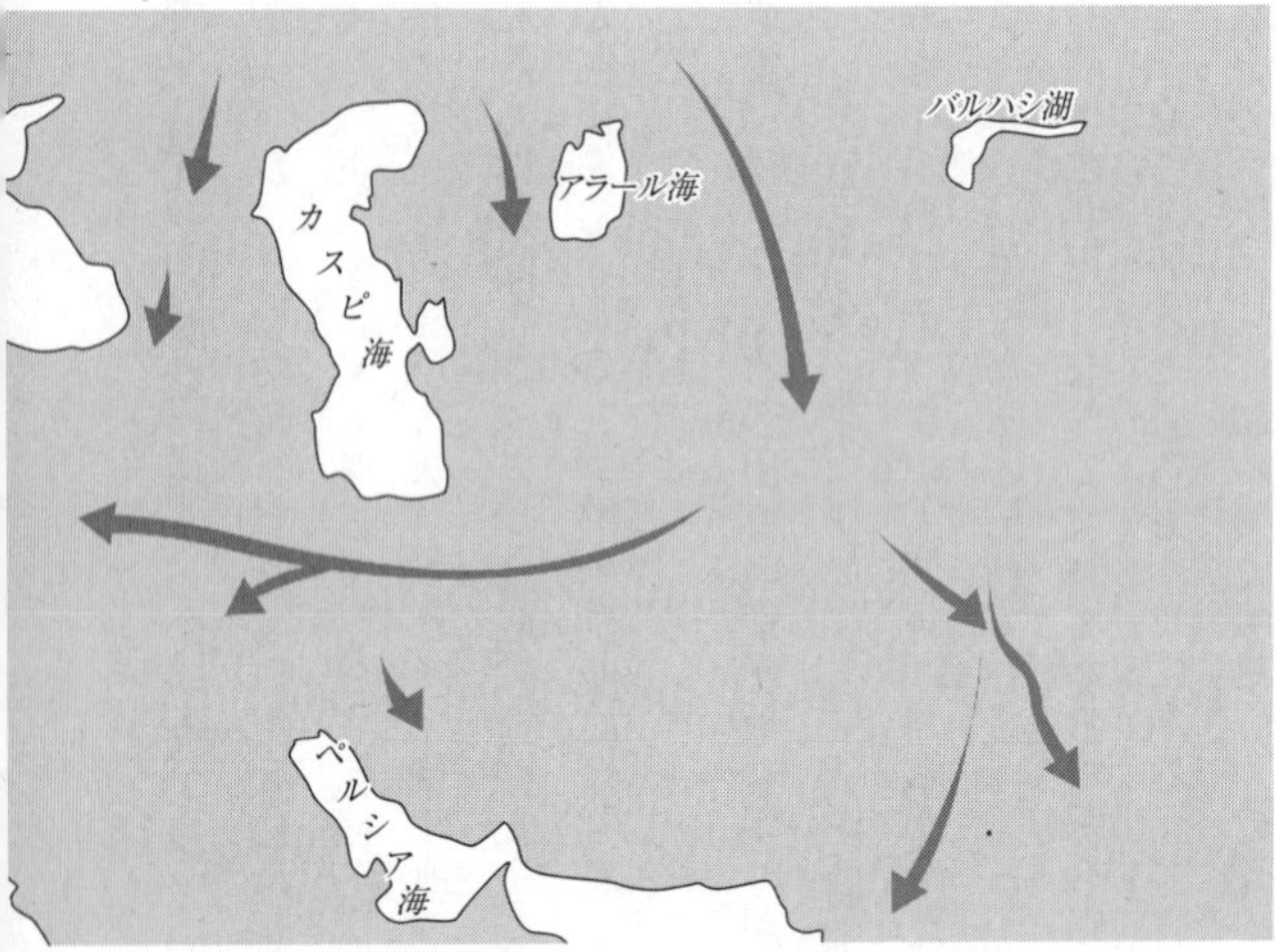

羊、馬、ラクダなども住んでいたことが、化石からわかっている。また草原地帯のところどころには樹木が茂るオアシスもあった。このオアシスでは、古い時代から人間が生活していたのだ。

トルキスタン（26・27ページの図5参照）には、紀元前五〇〇〇年から六〇〇〇年にかけての時期に、原始的な農耕を営む集団が残した遺跡が発見されている。しかしそこの住民が、どのような系統の人びとであったかは明らかではない。この時代は、日本の縄文時代前期に相当する。

図6　アーリア人の南下

『増補版 標準世界史地図』（吉川弘文館）を参考に作成

地下水路で水をひくオアシスの農耕

中央アジアの歴史において、紀元前一五〇〇年頃を超えたあたりに大きな変化がみられた。大規模な灌漑網を備えた新たな農耕文化を持つ集落が出現したのである。それと共にオアシス農耕の遺跡が増加する。

これは、アーリア人（インド・ヨーロッパ語族）の南下によってもたらされたと考えられている。この時期、急速にユーランア大陸の西側に広まったアーリア人は、

図7　カナートのつくり

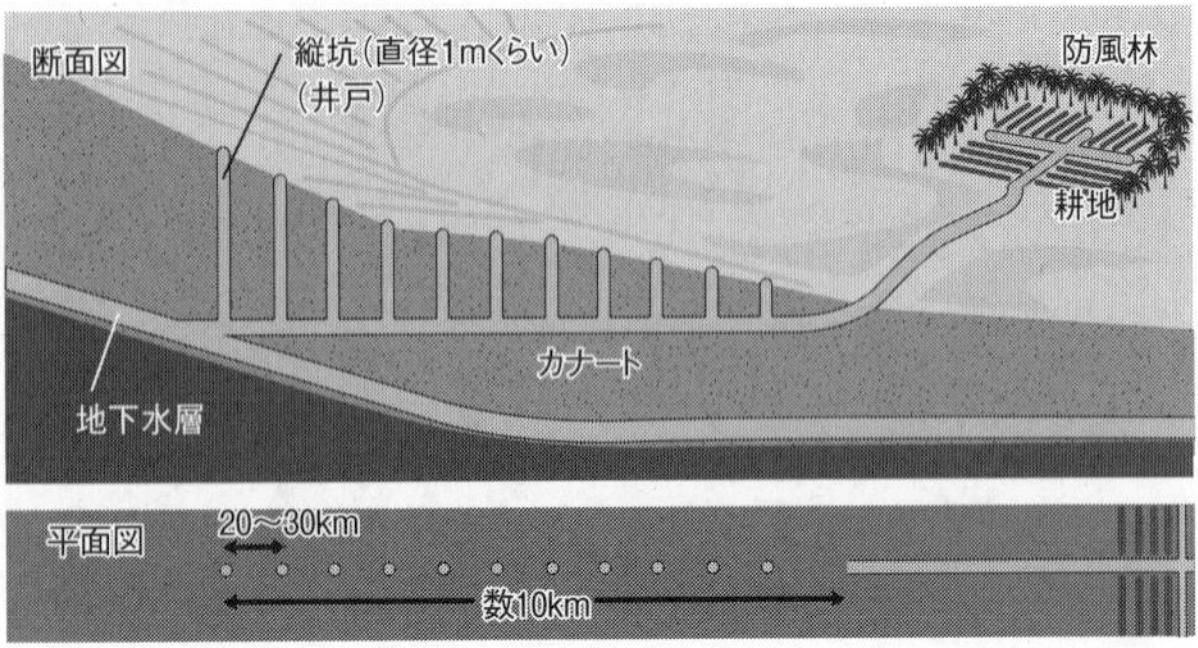

出典：『ビジュアルワイド図説世界史』（東京書籍）

現在のヨーロッパ地域の白人、ペルシア人、インド人などの先祖になった人びとである。

さらに中央アジアのアーリア人は、紀元前一〇〇〇年すぎに、城壁で囲まれた都市を完成させている。これは、日本の弥生時代開始期に相当するきわめて古い時期にあたる。

オアシスの農耕民は、きわめてはるか昔からカナート（カレーズ）と呼ばれる灌漑設備を開発してきた。カナートとは、水をひくための地下水路である。

カナートの建設は、まず山か丘に縦の坑道を掘って地下水に達するところから始まる。このあと水を引きたい方向に、約三〇メートル間隔で縦坑を掘り、縦坑と縦坑の間を横の坑道でつないで水路とした。

人間が縦坑に降りてトンネルを掘るので、人力では片側の一五メートル程度の穴しかつくれなかったのである。横の坑道は、水を送る方向に傾斜しており、地下水を流すと土の壁を壊して地下の水路を斜め下に流れていく。そして低いところにある人びとが生活する目的地で、地上に現われるのである。

このようなカナートを開発すれば、人工のオアシスがつくれた。このようなカナート建設の技術がオアシス農耕を発展させ、やがてオアシス都市を出現させたのだ。

カナートの正確な起源は明らかになっていないが、カナートの技術は、メソポタミアのあたりでつくられ、イラン高原を経て中央アジアに伝えられたものと考えられている。そしてカナートの広まりと共に、イラン高原に住んでいたペルシア系の人びとが、少しずつ中央アジアに移住してきたとみてよいだろう。

オアシスから生まれた遊牧民

雨の多い土地で生活する私たち日本人は、「水の豊かなところが、農業に適している」と思い込みがちである。

しかし農業技術がきわめて低い時代には、日本のような湿潤な土地よりオアシスのほうが農耕にむいていた。

農器具が未発達な段階では、日本のような多雨な土地に生い茂る巨大な樹木を伐り倒して農地を開発するのは容易なことではなかった。しかもせっかくつくり上げた田畑は、こまめに雑草をとらないと原野になってしまう。

これに対しオアシスでは、自分たちが播《ま》いた作物が大して手入れをしなくても育った。しかも砂漠や草原（ステップ）の中で孤立したオアシスは、外敵にも襲われにくい。

このような事情によって、中央アジアのオアシスで古くから農業が栄えることになったのである。

広大な乾燥地であるイラン高原でも、中央アジアより古い紀元前一一〇〇年頃からオアシス都市が繁栄していた。

オアシス農耕が発展し食料にある程度のゆとりができたのちに、オアシスの人びとは周辺の草原で捕らえた羊などを飼育することを覚えた。

このような家畜がいると、家畜の乳や肉で食生活が豊かになる。家畜の毛皮も、貴重な衣類となった。オアシスの人びとは、まず大人しい羊を馴らし、それに次いでヤギを飼うようになったのであろう。

馬やラクダが家畜化されるのは、かなり後になってからだとみられている。

家畜を飼うようになったオアシスの人びとは、豊かな生活のためにより多くの羊を得たいと考えた。しかし家畜が一定以上にふえると、オアシスの人びとの生活はたちまち行き詰まってしまう。

なぜなら、家畜の餌とするための穀物のゆとりは、それほどなく、オアシス近くの草原に家畜を放牧しても、そこに生える草の量には限界があるためだ。

このような難しい状況を解決するために、オアシスの住民の一部が分かれて、牧畜を専業とする遊牧民となったと考えられる。

遊牧民はオアシスを離れて、草の豊かな草原で生活した。かれらは、夏は涼しくよい草地となる高地に家畜を連れていって過ごし、冬に高地の草がなくなると、比較的暖かい低地に移動して冬ごもりをした。

遊牧民の社会と農耕民の社会は根本的に異なる

牧畜を専業とする人びとは、最初はオアシスの住民の間で分業の一部を担う集団だったのであろう。しかしかれらはまもなく、オアシスの指導者の支配を離れた遊牧民になっていった。強い権力をふるう指導者の言いなりになるのを嫌ったためだ。

オアシスでは早くからカナートなどの水の権利を持つ者が支配者となり、その下に地主と小作人の間の世襲の階層がつくられていた。そのため古くから、乾燥地で農耕に従事した集団は、世襲の上流階級が権力を独占する保守的な社会となっていたのだ。

オアシスでは血縁のつながりより、地主層によって区分された地縁のまとまりが重んじられた。このような農耕民の社会では、戦争や天災のような特別なことがない限り、毎年ほとんど変化のない生活が繰り返されていく。地主が半永久的に、自分の土地にいる小作人を支配するのだ。

しかし遊牧によって自立した人びとは、水や農地の権利を持つ権力者に従う必要はない。

家畜を連れて厳しい自然の中を長距離にわたって移動する遊牧民の生活は、農耕民の生活とは全く異なっていた。かれらは牧草の不足、水害、家畜の疫病など、さまざまな自然の危険に見舞われる。他の集団と、牧草地の割り当てに関する争いが起こることもあっただろう。

みんなで力を合わせ、武力を用いた紛争や天災に当たらねばならない。したがって遊牧民は、「土地よりも人間が大切」とする考えをとった。そのためかれらは、血縁を中心とした助け合いを重んじる平等な社会をつくり上げていった。

近代に入る以前のユーラシア大陸の乾燥地には、血縁によって結びついた三家族から一〇家族程度の集団をつくって生活する遊牧民が多かった。かれらは一家族平均で、羊の飼料に換算すると二〇〇頭程度の家畜を飼っていた。

遊牧民が馬、牛、ラクダなどを飼うときは、馬などを必要な飼料に応じて、羊数頭分として換算することになる。

遊牧民の一つの集団は、羊にして六〇〇頭から三〇〇〇頭分程度の家畜を保有していた。乾燥地では、それ以上の数の家畜の飼料を一度にまかなえないためである。

そのため一つの集団の人数がふえすぎたときは、遊牧民は別々の草地で放牧するために二つの集団に分かれた。

このような遊牧民の集団は、氏族《うじぞく》（クラン）という組織をつくっていた。氏族は、独立した平等な家族の集まりである。個々の家族では、家長が強い指導力を持っていた。そしてこのような家長の中で最も有能な者が、みんなに選ばれて氏族全体を統轄した。

氏族が集まって、部族（トライブ）が組織される。この部族は、互いに共通の祖先を持っていると信じる人びとによって構成されていた。部族全体の指導者が立てられることもあるが、部族を構成する氏族はすべて平等だと考えられていた。

農耕民と遊牧民の交流がオアシスの道の長距離の交易をつくり出した

牧畜を専業とする人びとがオアシス社会の指導者に従っている時代には、個々のオアシスは農作物と畜産物を得て、自給自足を原則とした生活を送っていた。しかし遊牧民の集団がオアシス社会から自立したために、遊牧民と農耕民の定期的な交易が始まった。

「遊牧民は食料をすべて肉、家畜の乳、乳製品などでまかなって、自給自足に近い生活を送っていた」

という誤解がある。しかしかれらは、肉を常食としているわけではない。肉を食べてしまうと、生活のもととなる羊が瞬く間になくなってしまうからだ。

遊牧民は、農耕民と同じように穀物を主要な食料としていた。遊牧民は冬の居住地で農耕を行ない、夏に草を求めて高地に移動するときには、冬の居住地の留守番に氏族の一部の者を残しておいた。

しかしそれでも、十分な穀物を得られない場合も多い。そのためかれらは、オアシスの農耕民との交易で穀物の不足を補うようになったのである。

農耕民にとっても、遊牧民がもたらす生きた家畜や乳製品、毛皮は有難い。遊牧民は食料の他に衣料、農工具なども、オアシスの集団から買い入れた。

このような遊牧民の集団との交易でその旨味《うまみ》を知ったオアシスの指導層は、まもなく自分の居住地にない珍しい物を求めて、他のオアシスとの交易も始めた。

そして紀元前一〇〇〇年すぎになると、中央アジアに長距離の交易が始まり、オアシス間の交流はさらに活発になった。砂漠を行く隊商（キャラバン）が現われるのも、この時期である。

日本人の間にようやく水稲耕作が始まった弥生時代のはじめに、トルキスタン（中央アジア）は、都市国家間の交易と文化交流が盛んに行なわれる先進地になっていたのである。

中央アジアの交通路上には、徒歩でほぼ一日の行程以内の距離のところにオアシスがみられる例が多い。これはオアシス都市間を結ぶ交通路を開くときに、カナートを用いた新たなオアシスが幾つも開発されたことを物語るものであろう。

紀元前七世紀末に、イラン高原にメディア（紀元前六二五―五五〇）という有力な王国が生まれた。このメディア王の宮廷で華やかな古代文化が繁栄した。これに次いで、より有力なアケメネス朝ペルシア（紀元前五五〇―三三〇）が現われた（79ページの図19参照）。

いずれも、オアシス都市に拠る勢力であり、中央アジアのオアシス都市は、ペルシアの豊かな商品を求めて交易を急速に活発化していったのである。

第二章

なぜモンゴルは短期間でユーラシア大陸の大半を支配できたのか

図8　匈奴の最大の領域(紀元前2世紀なかば頃)

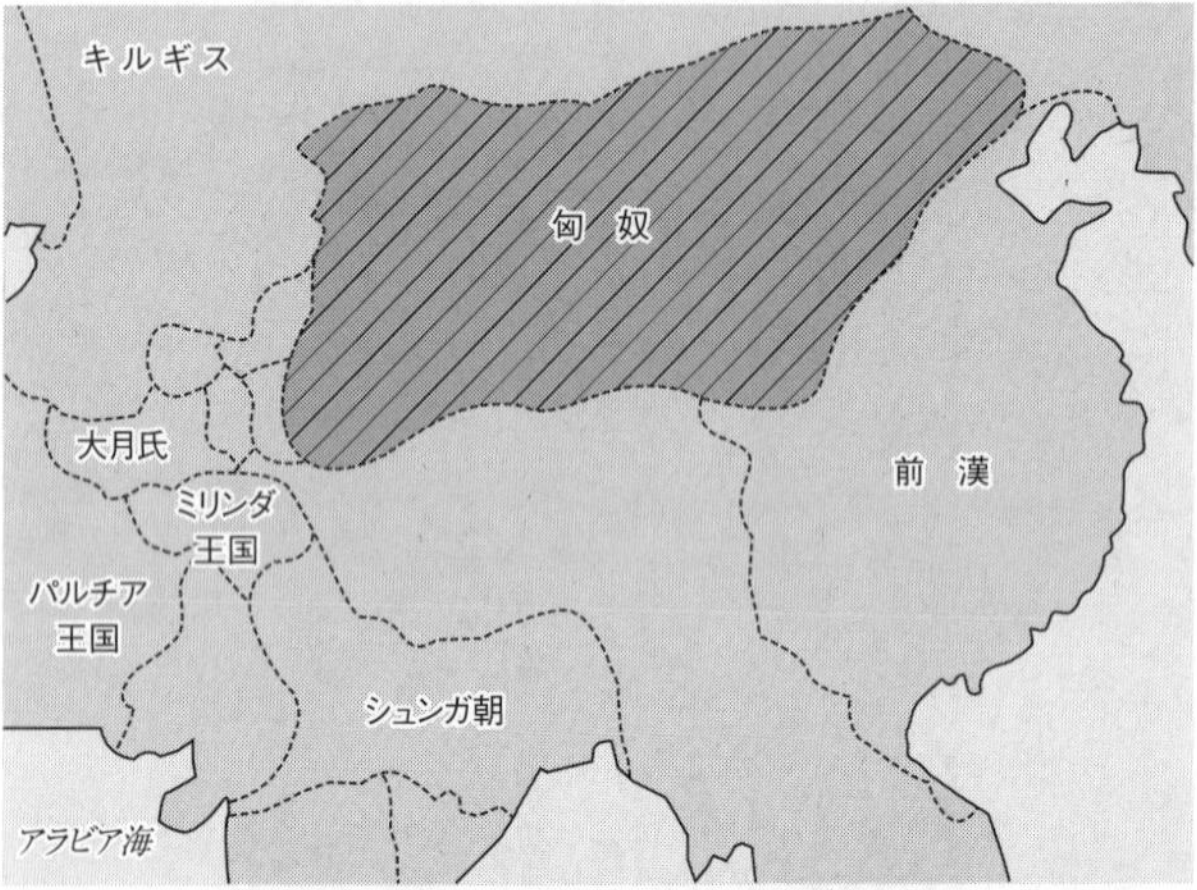

『増補版 標準世界史地図』(吉川弘文館)を参考に作成

遊牧国家に支配されたオアシスの道

先述したように中央アジアでは、紀元前一〇〇〇年頃からオアシス都市を担い手とする小規模な交易が数百年にわたって行なわれていた。この間にオアシスの道の北方の草原に、騎馬の風習が広まっていった。そして最終的には強力な騎馬軍団を持つ遊牧国家匈奴《きょうど》が出現した。これをきっかけに、中央アジアの交易路の性格は大きく変わっていった。

匈奴は中国の諸勢力と争う中で次第に強大になり、紀元前二世紀なかばまでに東トルキスタン、西トルキスタンの大半を支配下におさめた。これによって、オアシスの道の交易路は急速に発展した。匈奴のもとで、交易路の安全が保証されるようになったためである。オアシス都市の商人は、中国の絹やオアシス地帯の特産品を匈奴の宮廷に持ち込んで、大きな利益を上げた。

この経済発展の中でオアシス都市の有力者は勢力を拡大し、都市国家と呼ぶのに相応しい支配をつくり上げていった。

近代に入る前の遊牧民は、平素は氏族《うじぞく》および氏族を束ねる部族単位で行動していた（41ページ参照）。ところがいったん有力な指導者が現われると、多くの部族が指導者のもとに団結して遊牧国家をつくる。

しかしこの遊牧国家においては、個々の部族の指導者同士は対等のものとされていた。遊牧国家では、君主は部族に利益をもたらす間はその地位を保つが、君主の指導力が弱まると国家を形づくっていた部族の連合はばらばらに分解していく。

匈奴の君主はモンゴル高原のアルタイ系の遊牧民を一つにまとめて軍勢を組織し、しばしば中国の領域に進出して略奪を行ない、遊牧民に多くの利益をもたらした。匈奴は、現在のモンゴル人もしくはトルコ系民族に連なる人びとではなかったかといわれている。

中国系勢力とギリシア系勢力のはじめての出会い

オアシスの道の交易が活発になると、東方の中国と西方のギリシア系の諸勢力は、中央アジアに対して高い関心を持つようになっていった。なかでも前漢の武帝《ぶてい》（紀元前一四一—八七）は、積極的に匈奴を攻撃する方針をとった。

武帝が張騫《ちようけん》という者を西方の大月氏国《だいげつしこく》（現在のアフガニスタン北部周辺）に派遣した（紀元前一三九）ことによって、中国人の中央アジアに対する知識が深まっていった。この頃より中国人はトルキスタン以西の国々を「西域《さいいき》」と呼ぶようになった。このあと武帝は何度も軍勢を送り匈奴の勢力を退けて、中央アジアの多くの都市国家を前漢朝の傘下におさめた。

一方、西トルキスタンの西部はアケメネス朝ペルシアのときにペルシア人の支配下に組み込まれていった（79ページの図19参照）。さらにこのあとペルシア系のソグド人などが東方に進出し、オアシスの道の交易の担い手となっていく。次いでギリシア人のアレクサンダー（アレクサンドロス）大王（紀元前三五六—三二三）がアケ

図9　前漢代の西域（紀元前1世紀はじめ頃）

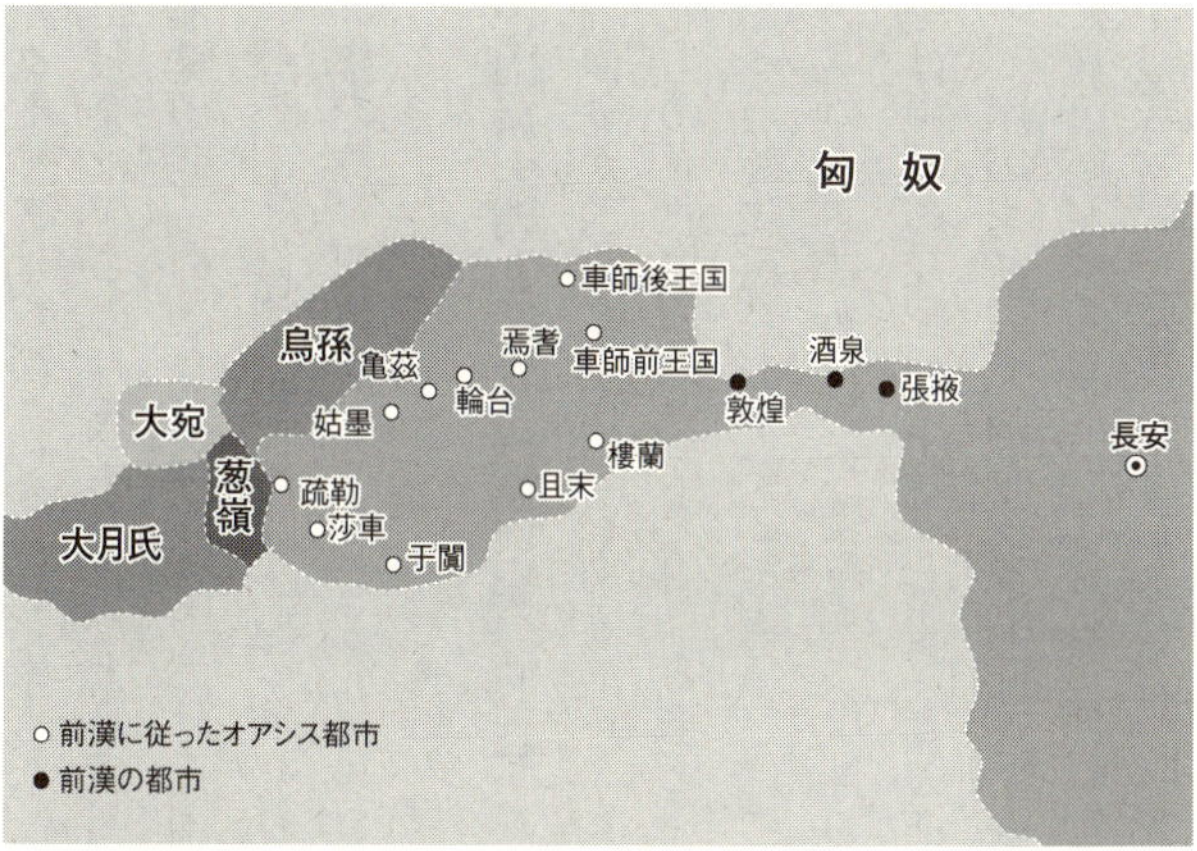

『増補版 標準世界史地図』（吉川弘文館）を参考に作成

メネス朝ペルシアを征服し、西トルキスタン西部を支配した。

しかしかれがつくったアレクサンダー帝国は大王の没後に崩壊し、ギリシア系のセレウコス朝シリア（紀元前三〇五―六四）がイラン高原や西トルキスタン西部を治めることになった。

その後ギリシア系移民がつくったバクトリア（紀元前二五〇頃―一三九）が、西トルキスタン西部で自立する。このような経緯によってギリシア文化が、現在のカザフスタンに相当する西トルキスタン西部にまで広がることになったのである。

バクトリアは、のちにイラン系もしくはトルコ系といわれる月氏《げっし》に従った。先述した張騫は、この月氏が立てた大月氏国に向かったのである。

前漢の武帝のときには、この大月氏国の少し手前までが前漢朝の領域とされていた（49ページの図9参照）。そして命がけで難路に挑み、この時代の東と西の交易の主導権を握ったのが、ペルシア発祥のソグド人であった。

中国諸王朝と遊牧民族国家の興亡

前漢朝が西方に進出したあとの東トルキスタンは、ある時は中国王朝の、ある時は北方の遊牧民族の支配を受ける形となった。中国皇帝の勢力が後退すれば、それを知った遊牧民族がすぐさま攻め寄せてくる時代であったのだ。

後漢の末期にあたる二世紀末に中国の政治が混乱すると、東トルキスタンの西域諸国は中国の支配から自立した。このあと中国で三国時代の動乱があり、西晋《せいしん》がようやく中国を統一（図12参照）した。しかし西晋は短期間で弱体化して、北方や西方の異民族が中国北部に侵入し、幾つもの王朝を立てた。北部の異民族の王朝と南部の中国人の王朝がならび立つ、南北朝時代（三一七—五八九）が始まったのである。

図10　アレクサンダー帝国(紀元前323年頃)と大王の遠征路

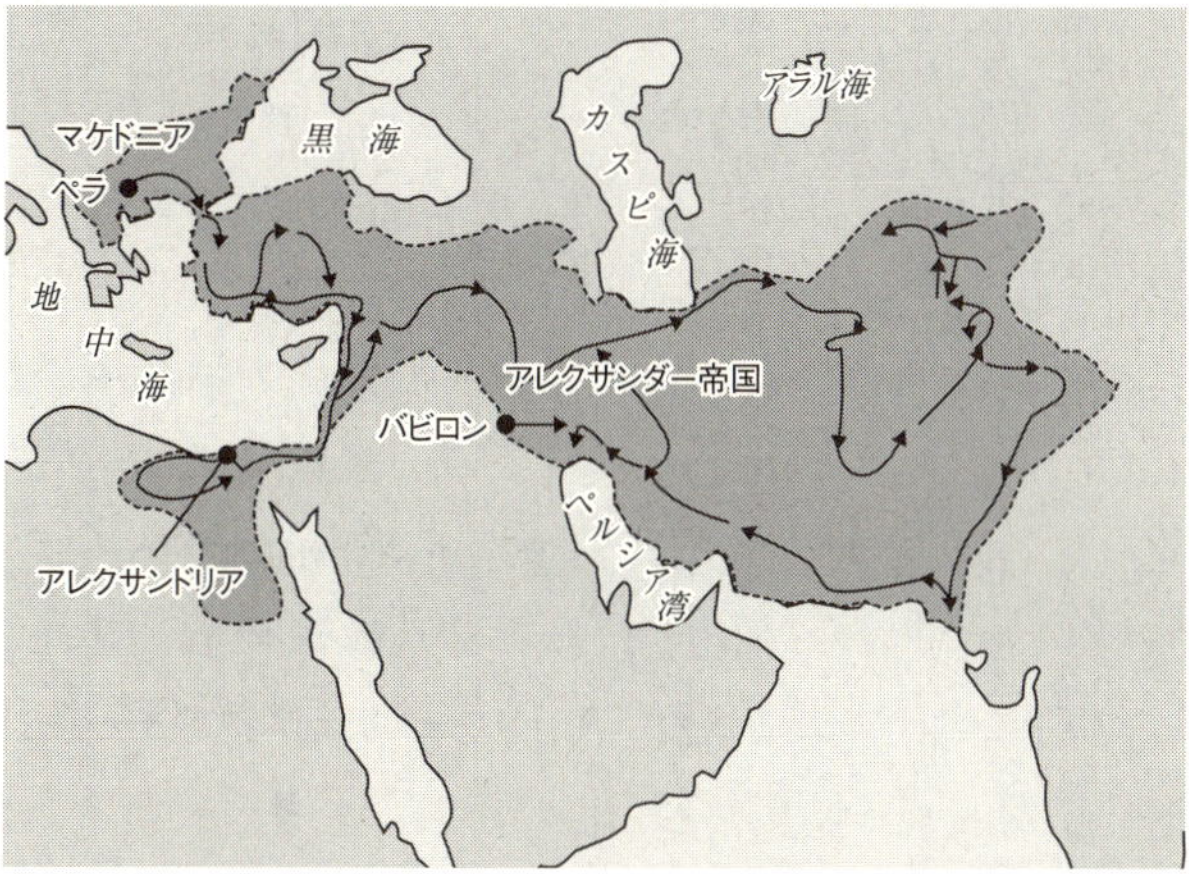

図11　アレクサンダー帝国の分裂(紀元前3世紀はじめ頃)

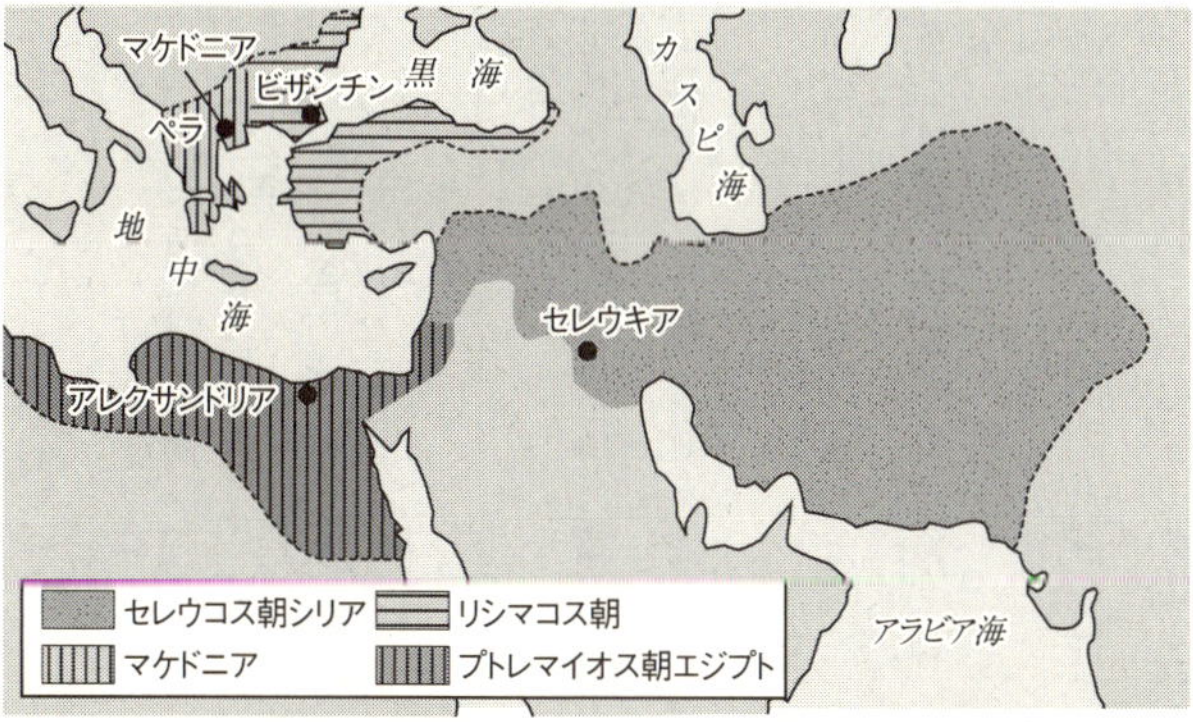

『ビジュアルワイド図説世界史』(東京書籍)を参考に作成

図12　古代中国史年表

紀元前1400年？
殷
紀元前1027年頃
周
紀元前771年頃
春秋時代
紀元前403年頃
戦国時代
紀元前221年
秦
紀元前202年
前　漢
8年
新
25年
後　漢
220年
三国（魏・呉・蜀）
280年
西　晋
316年

しかし北朝の君主たちは、中国人の上流階級と妥協してかれらを高官に起用する方針をとった。そのために中国に侵入した北朝の支配層が、中国文化を身に付けて急速に中国化することになった。

この間、イラン高原では、ペルシア系のササン朝ペルシア（二二六―六四二）のめざましい成長がみられた。また南北朝時代末に相当する六世紀なかばからは、中国北方の草原で突厥《とっけつ》が勢力を急速に拡大していた。

突厥はトルコ系民族で、一時は東トルキスタンのオアシスの都市国家群を従えるまでの強盛を誇った。しかし突厥はのちに東突厥と西突厥に分裂し、そのあと唐に

図13　ササン朝ペルシア（4世紀後半頃）

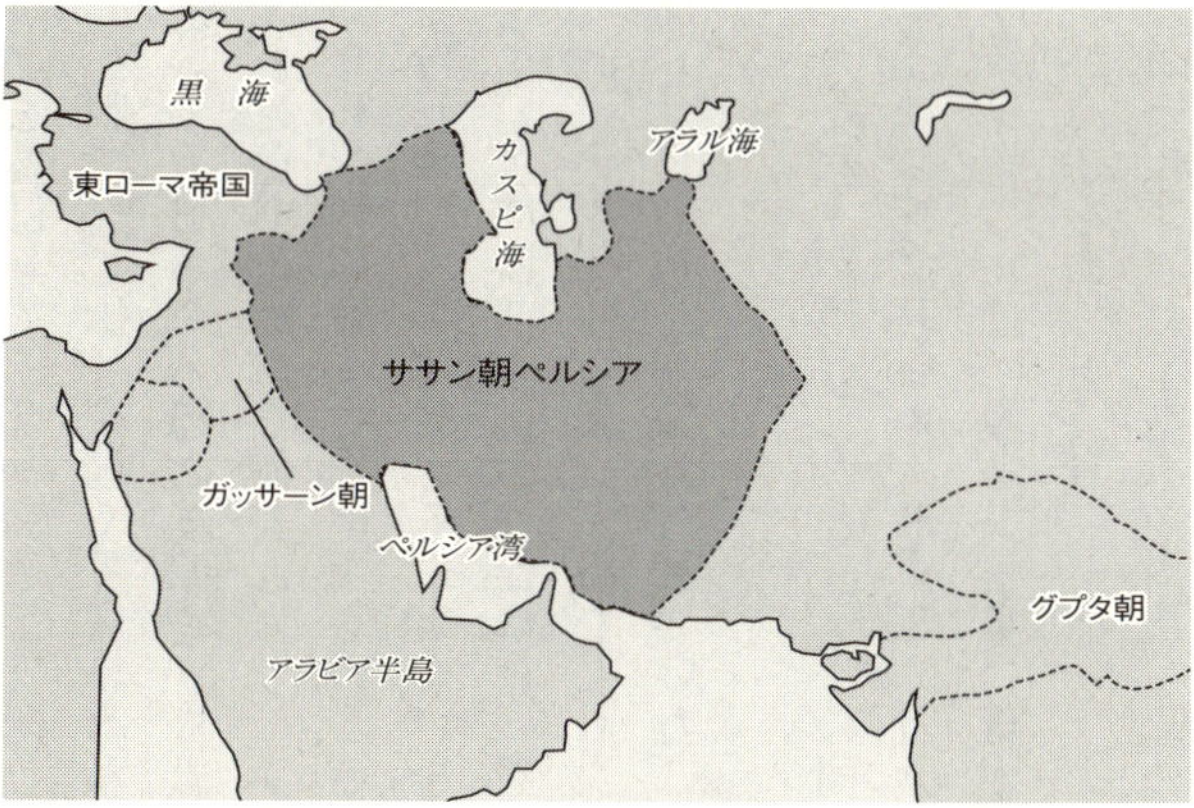

『増補版 標準世界史地図』（吉川弘文館）を参考に作成

敗れて滅びた。

このあと隋朝、ついで唐朝が中国全土を支配した。唐は次第に勢力を拡大して、その領域を西方に広げ、七世紀後半には西トルキスタンまで支配下に治めることになった。

オアシスの道から日本に伝わったペルシア文化

南北朝時代の中国に、ササン朝ペルシアの多様な文化が伝えられた点に注目しておきたい。前（51ページ図11）にあげたセレウコス朝シリアのあと、ペルシア系のパルチアがイラン高原を支配していた。そしてこのパルチアを滅ぼしてイラン高原を支配したのが、ペルシア系のササン朝である。このササン朝で、ローマ帝国やイスラム帝国のものをはるかに超える、世界史上に類をみないと評価されるほどの華やかな宮廷文化が生み出された。

これは絶対的権威を確立したササン朝の君主の指導のもとにつくられたものである。ササン朝の君主は神聖なものとされ、王族や最高位の貴族であっても、お召しがなければ君主の前に出ることができないほどであった。

この君主の欲望を満たすために、費用を惜しまずに宮廷の贅沢な衣装や調度がつくられ、大掛かりな儀式が行なわれた。ササン朝の王座は黄金でつくられ、その脚には、ルビーがちりばめられていた。ペルシアじゅうたんが発達したのも、この時代である。

有力な君主が現われると、そこの国の文化は大きく発展する。西の世界の文化の源流は、エジプトやメソポタミアの専制君主の宮廷に求められる。

ササン朝の美は、権力を一身に集中させた君主のもとで育った華麗な文化の代表例と呼べるものであろう。

このササン朝の隆盛を知った中国の有力者は、競うようにその珍しい商品を求め

サザン朝ペルシアの建国の場面を描いたレリーフ（ネクロポリス）

た。ペルシア風の工芸技術や意匠は中国から朝鮮半島を経て、大和時代末から飛鳥時代（六、七世紀）の日本にも伝わっている。

法隆寺が所蔵する獅子狩文錦《ししかりもんきん》や、後期の古墳から出土する海獣葡萄鏡《かいじゅうぶどうきょう》という銅鏡は、その代表的な例になる。ライオンもブドウも、当時の日本にないペルシアの動植物であった。

六世紀末に築かれた奈良県斑鳩《いかるが》町の藤《ふじ》ノ《の》木《き》古墳からは、ペルシアから来たと思われる地中海沿岸産のコルクを用いた鞍《くら》が出土した。日本は六世紀の時点で、オアシスの道を介してはるか西方のササン朝ペルシアとつながっていたのである。

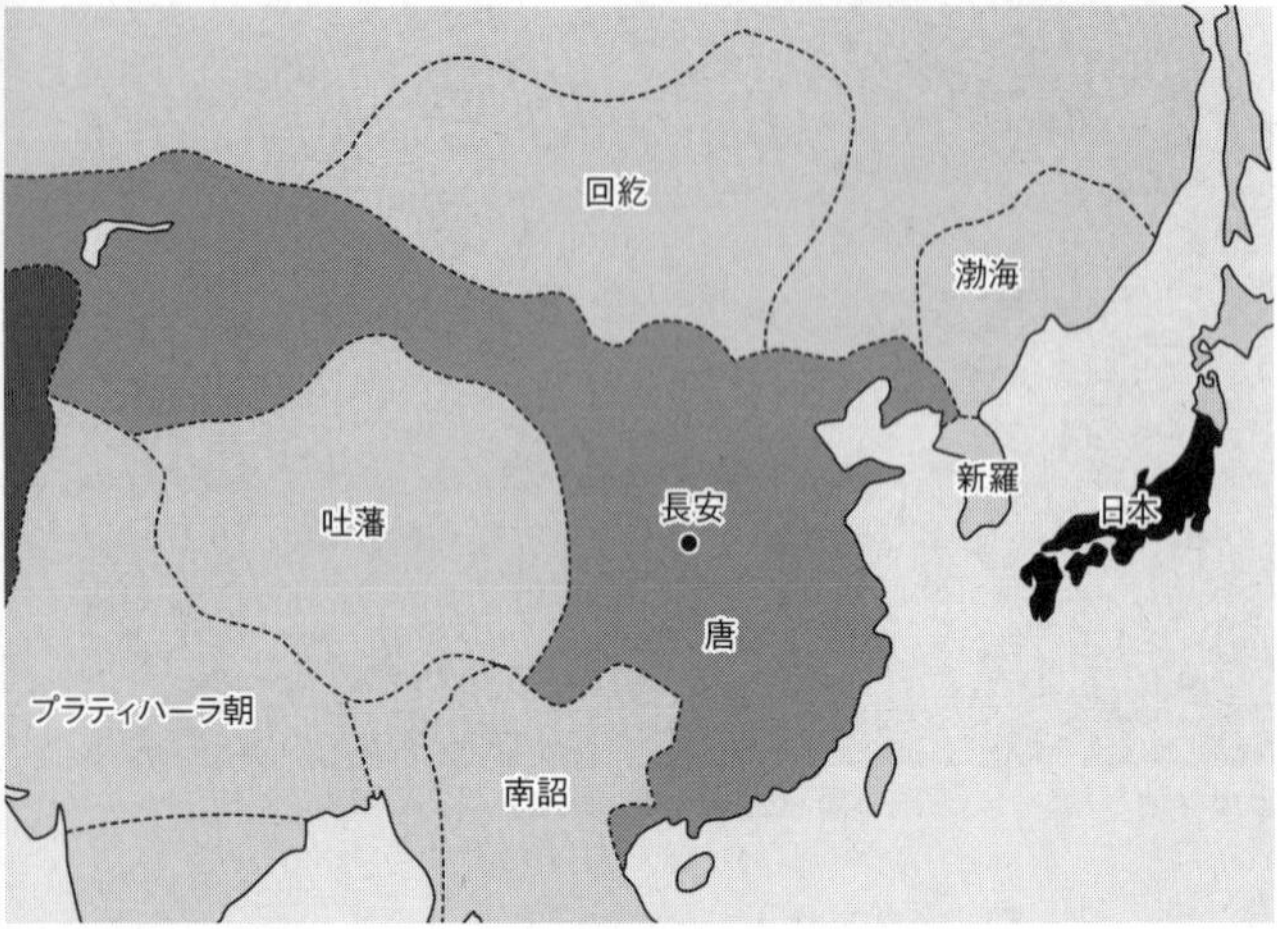

国際都市長安と日本

七世紀後半の全盛期の唐の領域は、現在のトルクメニスタン東部にまで及んでいた。これはかつての西突厥の勢力圏を飲み込んで、ササン朝ペルシア領であった地域の間近に迫るものであった。

一方、ムハンマドが開いたイスラム帝国（詳細は第四章参照）は六五一年にササン朝を滅ぼして、そこを自領に組み込んだ。さらにイスラム帝国は八世紀はじめに全盛期のササン朝の旧領であった土地で自立していたコラズム、トカ

図14　唐とイスラム帝国(8世紀頃)

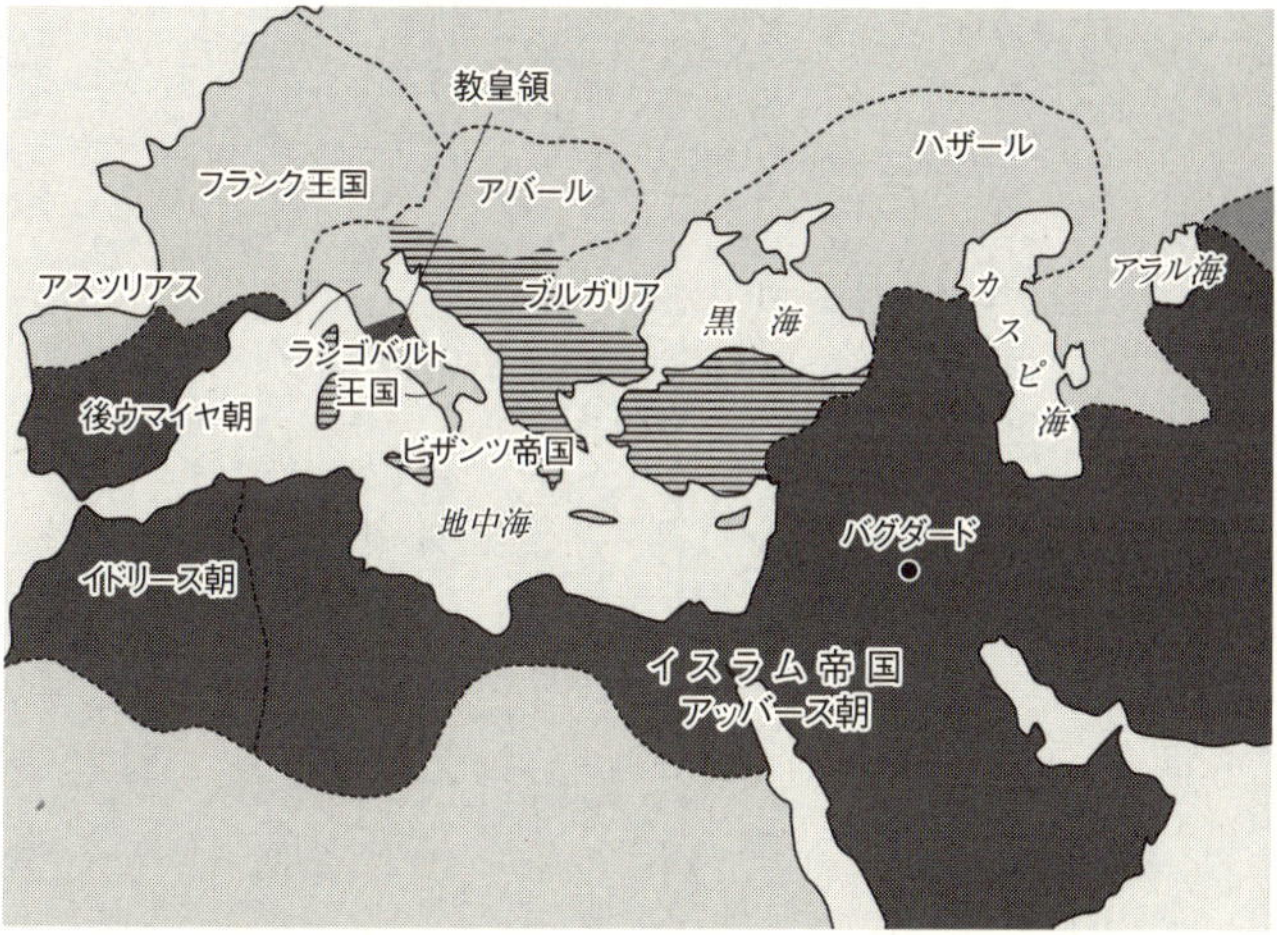

『増補版 標準世界史地図』(吉川弘文館)を参考に作成

ラなどの北方の国々を滅ぼし、唐の勢力圏と境を接するところまで領地を拡大した。

七五一年にはイスラム帝国のアッバース朝（七五〇―一二五八）と唐との間で、タラス河畔の戦いが行なわれた。この戦いのあと、中国の製紙法がアラブ世界に伝えられた。唐もアッバース朝も、タラス河畔の戦いののちに大帝国どうしの正面からの争いが無意味だとさとり、平和な交易を続けていく方針に転じた。

西域経営のおかげで、唐の長安は各地の先進文化の集まる国際都市として繁栄していった。そこにはさまざまな国から来た商人、留学生、留学僧などが住みついていた。このような外国人と長安の中国人の間で、さまざまな言語を用いた交流が持たれるようになる。

奈良時代末に日本に渡ってきた唐の高僧鑑真《がんじん》の一行の中に、安如宝《あんにょほう》という僧侶がいた。かれは建築技術に長じたペルシア人であった。この安如宝は、奈良市の唐《とう》招提寺《しょうだいじ》の建立事業で、重要な役割をはたしている。

唐の有力者が、イスラム帝国に受け継がれたペルシア風の珍しい工芸品を好んだために、イスラム帝国支配下のペルシアの地の多くの商品が中国に輸入された。その中の一部は、遣唐使《けんとうし》によって日本にも持ち込まれた。奈良市の正倉院に伝わる漆《しっ》胡瓶《こへい》（漆ぬりの西域の壺）や、ラクダに乗った胡人の図柄の付いた螺鈿紫檀《らでんしたん》五絃琵琶は、その代表的なものである。

イスラム勢力の東進

九世紀に唐が衰退すると、モンゴル高原のウイグル（回紇《かいこつ》）が中央アジアに勢力を伸ばしてきた。ウイグルは突厥と同じ、トルコ系の民族である。

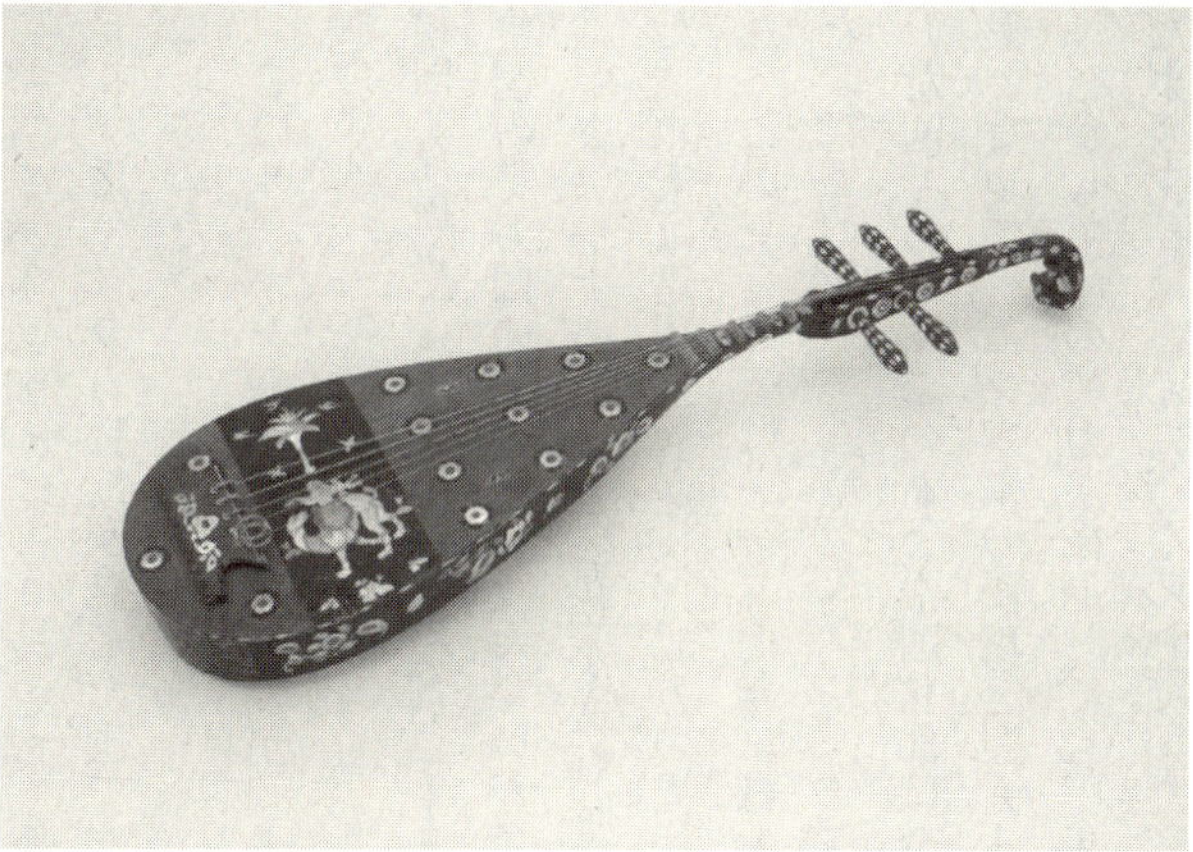

螺鈿紫檀五弦琵琶（正倉院所蔵）

九、十世紀にはウイグル人、カルルク人などのトルコ系の人びとが多数、北方から中央アジアのオアシス都市に移住してきた。そこではソグド人などのペルシア系の商人が既に活躍していたが、かれらはより有力なトルコ系の住民に同化していった。そのためソグド人などはそれまで用いたペルシア系の言語ではなくトルコ語を話すようになった。

この動きと共に、イスラム教が急速に中央アジアに広まっていった。

イスラム帝国のアッバース朝は交通の要地であったサマルカンドの町を支配下におさめていた。

このアッバース朝が衰えた九世紀後半

に、アッバース朝からサーマン朝（八七五―九九九）が自立した。サーマン朝はペルシア系イスラム教徒が立てた国で、西トルキスタン全域とイラン高原東部を領地にしていた。

このサーマン朝を滅ぼしたのが、トルコ系イスラム教徒が立てたカラハン朝（九四〇頃―一二一二）である。カラハン朝はサーマン朝の北方（現在のカザフスタン共和国北部周辺）に起こり、南方のサーマン朝を併合した。このカラハン朝の領域は、中国の勢力圏の間近まで及んでいた。

中央アジアのイスラム化が進む時期に、中国の宋朝の勢力は大きく後退していた。北宋は建国当初から、北方の異民族が立てた遼《りょう》、西夏《せいか》の二国に苦しめられていた。このあと北宋は一一二七年には北方の金《きん》国に滅ぼされ、国王は北方に拉致された（実質的には一一二六年滅亡）。金は遼を倒して中国東北地方（満州）を支配していた国である。このあと中国北部は金、中国南部は宋朝の系譜をひく南宋が治める形となって、モンゴルの侵攻を迎える。

しかし中国の勢力が後退しても、オアシス都市の商人や西夏支配下の商人を介した東西交易は盛んに行なわれていた。

モンゴル帝国のもとでオアシスの道の役割は終わる

一二〇六年にチンギス・ハンが即位したのちに、モンゴル人が各地に征服活動を繰り広げた。かれらは最盛期にはユーラシア大陸の大半を支配する大帝国をつくりあげていった。十三世紀は「モンゴルの時代」と呼ぶべき世紀だったのである。

モンゴル帝国が出現する直前のトルキスタンの大部分は、アジア系の契丹《きったん》族の西《せい》遼《りょう》が支配していたが、個々のオアシス都市の自立性は高く、乾燥地のオアシス都市に住むトルコ系の人びとが、交易の実権を握っていた。

中国から西域や西方に、絹、陶磁器、紙製品、茶などが送られた。これに対して西方や西域からは薬物、香料などその土地の特産品が運び込まれた。

しかし全体的にみるとこの時期までは、中国の工芸技術が、西方のそれよりはるかに進んでいた。そのためオアシスの道の交易は、「主に中国の絹と西方の金、銀とを取り引きするものであった」と評価するのがよい。そこは、シルクロードと呼ぶのに相応しい道であった。

草原の遊牧民であるモンゴル人は、チンギス・ハン以前から東西の交易の利益に注目していた。そのためモンゴルは早い時期から、交通路の整備に力を入れた。幹線道路にジャムチという駅伝制度を置いて、官営の駅（ジャムチ）で馬の世話や食料の補給をさせたのだ。これによって、馬を用いたすみやかな往来が可能になった。

モンゴル軍が街道の警備にあたるために、隊商《たいしょう》の往来は、前よりはるかに容易になったが、トルコ系の商人の活動は、モンゴルの役人の厳しい管理のもとに置かれた。

元朝、キプチャク・ハン国、チャガタイ・ハン国、イル・ハン国、オゴタイ・ハン国をはじめとするモンゴル系の諸帝国は、才能ある西域人を積極的に登用した。そのためモンゴル帝国のもとでモンゴル高原、中国、中央アジア、イラン高原などが一体の世界になっていった。

マルコポーロはモンゴル帝国が整備した交通路を西から旅行し、一二七五年に元の都、大都を訪れている。

モンゴル支配のもとで、海の交通路（シルクロード）が急速に発展した。それまでインド洋を主な活動の場として活躍していたイスラム商人が、マラッカ海峡を越

図15　モンゴル系の元朝と四ハン国（13世紀後半頃）

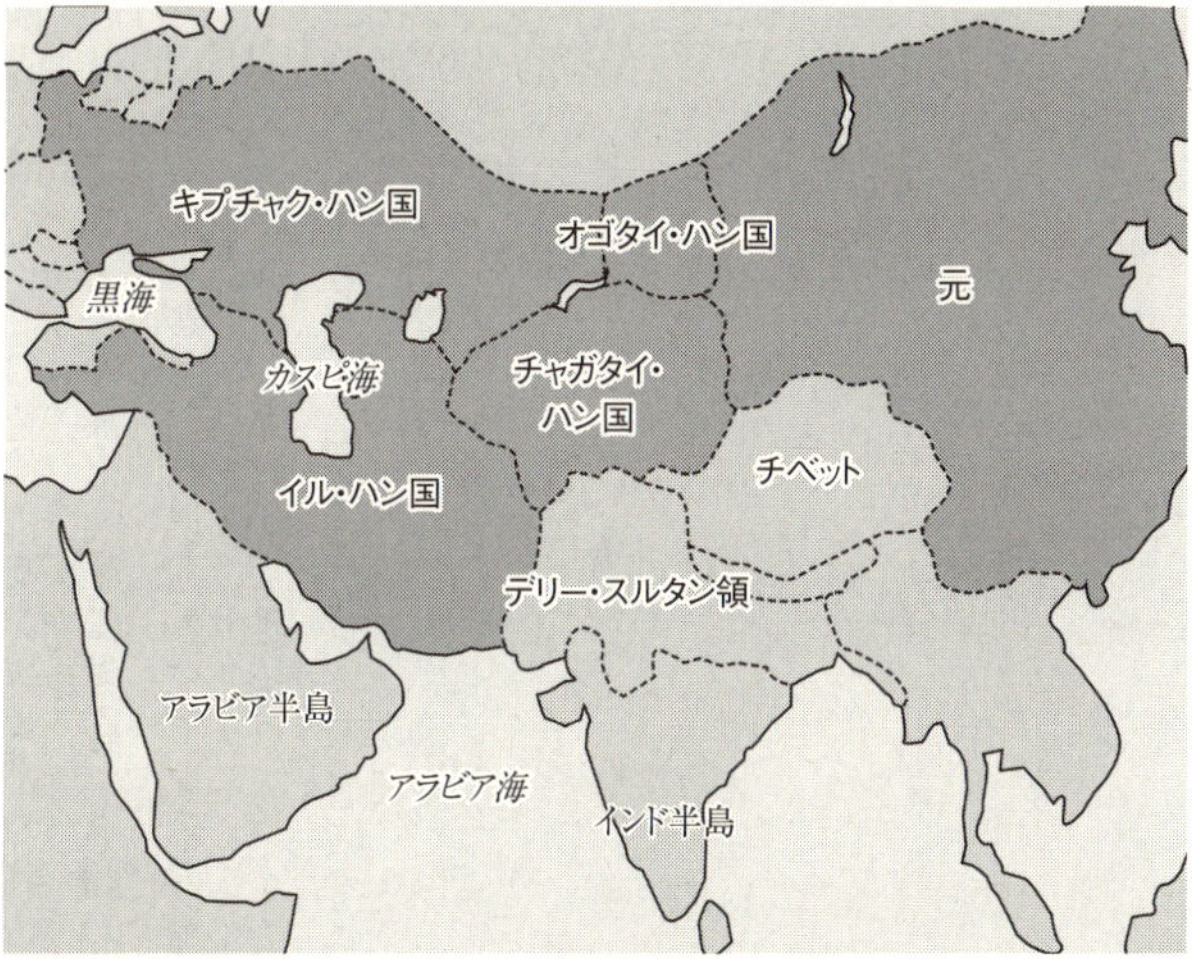

『増補版 標準世界史地図』（吉川弘文館）を参考に作成

えて南シナ海まで進出してきたのだ。

それによって南シナ海の交易に従事していた中国の商人が、盛んにイスラム商人との取り引きを行なうようになった。さらにかれらの一部は、よい商品を求めてインド東岸にまでいたった。これにより、中国南部の広州《こうしゅう》、泉州《せんしゅう》などの都市が急速に発展した。

船を用いた交易は、一度に大量の商品を運べたため、東西の取り引きの主流は次第に海のシルクロードに移っていった。しかし陸路の草原の道（18ページ）を用いた東西の交流も、この時代にモンゴル系の諸帝国の管理のもとで発展していた。

もはやオアシスの都市国家による、隊商の小規模で命がけの交易の時代は終わったのである。しかしそれ以前のオアシスの道は、東西の文化交流を通じて世界を大きく変えてきたものと評価できる。

このあと西方の文化をオアシスの道に持ち込んだギリシア、ついでアラブ世界、インドを取り上げよう。

第二章

穀物がほとんど採れないギリシアで、なぜ古代文明が興ったのか

西洋文化の起源はギリシアにある

ギリシアは、地中海に面した南ヨーロッパの国である。オリンポス神殿などの観光に、ギリシアを訪れる日本人も多い。かれらの多くは、まぶしいほど明るい海のそばになだらかな丘陵が続く、ギリシアの風景に感動する。

紀元前八世紀なかばから紀元前四世紀の末頃にかけて、ポリスと呼ばれるこのギリシアの都市で古代文明の花が開いた。それは地中海の交易がもたらす富によってつくられたものであった。

ギリシアが繁栄した時代は、日本の弥生時代前期に相当する。日本ではまだ、農業を営む人口二〇〇人ほどの小さな集落がならび立っていた時期のことであった。

このあと登場するローマ帝国の全盛は、ギリシアが開いた地中海の交易路の上につくられたものだ。ギリシア人は古くから科学的、合理的発想を好み、道徳の要素と科学の要素とをあわせ持つ高度な哲学を完成させた。

このギリシアの学問は、ローマ帝国にそのまま受け継がれ、やがて西ヨーロッパに広まっていった（221ページ参照）。西洋文明は、ギリシア哲学の上に築かれたものといってよいだろう。

古代ギリシアの繁栄は、地中海沿岸の地形、気候によってもたらされた。西ヨーロッパの強国にくらべると、現在のギリシアはけっして豊かとはいえない。近年のギリシアの財政破綻からは、そこが古代に世界一豊かな国であったことを想像しづらい。しかし古代ギリシアの全盛がなければ、ヨーロッパの文化は現在のものと全く違った形をとっていたのだ。

古代日本に伝わったギリシア文化

日本の飛鳥文化には、明らかにギリシアから来た要素がみられる。これは、先述した（55ページ参照）オアシスの道によって伝えられたものである。

古い時代に日本で祭られた仏像の顔立ちは、明らかに私たち日本人のものと違っている。それはギリシアの美男美女の顔をした、古代のギリシア彫刻の神像を模してつくられた仏たちであった。

飛鳥時代を代表する仏像に、京都の広隆寺《こうりゅうじ》の半跏思惟像《はんかしゆい》（弥勒菩薩像《みろくぼさつ》）がある。それは、『日本書紀』に出てくる朝鮮半島にあった新羅《しらぎ》という小国から献上された木像ではないかと考えられている。

この広隆寺の仏像は、目が細く鼻筋の通った西洋風の美しい顔をしている。飛鳥時代の仏師たちは、南北朝時代の中国から百済《くだら》（朝鮮半島にあった小国）や新羅を経てもたらされた仏像を手本にして仏づくりをしたのである。

仏教徒は現在のアフガニスタンにあったクシャーナ朝の時代（一―三世紀。123ページの図32参照）に、はじめて仏像を拝むようになった。人間に似た姿の彫刻をつくる習慣のなかったクシャーナ朝の人びとは、イラン高原にあったパルチア王国（46ページの図8参照）に伝わっていたギリシア風の彫刻を真似て仏像を刻んだのだ。

特に、ガンダーラの美しい石仏群は、クシャーナ朝を代表する仏教美術として知られている。

日本でも法隆寺の建物の柱の意匠は、奈良時代の寺院の柱と明らかに違ってみえる。柱の上端と下端を細くする、エンタシスという技法をとっているためだ。

このエンタシスは、パルテノン神殿などのギリシア建築に用いられたもので、エンタシスの柱は実物より長く美しく見える。この遠近法の手法は、西洋の絵画にも

パルテノン神殿（アテネ）

多くみられる。

ギリシア人が立てたセレウコス朝シリア（51ページの図11参照）に取って代わったパルチアは、ギリシアの技法を幾つも受け継いでいた。そして彫刻、建築技術などのさまざまなギリシア文化が、オアシスの道を西から東へと流れて、中国、日本へと辿《たど》りついたのだ。

ギリシア文化を生んだ地中海の地形、気候

ここでギリシアを中心とした地中海地域の文化を育てた、地中海沿岸の地形や気温、雨量についてみてお

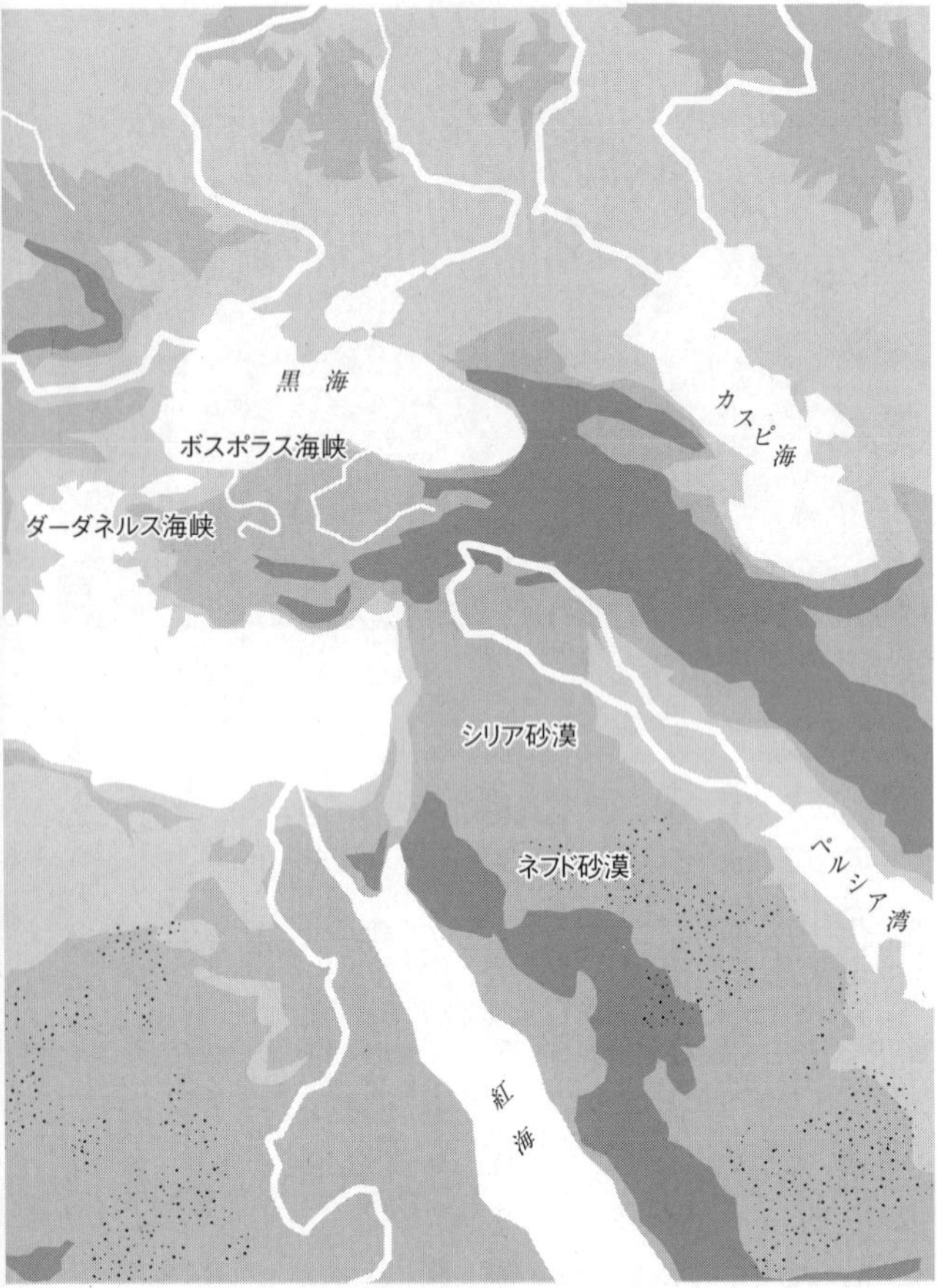
黒海
カスピ海
ボスポラス海峡
ダーダネルス海峡
シリア砂漠
ネフド砂漠
ペルシア湾
紅海

図16　地中海周辺の地形

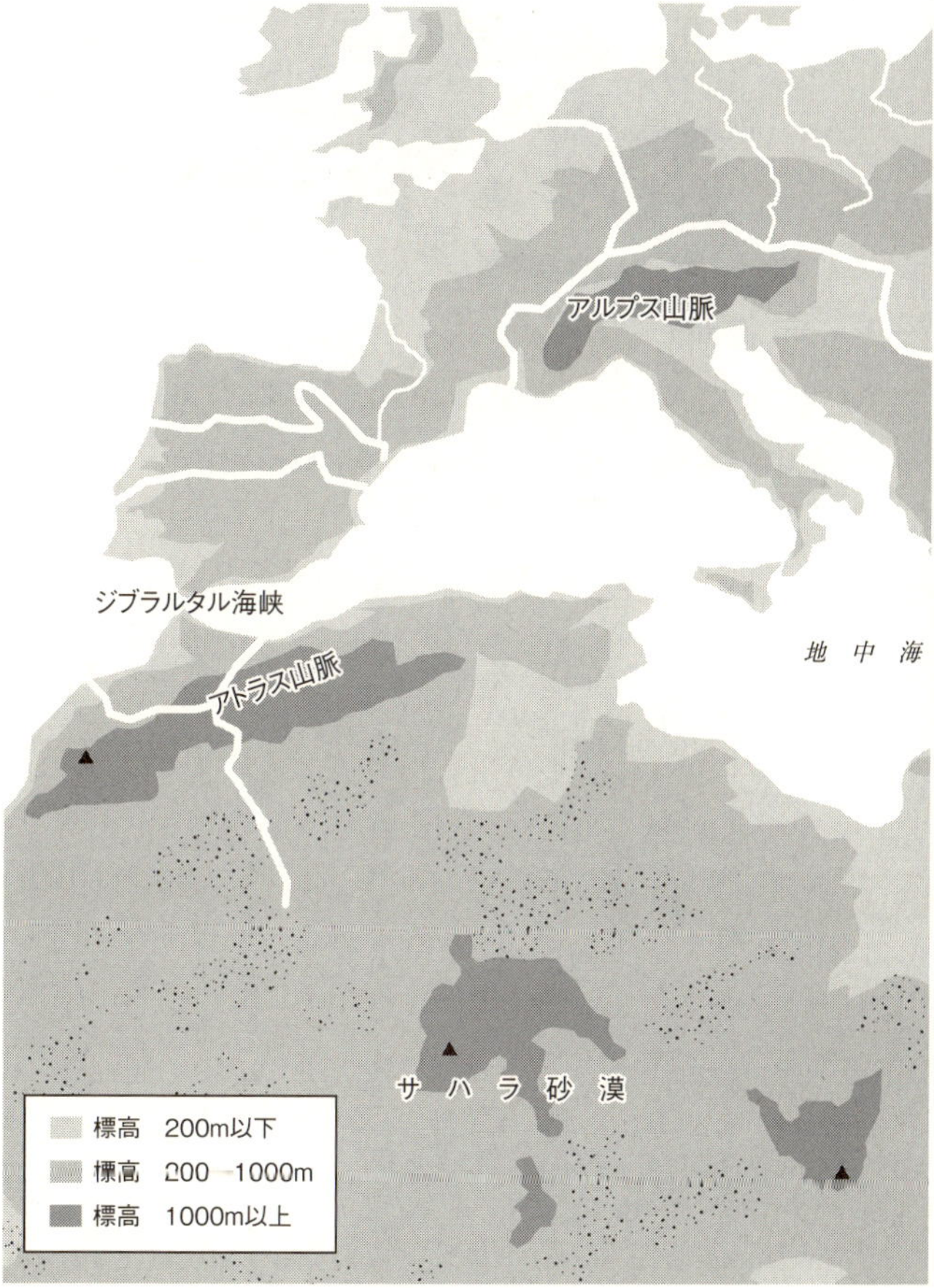

図17　地中海周辺の気候

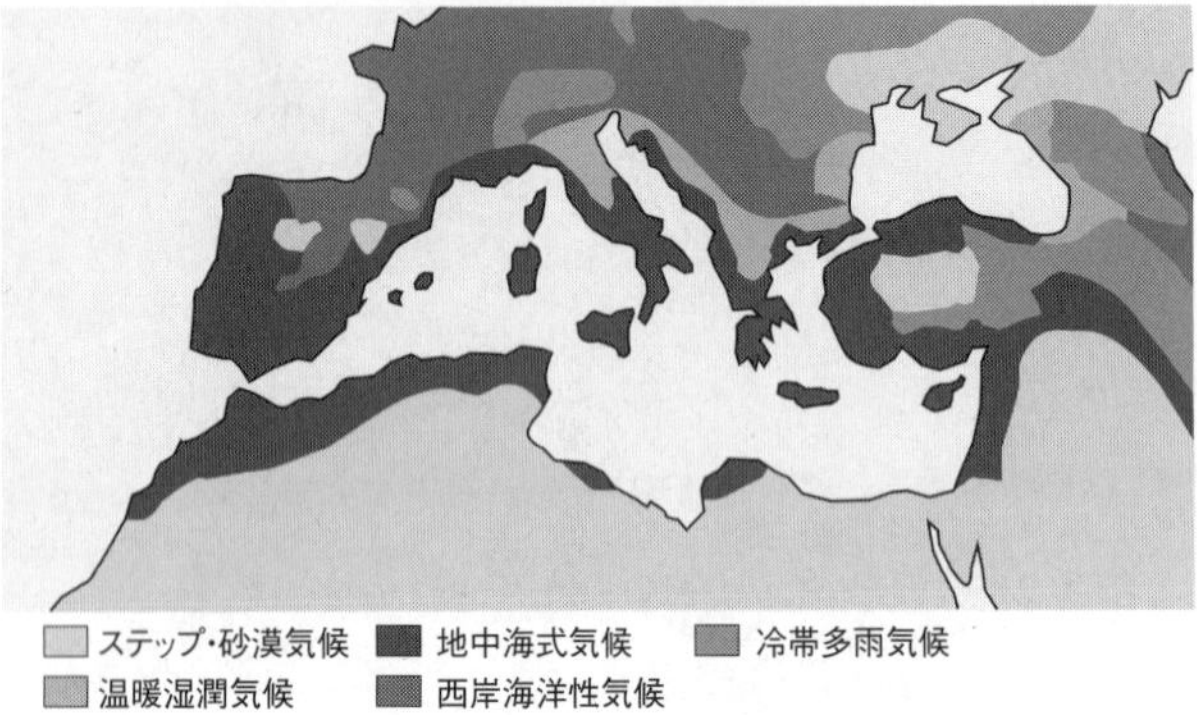

こう。地中海と黒海は、スペインの南方のジブラルタル海峡とトルコの北側のダーダネルス海峡、ボスポラス海峡で大西洋とつながっている。

そのため地中海と黒海を、「ユーラシア大陸に入りこんだ大西洋の巨大な入り海」と考えることもできる。これは、瀬戸内海が高知県の南方の太平洋と一続きであるようなものである。

古代ギリシアの人びとは、黒海沿岸までを自分たちの交易圏にしていた。

東は小アジア（トルコ）から西はイベリア半島にいたる地中海北岸は、ほぼ共通の自然環境を持っている。そこには平野が少なく、大河もない。

土地は石灰岩質でやせており、冬には雨が降るが、夏は乾燥する地中海式気候である。

この気候は、大西洋から吹く偏西風《へんせいふう》という西風によってもたらされたものである。海の水温が一定の範囲の温度のとき、大洋に偏西風が起こる。だから雨のもとを運んでくる偏西風は、冬場に地中海北岸のあたりに吹き、夏場はより北方に行ってしまうのである。

このためサハラ砂漠などのあるアフリカ北部には、夏になっても偏西風が来ないために乾燥地が広がっているのである。

これに対して地中海より北側は、西岸海洋性気候となっている。西ヨーロッパつまりフランス、ドイツ、イギリスなどからなる地域は、冬に雨が多く夏にもある程度の雨が降る。しかもそこには広い平野があり、幾つもの川が流れている。

このような西ヨーロッパの地理像と歴史との関わりは、後（第九章）で詳しく説明しよう。

地中海の交易の始まり

地中海の海岸線は、入江や半島、岬などの複雑な形をとるものが多い。特にギリシアのあるエーゲ海一帯では、半島や岬と無数の島々が延々と続いている。こういったところには、港をつくるのに適した海岸が数多く存在する。

しかもギリシア本土は、山また山の地形で、穀物の栽培には不向きであった。その代わり山の斜面に広い果樹園がつくれるために、古代ギリシアの人びとは、ブドウやオリーブを植えて、ワインやオリーブ油を商品とした。

これに対して古代のエジプトと黒海北岸は、開けた広野がある穀倉地帯であった。このような背景でギリシアの人びとは早くから、船を用いて穀物の余っている地域との交易を始めたのだ。ワインやオリーブ油と穀物を取り引きしたのである。現在でもワインやオリーブ油は、イタリア料理などの地中海料理に欠かせない。これに対して農業や牧畜の発達したフランス料理では、調理にワインとバターを用いる。

さらに時代が進むと陶器や大理石を用いた工芸品も、ギリシアの商品に加えられ

図18　ギリシアとフェニキアの植民市

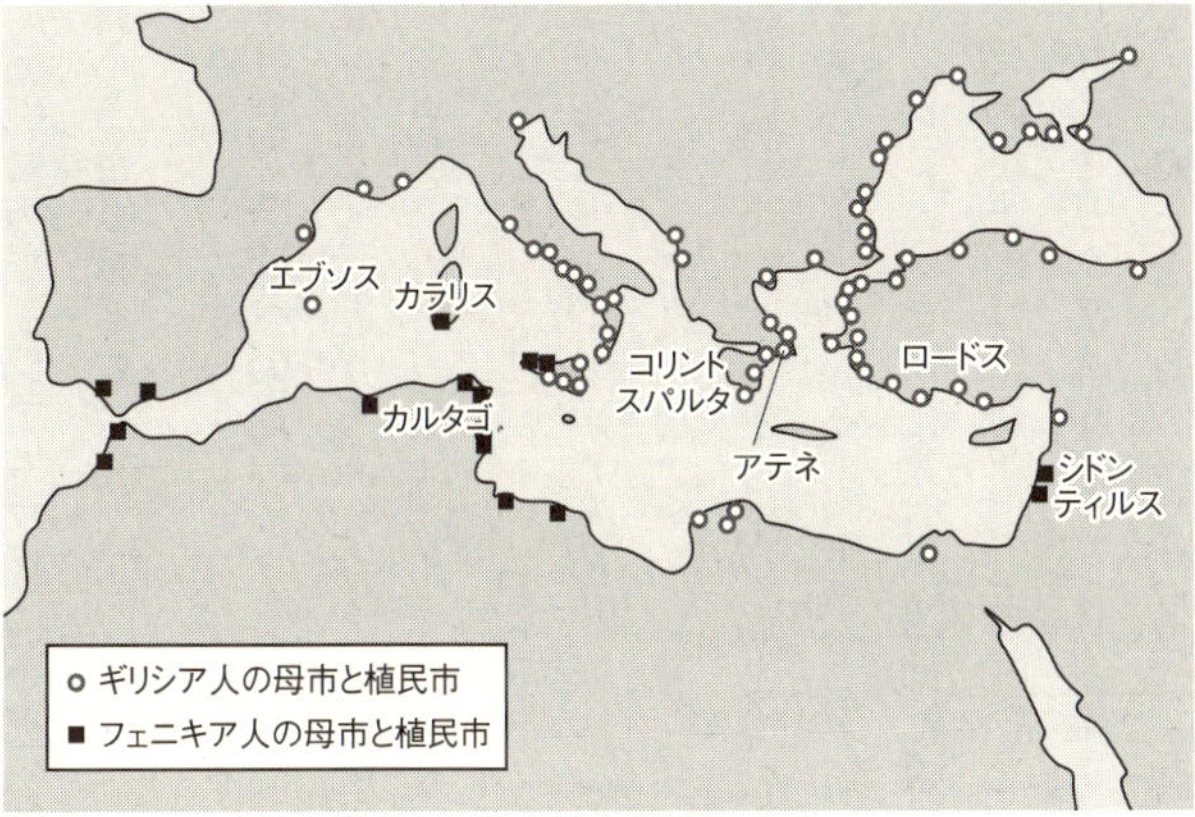

『ビジュアルワイド図説世界史』(東京書籍)を参考に作成

た。のちにはギリシアで銀が産出されるようになり、ギリシア人は銀で各地の珍しい商品を買い集めるようになった。

イタリア、イベリア半島南部などの地中海北岸も夏の乾燥が激しいため、果樹栽培と羊などの牧畜、それに小規模な大麦、小麦の栽培しか行なわれていなかった。そのため慢性的に穀物不足におちいっている集団が、ギリシア人を介して地中海の海路で穀物を買い入れることになった。

ギリシア人は、地中海北岸の各地と取り引きし、勢力を拡大していった。

地中海は夏季に極度に乾燥するため、空気が澄んで驚くほど遠方まで視界がきく。そのためギリシアやフェニキアの航海民は、島影を見失うことなく安心して船を操ることができた。

ギリシア全盛への道

紀元前二十世紀から紀元前十二世紀のギリシアでは、クレタ島を中心地としたクレタ文明が栄えた。これはメソポタミアやエジプトのオリエント文化の影響を受けてつくられた、ヨーロッパ古代文化の祖と呼ぶべき独自のものである。

地中海人種や小アジア人と呼ばれる人びとが、クレタ文明の担い手であった。そしてこのクレタ文明圏に、インド・ヨーロッパ語族のギリシア人が侵入してきた。これは西ヨーロッパからインドまでの広域にわたる、アーリア人の南下（34・35ページ参照）の中の一つの出来事であった。

ギリシア人はまず紀元前十四世紀頃にクレタ島北方のミケーネに小王国をつくった。この小王国は二百年ほどで滅びたが、そのあと紀元前十二世紀頃からさまざまな系統のギリシア人がギリシア全土に拡大していった。かれらは武力で先住民を征服し、かれらをヘロット（「奴隷」と呼ぶ歴史研究者も多い。本書では便宜上スパルタ

クノッソス宮殿（クレタ島）

のこの言葉を使う）として支配した。

そして紀元前八世紀頃から、ギリシア各地に、王が治めるポリスと呼ばれる都市国家がつくられた。しかしポリスの王の権力は、メソポタミア、エジプト、ペルシアの王の権力ほど強くなかった。

この頃からギリシア人は、前（74ページ）に記したように地中海や黒海沿岸で手広く交易を行ない、地中海北岸の各地に植民市を建設するようになっていく。同じ頃フェニキアの植民市も、地中海南部に広まっていった。

フェニキア人は、現在のレバノン南部を本拠にしたセム・ハム（アフロアジア）系の人びとである。かれらは紀元前九世紀後半に北アフリカのカルタゴ（現在のチュニジア付近）に有力な植民市を営み、船を巧みに操って手広く交易を展開した。フェニキア特産の商品として、ガラス工芸品や紫に染色した布製品が知られている。

またフェニキアはエジプトの絵文字（ヒエログリフ）に工夫を加えて、フェニキア文字という二二文字から成る表音文字をつくった。これは、ヨーロッパのアルファベットのもとになったものである。

紀元前六世紀に入るとアテネなどのポリスで、市民の民主政治を求める声が高まった。ペルシア戦争（紀元前五〇〇―四四九）はそういった中で起こったのだ。

勢力を急速に拡大したアケメネス朝ペルシア（44ページも参照）が、フェニキア本国を征服したあとギリシアに攻め込んできたのだ。これに対してギリシアの諸ポリスは、アテネを盟主とするデロス同盟を結成し、ペルシアの野望を退けた。現在のマラソン競技の名称は、ギリシアの少数精鋭の軍勢がペルシアの大軍をマラトンの戦いで破ったことに因《ちな》んでつけられたものだ。このときギリシア軍の使者が四二キロメートル余りを一気に駆けて味方に勝利を知らせたためだ。

図19　アケメネス朝ペルシアとギリシア（紀元前500年頃）

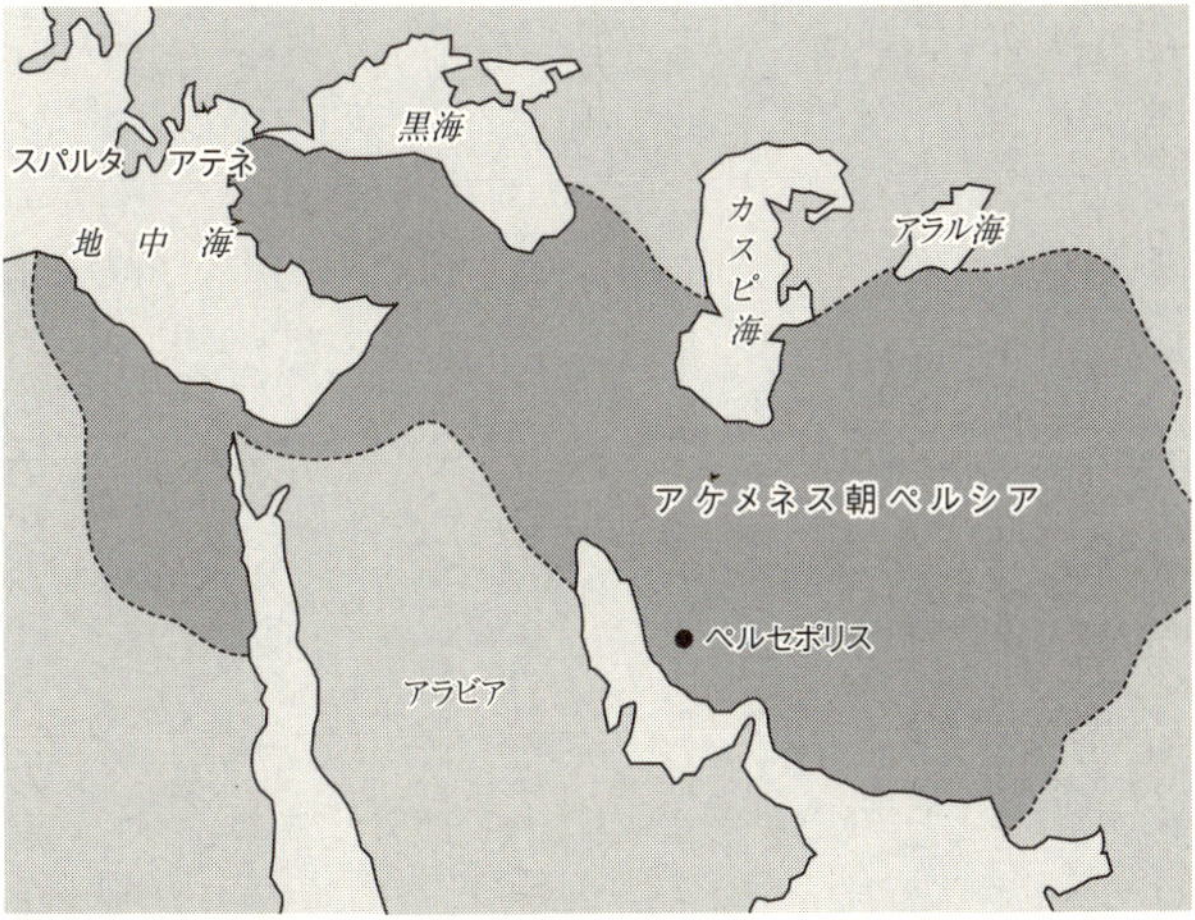

『増補版 標準世界史地図』（吉川弘文館）を参考に作成

このあとアテネは、ペリクレスという有能な指導者のもとで大きく発展した。ペリクレスによって、成年男子市民が参加する民会を最高機関とする民主政治が完成された。この時期を、ギリシアの黄金時代と評価できる。

ギリシア哲学の誕生

前にも述べたが、古代文化は有力な君主のもとで大きく発展するという法則がある（54ページ参照）。君主が費用を惜しまず優れた学者や職人を引きたてて、かれらの能力を最大限に発揮させるからである。

ギリシア文化は、この法則の唯一の例外である。それは「小さな君主」と評価すべき、ポリスの市民たちによってつくられた。

ギリシアの「市民」といっても、それは主に庶民から成る現在の市民とは異なる。かれらの大部分は、大勢のヘロット（奴隷）を従える地主や貿易商、工房の経営者であった。

ギリシア人は、征服した異民族や各地の戦いで捕らえた捕虜をヘロットとして扱った。さらにギリシア人の交易が盛んになると、各地から多くの異民族のヘロットが輸入された。

これらのヘロットは人権を与えられず、家畜なみに扱われた。そしてギリシアの市民は、ヘロットを威圧して支配するために、必死になって体を鍛え、勉強に励んだ。

ヘロットを働かせて十分な時間のゆとりを持った古代ポリスの市民が、自分の趣味の延長としてさまざまな芸術や学問を発展させていったのである。

そういった中で紀元前六世紀はじめに、自然哲学が起こった。それは、自然の本質を合理的に探究する学問である。自然哲学には近代科学に連なる、正確な観察や実験の手法もみられる。

タ－レス（紀元前六二四頃－五四六頃）は、万物の根源は水であると唱え、日食を予言した。ピタゴラス（紀元前五八二頃－四九七頃）は、三角形の斜辺の長さの二乗が、他の二つの辺の長さ二乗の和と同じであることを証明した。

こういった科学的探究が、市民個人の営みとしてなされたのである。

民主政治の発展期である紀元前五世紀なかば頃から、弁論術を教えるソフィストという職業教師が現われた。

そしてその後、ヨーロッパの哲学の祖となるソクラテス（紀元前四六九－三九九）が登場する。かれはソフィストの弁論術の手法を用いて、「絶対的真理は必ず存在する」と説き、その真理を摑むために、知徳一致の生き方をすべきだと、市民に教えたのだ。

西洋の科学はこのあと、哲学の一部として、ギリシア哲学の真理を知ろうとする考えのうえに発展していったのである。

ギリシア文化には、メソポタミアやエジプト、アケメネス朝ペルシアの君主がつくった文化のような贅沢な華やかさはない。しかしギリシアの詩や演劇、彫刻などには、ギリシア市民特有の権力者に媚びない自由な発想がちりばめられている。

さらにギリシアの市民文化は、科学もしくは科学的、合理的考えと呼ぶべき貴重な遺産を、後世に残したのである。

ギリシア衰退後の地中海社会

アテネ全盛期のあと、紀元前五世紀末からギリシアでポリス間の勢力争いが激しくなり、ペロポネソス戦争（紀元前四三一―四〇四）をはじめとするポリス間の抗争が続いた。この混乱の中で北方のマケドニアが勢力を拡大し、紀元前三三七年にはギリシア全土を支配下におさめた。このあとマケドニアのアレクサンダー大王がペルシアを滅ぼし、強大な帝国を築いていく（51ページの図10参照）。

この帝国は大王の没後に、マケドニア、セレウコス朝シリアなどに分裂した（51ページの図11参照）。マケドニアの系譜をひくギリシア系の政権が立っていた時代は、ヘレニズム時代と呼ばれている。

紀元前三世紀なかばになると、イタリア半島のローマの勢力拡大が目立つようになった。ローマはギリシア諸国に圧力をかけて地中海北部の交易に進出し、紀元前

図20　ローマ帝国の最大の領域（2世紀はじめ頃）

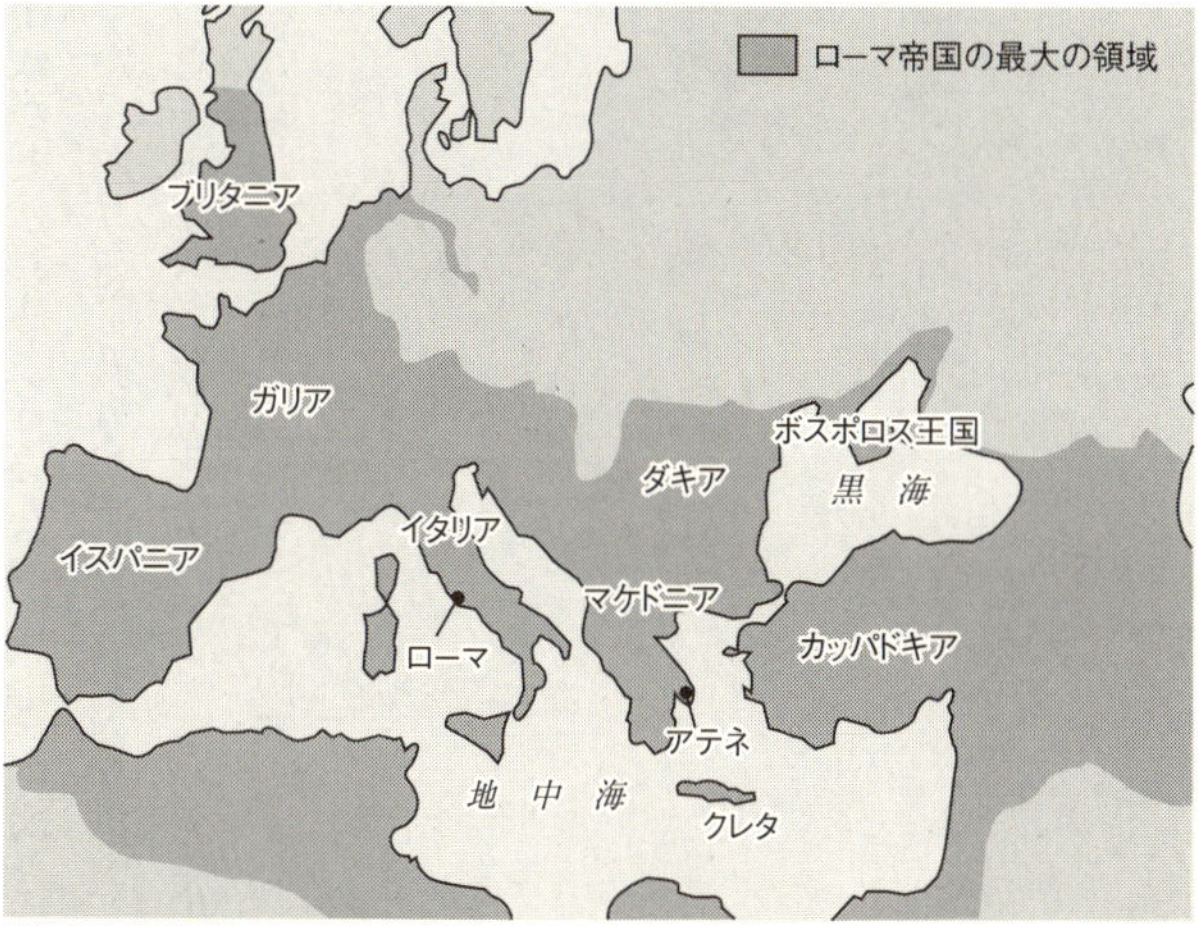

『増補版 標準世界史地図』（吉川弘文館）を参考に作成

二六四年から紀元前一四六年にフェニキア人のカルタゴ（75ページの図18参照）に対してポエニ戦争を仕掛けた。

そして長期にわたるポエニ戦争でカルタゴを滅ぼしたあと、ローマは地中海沿岸の交易の主導権を握った。マケドニア地方とギリシア地方は、ポエニ戦争の終わり近くにあたる紀元前一四八年には、ローマの支配下に組み込まれた。

ローマは地中海の覇権をここに各地に征服活動を繰り広げ、領土を拡大していった。

このローマでは、紀元前二七年か

ら帝政がとられるようになった。このあとローマ領のパレスチナでキリスト教が起こった。キリスト教は、急速に勢力を拡大していき、最後にはローマ帝国の国教となった。キリスト教文化はヨーロッパの歴史に大きな影響をもたらすが、その詳細は第九章（202ページ以下）で説明しよう。

第四章

イスラム教はなぜ、インドや東南アジアまで急速に広まったのか

中近東の広大な乾燥地

中近東とは、小アジアからイラン高原にいたる広大な範囲をさす言葉である。アラビア半島や地中海側の北アフリカも、そこに含まれる。北は小アジアから南はアラビア半島までの間と、アフリカ北岸が、おおむねヨーロッパに近い東洋「近東」である。

そしてヨーロッパから遠い、イラン高原が「中東」で、中国などは「極東」となる。この中近東の広さは、ほぼヨーロッパ全体に匹敵する。

本書では便宜上「中近東」の言葉を使ったが、中東、近東とはヨーロッパ人がつくったヨーロッパを中心にみた言葉である。

「近東」とは、本来は十九世紀末頃のオスマントルコ帝国の領地を中心とした地域をさすものであった。

この中近東は国際紛争がしばしば話題になる地であるが、私たち日本人の多くは中近東の事情にあまり詳しくない。

日本人の目からみた本書は、オアシスの道を中心にしてヨーロッパ、中近東、インドを西方の世界とした。これに対してヨーロッパ人はヨーロッパと中近東とを別の世界として扱い、小アジア以東をすべてアジアと考えてきた。これはギリシア人が、ギリシアをヨーロッパ、現在の小アジアをアジアと呼んでいたのを受け継いだものである。

中近東の人びとの大部分は、イスラム教を信仰している。現在イスラム教は世界じゅうに広まっているが、中近東の範囲はイベリア半島（スペイン、ポルトガル）を除く全盛期のイスラム帝国の領域にほぼ一致する。

そのため日本人が中近東を、イスラム教圏の意味あいを込めて「アラブ世界」と呼ぶこともある。しかし厳密にいえば、その表現は正しくない。

現在の中近東にはアラブ系の人間の他に、ペルシア系、トルコ系、それとユダヤ人やクルド人、ベルベル人などの少数民族が生活しているからである。

アラブ人はアジア人の中のセム系で、ペルシア人はインド・ヨーロッパ語族（白人）に属している。

トルコ人は、文化はアルタイ系言語を用いるアジア系になるが、現在のトルコには、のちになって中央アジアでトルコ人に同化したソグド人などのペルシア系の者も（59ページ参照）多い。

このような多様な系譜の人びとが、イスラム教を拠りどころとする「アラブ世界」と呼ぶべき文化圏を構成しているのである。イスラム教が、かれらが生活する乾燥地に適したものであったためにそうなったのである。

中近東の地形と自然

中近東には高地が多く、平野は少ない。しかも広大なアフリカ北岸のリビア砂漠とアラビア半島のルブアルハリ砂漠の平野は、不毛な乾燥地になっている。古代の中近東で農耕に適した地は、メソポタミア（現在のイラク中部、南部）とエジプト、それに地中海式気候の地域の海岸部の僅かな平野だけであった。そのためきわめて古い時代に、メソポタミアとエジプトに華やかな文明が栄えたのである。

ユーラシア大陸の西側である中近東の大部分に、砂漠やステップが広がっている。そして中近東の中で地中海や黒海からくる湿気の恩恵を受けるところだけが、冬に雨が降る地中海式気候の地域になる。

図21　中近東の気候

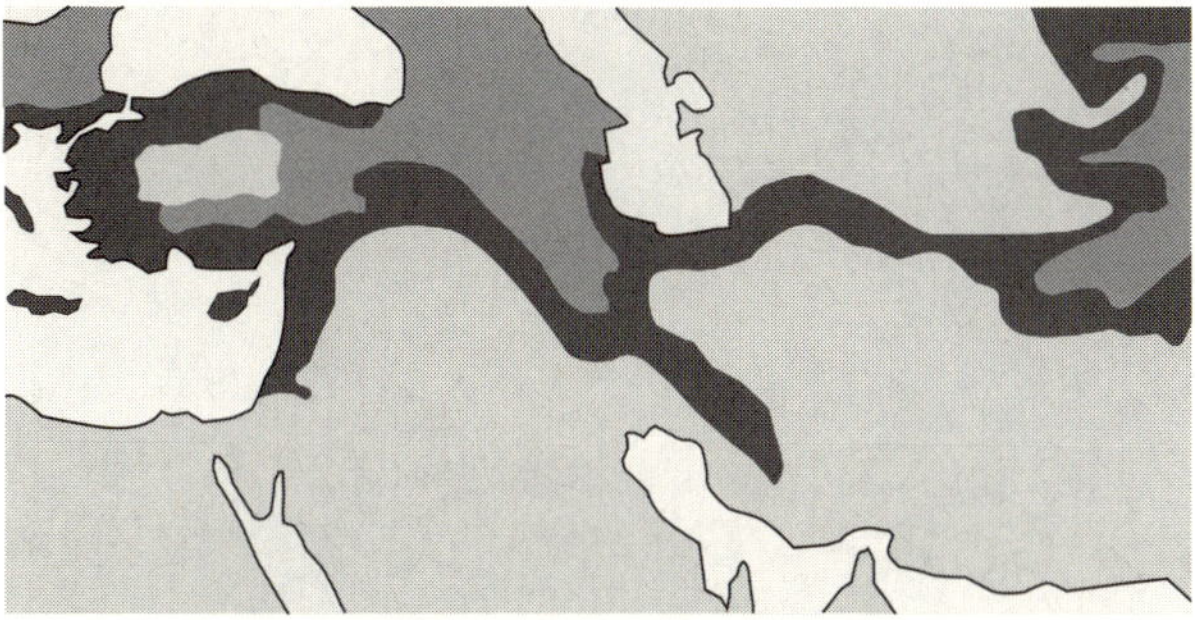

ステップ・砂漠気候　地中海式気候　冷帯多雨気候

この他に冷帯多雨気候の高地もある。

アフリカ北岸の約半分と、パレスチナなどの地中海東岸、小アジアの海岸、イラン高原の北端などは地中海式気候の地域である。古くは地中海式気候のところでは、都市国家などの小勢力がならび立つ形がみられた。

オアシスの道のあるトルキスタンの説明（34ページ）にも記したが、人びとは乾燥地でもたくましく生きてきた。早い時期にあちこちのオアシスで、オアシス農耕が始まっている。そしてやがてカナートの開発が行なわれて人工のオアシスが増えていった。おかげであちこちにオアシス都市が広まっていったのだ。

さらにオアシスの農民の集団から独立した遊牧民が現われ、農耕民と遊牧民との交易も盛ん

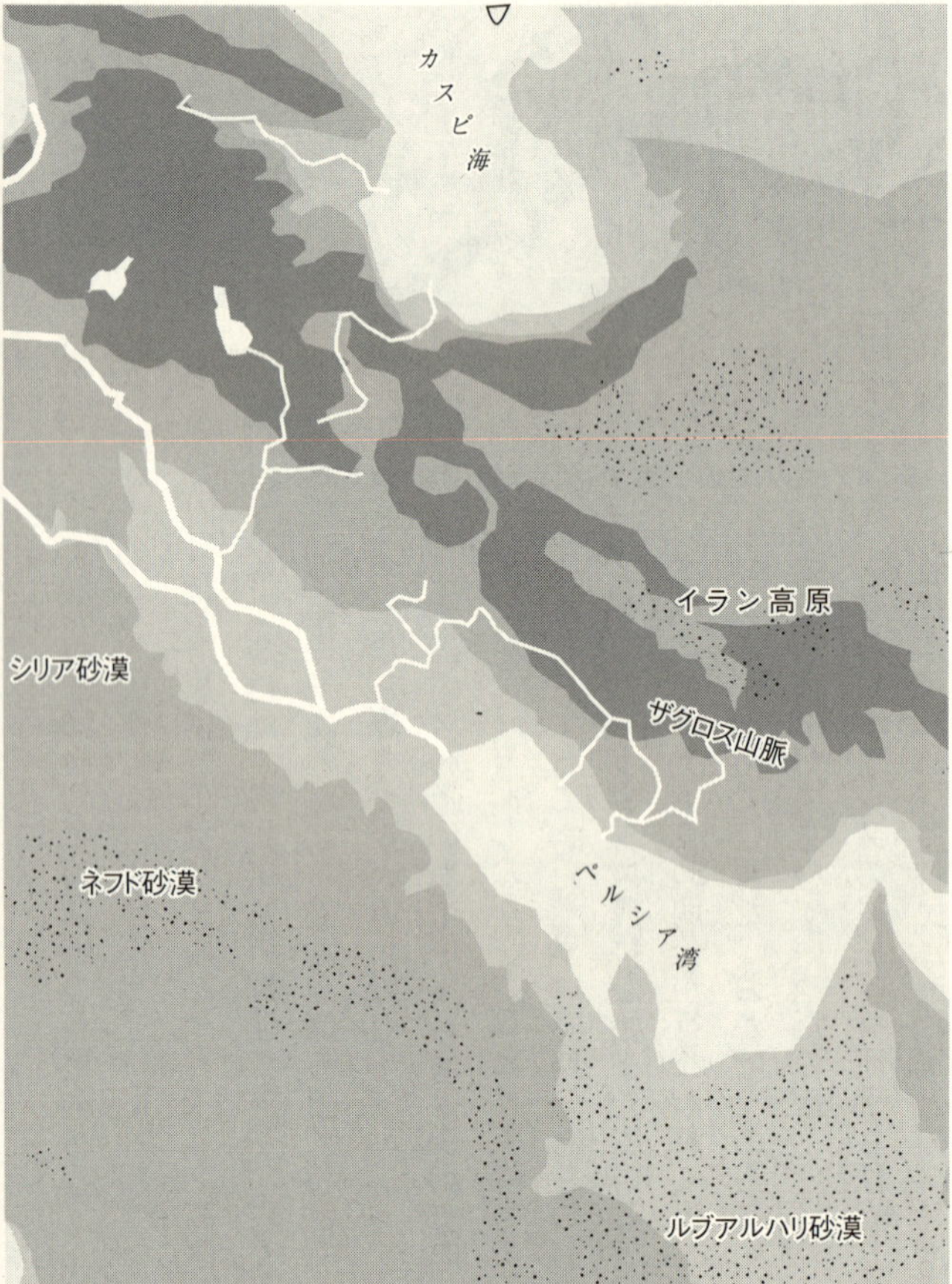

カスピ海
イラン高原
シリア砂漠
ザグロス山脈
ネフド砂漠
ペルシア湾
ルブアルハリ砂漠

図22　中近東の地形

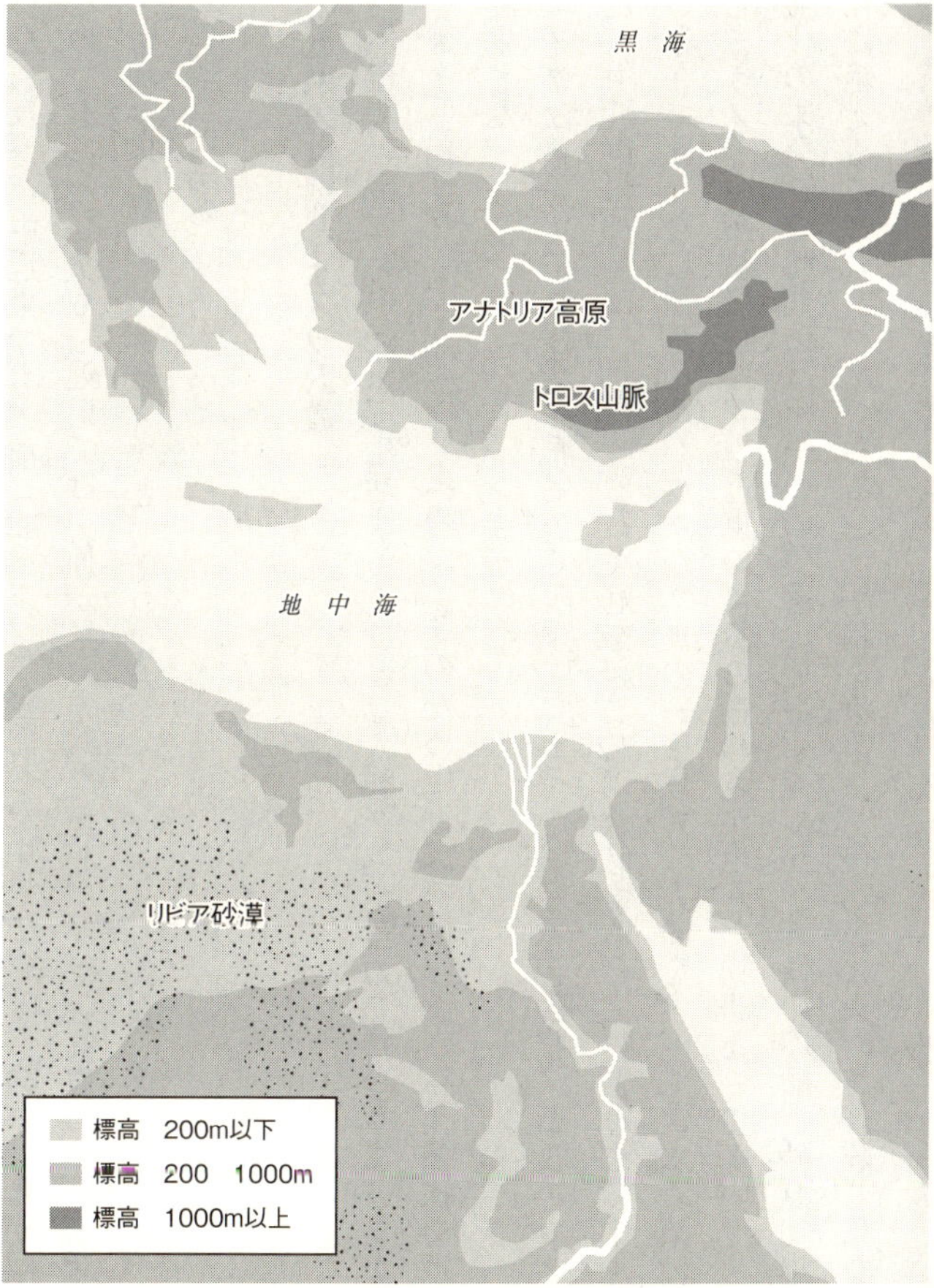

に行なわれた。中近東でも、前（42ページ）に記した中央アジアと同じことが起こったのである。しかも中近東では交通が早くから発達し、イラン高原に強大なオアシス帝国が現われた。メディアと、それに続くアケメネス朝ペルシア（79ページの図19参照）である。

中近東の自然とイスラム教

自然環境の厳しい中近東で生活する人びとは人智を越える力を持つさまざまなもの（神々）を拝み、その助けを求めた。そのため中近東では古くから、多様な宗教が誕生した。

ユダヤ教や、ユダヤ教から派生して西洋に広まったキリスト教も、その一つであった。中近東の神々は、怒らせると災厄を起こし、激怒すると人びとを亡ぼす恐ろしい存在であった。創造主ヤハウェがノアの一家以外の人間をすべて洪水で滅ぼしてしまうノアの箱船伝説は、中近東の自然の厳しさが生んだ物語とみてよい。

文化の未発達な時代には、一つの集落の住民すべてが、天候の不順、砂嵐、疫病で死に絶えることもあった。ある時は平和な集落が、侵略者によって皆殺しになった。中近東の古代人は、そういった災難を、「創造主の裁き」ととらえたのであろう。

イスラム教が、生活の厳しい乾燥地で生活する人びとの救いになったことは確かである。

日本人の多くはイスラム教を「砂漠の宗教」と考えている。しかしそれは、砂漠の中で生活している素朴な遊牧民の間から自然に起こった宗教ではない。

イスラム教は、有力なオアシス都市で生活する商人が開いたものであった。そしてその開祖のムハンマドや初期のイスラム教徒の担い手は当時の第一級の知識人であったと評価すべき人びとである。

イスラム教の中には、はるか昔のメソポタミアやエジプトの要素やギリシア哲学の流れをひく知識が盛り込まれていた。さらにユダヤ教やキリスト教も、イスラム教成立に影響を与えた。イスラム教成立以前のキリスト教は、西ローマ帝国のカトリック、東ローマ帝国（ビザンツ帝国）のギリシア正教、エジプトで栄えたコプト派（コプト教）などの多くの系統に分かれていた。この中のコプト派は、ギリシア哲学と伝統的なエジプトの科学を融合させた科学知識を持っていた。

中近東の知識層は、系統にこだわらず多様な流れのキリスト教から有益な文化を学んでいた。

イスラム教が中近東に広まったあとイスラムの諸政権のもとで、多くの人口を抱える都市が栄えていくことになった。サウジアラビアのメッカ、イラクのバグダード、エジプトのカイロ、シリアのダマスクス（現在の日本ではヨーロッパ風のダマスカスのよみが用いられている）、オスマントルコのイスタンブールなどである。イスラム文化を発展させてきたのは、水に恵まれた有力な都市の住民であった。

このような都市では長距離の交易に従事する有力な商人の活躍が、最も目立った。カリフ・スルタンといった君主も、商業を保護した。かれらの中には、自ら手広く貿易を行なう者もいた。

ヨーロッパ人が貿易の主導権を握る十五世紀後半から十七世紀の大航海時代（231ページ参照）より以前は、イスラム系の政権下のイスラム商人の時代であった。かれらは、西はヨーロッパ、北アフリカから、東はインド、中国さらに東南アジアにいたる広範囲の貿易を発展させていった。

この意味で、イスラム教は「商人の宗教」と評価できる。

イスラム帝国全盛期の人びとが語り伝えた話を集めた、『アラビアンナイト（千夜一夜物語）』という書物がある。これは十六世紀頃にエジプトでまとめられたものといわれるが、『アラビアンナイト』の中に、「シンドバッドの冒険」という豪快な話がある。

遠方に命がけの航海をして大金持ちになるシンドバッドの生き方は、イスラム帝国の時代のアラブ世界の若者の憧れであったに違いない。

のちになって西欧の強国がイスラム教徒を砂漠の野蛮な人びとと考え、イスラム教を「砂漠の宗教」と呼んだ。これは、ヨーロッパ諸国が「荒々しい砂漠のような人びとを教え導く」として植民地支配を正当化するためのものであった。

文化の結節点としてのイスラム教の誕生

前（93ページ）にも記したように七世紀のイスラム文化の誕生は、「多様な文化の集大成」と呼ぶべきものであった。それゆえイスラム教の意味を考えるには、紀元前三〇〇〇年もしくはそれ以前というはるか昔のメソポタミア文明やエジプト文明まで時代をさかのぼって考えねばならない。

メソポタミア文明は、イラクのティグリス川とユーフラテス川の中下流の流域に開けたものである。この川は雨量の多いトルコのアナトリア高原の雪解け水を集めて、ペルシア湾へと流れている。

現在ではティグリス川とユーフラテス川が合流したシャトルアラブ川がペルシア湾に注ぐが、もとは二つの川がそのままペルシア湾に流入していた。

古い時代にこの二つの大河の水を用いた大掛かりな農業用水路が開発されて、農業が盛んになった。それは農地開発を主導した有力な君主の指導のもとに行なわれたものであった。メソポタミアの有力な王国は、紀元前二五〇〇年頃に出現したウル第一王朝に始まる。そしてその次のアッカド時代を経て、強国バビロニアが出現した。メソポタミアの君主のもとでは、多神教の祭祀《さいし》や多様な工芸や科学が栄えた。

そういったものの中で、古バビロニア王国（紀元前十九世紀―紀元前十六世紀頃）に起こる天文学に注目しておきたい。それは暦づくりの技術や多様な占星術に派生し、インド、中国、ヨーロッパにわたる広範囲に伝わり世界史に大きな影響を与えた。

エジプトは乾燥地であるが、アフリカ奥地からナイル川という大河が流れてく

図23　メソポタミア文明とエジプト文明

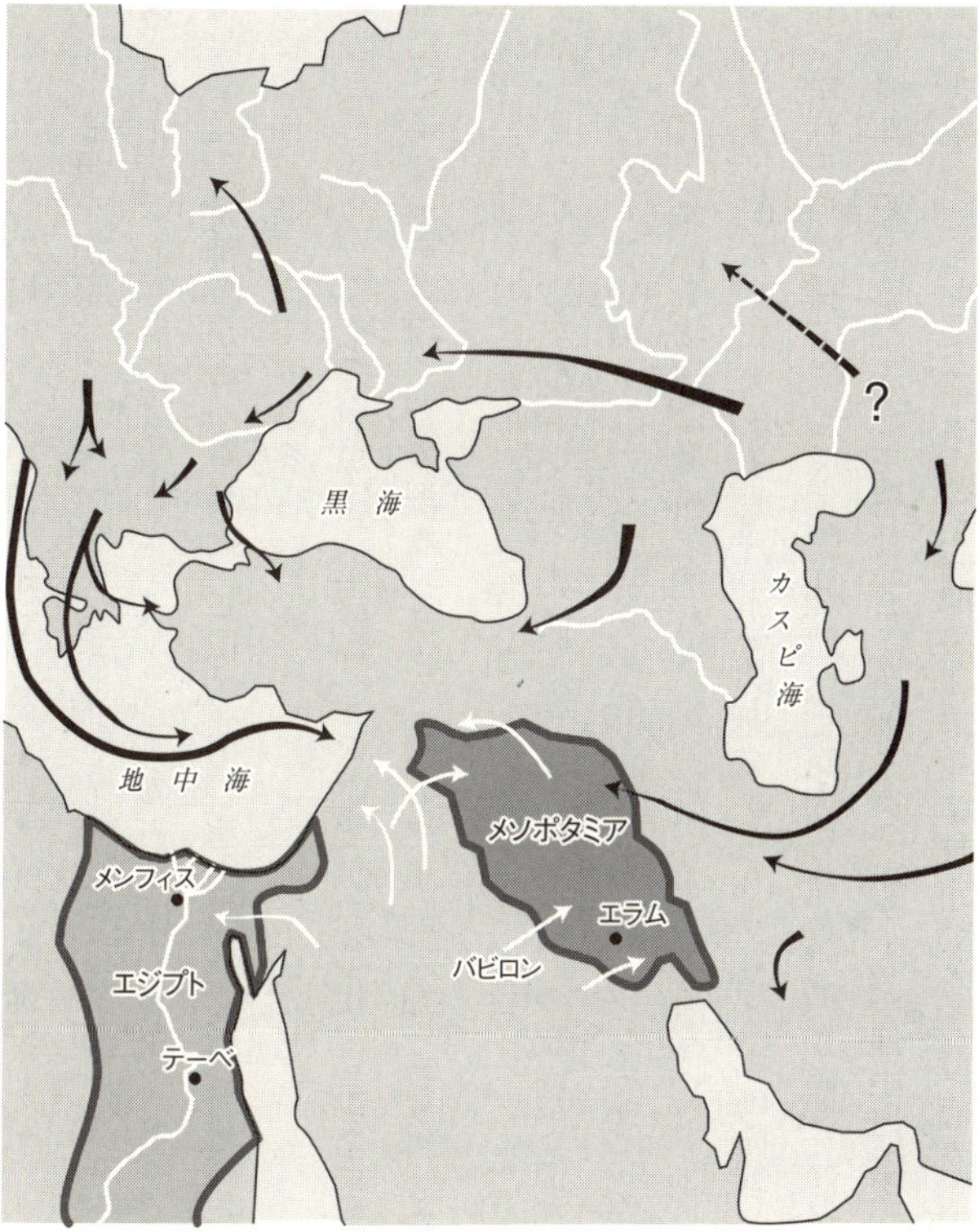

⟵ アーリア人の移動
⟸ セム語族の移動

『増補版 標準世界史地図』（吉川弘文館）を参考に作成

る。そのためこの川の河口の三角州で、農業が古くから発展した。

やがて灌漑を指導することで勢力を拡大した有力な王が現われた。エジプト古王国は、紀元前二十七世紀に始まっている。この古王国の君主のもとで、人間の魂の不死を唱える多神教がつくられた。エジプトの有力者は、死後は再生に備えて、ミイラになり、ピラミッドに葬られた。

このミイラづくりをきっかけにエジプトで化学が起こり、さまざまな薬剤が開発された。また金を多用した贅沢なピラミッドの出土品で知られる、エジプト独自の工芸技術も発展した。

しかしメソポタミアやエジプトの諸王朝は、農業に立つ政権であり、商人の政権ではなかった。古い時代には交通路の整備が不十分で、メソポタミアとエジプトとの交易や文化交流を物語る考古学的資料は、それほど多くない。

紀元前十世紀のパレスチナでは、小勢力ながらヘブライ王国の繁栄がみられた。そしてかれらの子孫によって、紀元前二世紀頃にユダヤ教が整えられた。

紀元前九世紀頃になると、ギリシア人やフェニキア人が地中海沿岸の交易に乗り出してきた。それと共にイラン高原のオアシス都市でも、隊商《たいしょう》を用いた交易が盛

ナイル川の水位を測るナイロメーター（コム・オンボ神殿、エジプト）

んになっていった。この時期のエジプトは古王国、中王国の次の新王国(紀元前一五七〇—七一五)の後期と呼ぶべき時代である。贅沢な黄金の仮面を残したことで知られる新王国のツタンカーメン王(紀元前一三五二没)の時代の四百数十年後に、ギリシアの活躍が始まったことになる。その頃のメソポタミアでは、バビロニアにかわってアッシリアがめざましく勢力を拡大していた。

ギリシアが地中海交易に乗り出した時期の四百年余りのちに登場したアケメネス朝ペルシア(79ページの図19参照)はオアシス都市を本拠とする史上最大と評価すべき有力な国家であった。それまでの諸国より桁外れに広大な領地を支配したのだ。そこでは君主の主導で交易が栄え、文化が急速に発展した。中国最初の強国、秦《しん》朝の出現は、アケメネス朝の誕生の三百年ほど後の出来事であった。

さらにアレクサンダー大王の遠征(51ページの図10参照)をきっかけにギリシア、ペルシア(イラン高原)間の文化交流が盛んになり、ギリシアの哲学、化学がペルシアに伝わった。そしてローマ帝国の時代以降、ユダヤ商人によってユダヤ教が中近東に広められ、それに次いでキリスト教の布教もなされた。

さらに前(53ページ)に記したササン朝ペルシアは大掛かりな交易を行ない、豊かな文化を生んだ。こういったものをすべて取り入れて、イスラム教がつくられたのである。

イスラム帝国の誕生

イスラム教の成立は、それまで各地で別々の文化を育ててきたアラブ世界（中近東）を一つの宗教、文化のもとにまとめた世界史上の大きな転換と評価できる。この転換の担い手は、アラブ人であった。

アラブ人はセム語族の一派であり、前にあげたメソポタミア文明をつくったのも同じセム語族であった（97ページの図23参照）。

イスラム教の開祖ムハンマドは、当時のアラビアの中心的な都市の一つメッカの有力な家系に生まれた。かれは早くして父母に先立たれたが、親切な伯父の世話を受けて隊商の一員となり意欲的に交易を営んだ。

当時のメッカは地中海方面の海上交易とインド洋方面の海上交易との重要な中継地であった。そこは、アラブ世界で最も繁栄した都市の一つで、ムハンマドは商売のために西から東までの多様な知識を学んでいた。

かれは交易に従事する間に、ハディージャという裕福な女性と結婚した。はたから見れば、ムハンマドはメッカの町の上流階級の一人として、何不自由のない生活を送っていたといえる。

しかしムハンマドは、日頃からさまざまなものを拝む多神教に疑問を持っていた。人間がつくった偶像や自然物にすぎない隕石《いんせき》を、神様とは思えなかったのだ。そのようなムハンマドのところに、六一〇年頃に創造主アラーの啓示が下ったと伝えられている。

これによってムハンマドは、一切の偶像崇拝を否定しアラーという目に見えない創造主だけを信仰するイスラム教を起こした。ムハンマドは人びとにアラーを崇拝するように説くと共に、民衆に自分の持つさまざまな有益な知識を教えた。

弱者の気持ちを理解できる優しさを持ったムハンマドは、各地で見てきたはなはだしい貧富の差や厳しい身分差別を、改めねばならないと感じていた。そのためかれは、信者たちが平等に扱われて、みんなが楽しく生活できるように、アラーの法（イスラム法）の整備に力を入れた。

メッカの人びとは、最初はムハンマドの新しい教えを受け入れなかった。しかし

図24　イスラム帝国の拡大

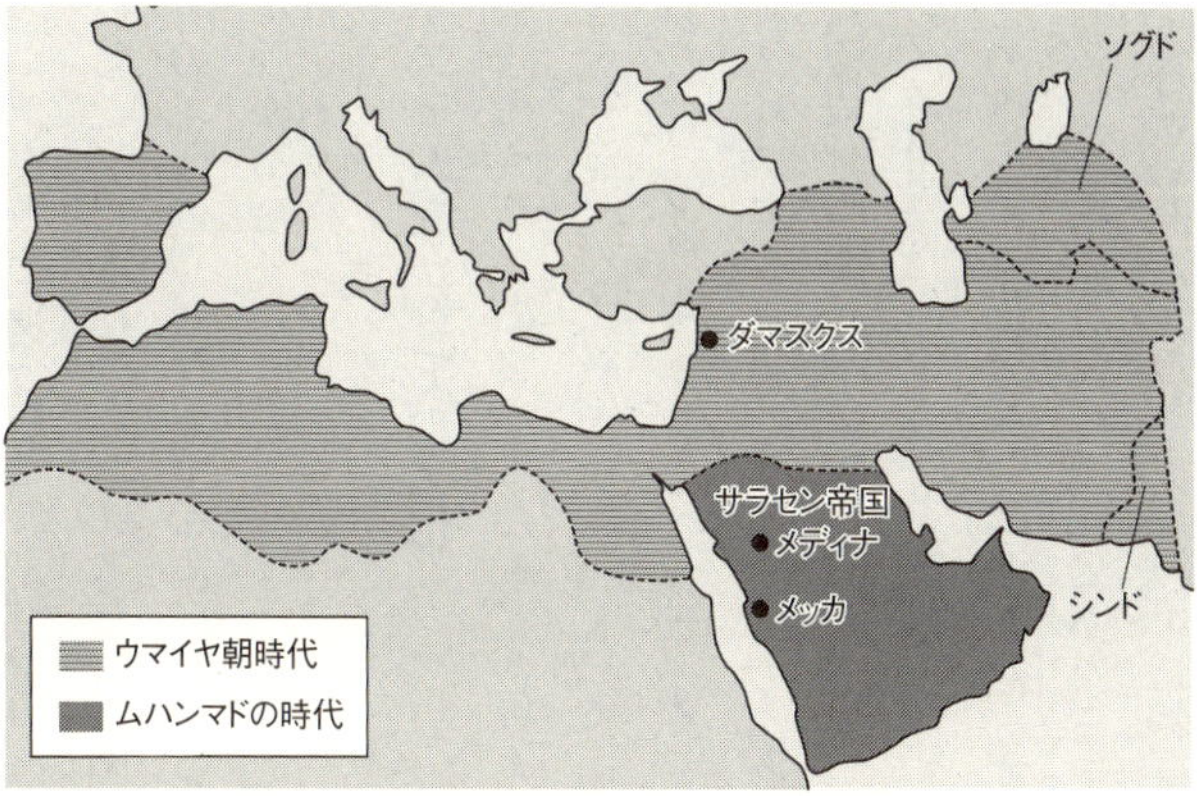

『プロムナード世界史』（浜島書店）を参考に作成

六二二年にムハンマドが少数の信者を率いてメッカの北方のメディナに移住したことをきっかけに、信者が急速に増えていった。そのためイスラム教徒は六二二年を聖遷（ヒジュラ）と呼んで、その年をイスラム暦元年とする。

ムハンマドは六三〇年に、イスラム戦士を従えてメッカを征服した。このあとムハンマドは自ら軍勢を指揮して東や西に遠征し、イスラム帝国の拡大につとめた。さらにカリフと呼ばれたムハンマドの後継者たちも、聖戦（ジハード）を唱えて大規模な征服活動を行なった。

これによってイスラム教団は西ではビザンツ（東ローマ）帝国領であったシリ

ア、エジプトを獲得した。また東ではササン朝ペルシアを滅ぼしてイラン高原を自領にした。ここに強大なイスラム帝国が出現したのである。団結して戦うイスラム信者の軍団は、ビザンツ帝国、ササン朝ペルシアなどの君主が集めた兵士よりはるかに強かった。

イスラム教が育てた文化

第四代カリフのアリーが暗殺されたあと、六六一年にシリア総督であったムアーウィヤがイスラム教圏を統一し、ダマスクスにウマイヤ朝を起こした。ウマイヤ朝の時代に、イスラム教はスンニ派とシーア派に分かれている。このウマイヤ朝は、二派の中のスンニ派を正統とした。ウマイヤ朝のもとで、西ではアフリカ北部の地中海沿岸地方やイベリア半島が、東方ではソグド（現ウズベキスタン）とシンド（現インダス川流域）がイスラム帝国領になった。

このウマイヤ朝はスンニ派と対立するシーア派の反乱で衰えたのちに、七五〇年にムハンマドの叔父の子孫にあたるアブー・アルアッバースによって倒され、アッバース朝が開かれた。アッバース朝は、多数派のスンニ派をとった。このアッバー

図25　現在のイスラム教徒の広まり

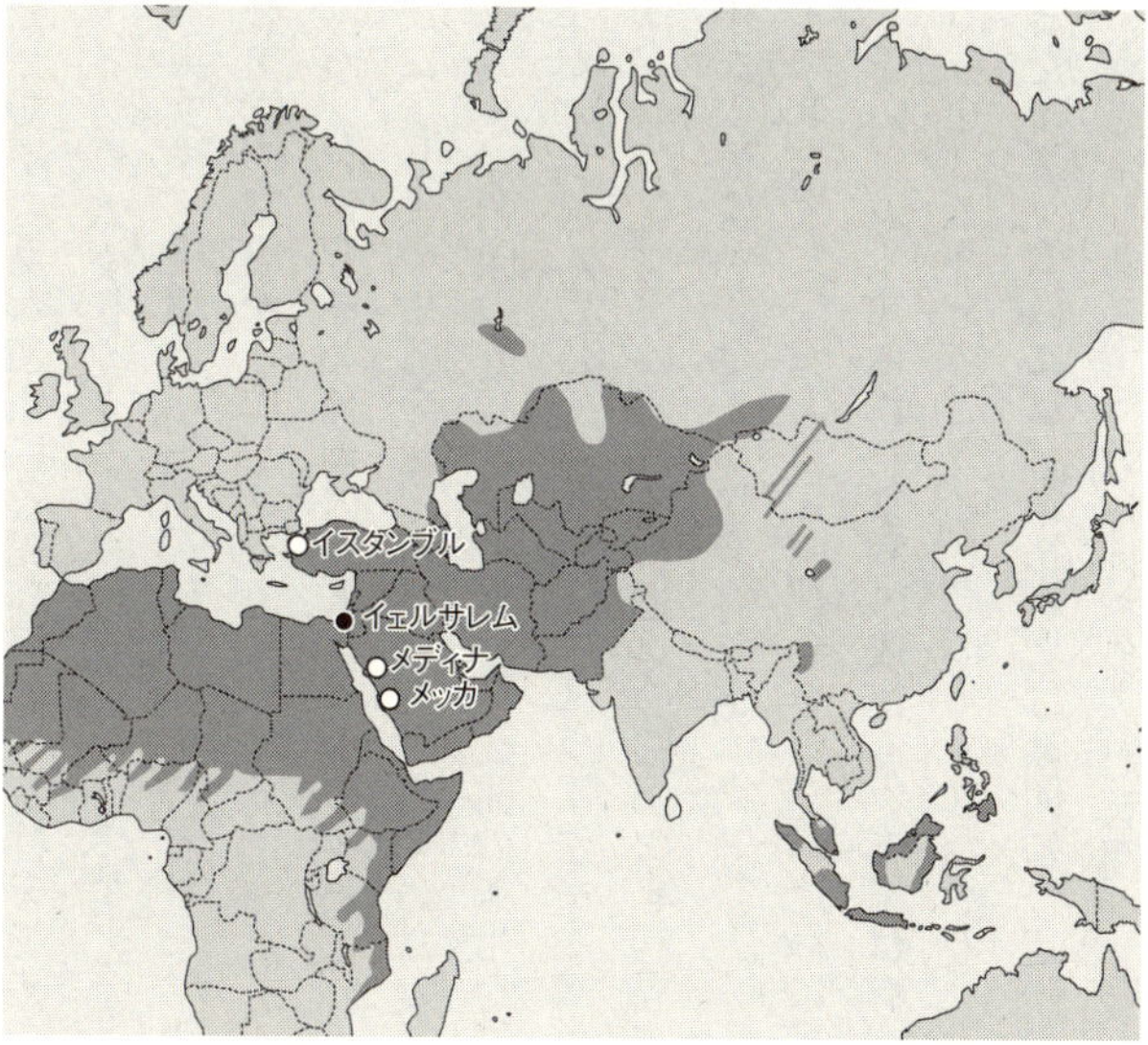

ス朝の都バクダードで、イスラム文化が大きく花開いた。アッバース朝がペルシア人の知識人を重用し、ササン朝ペルシアの有益な文化を多く取り入れたためである。その意味で、アッバース朝の文化を「ペルシア人が担った文化」と評価することもできる。

イスラム文化は、前（95ページ）にあげたような多様な文化が融合したものである。それはイスラム教を中心に構成された世界規模の文化であったと評価できる。

そしてイスラム文化に各民族固有の特性を加えて、イラン・イスラム文化、トルコ・イスラム文化、インド・イスラム文化などが生まれた。このイスラム文化には、天文学、幾何学、哲学、化学などの有益な学問が多く含まれていた。

歴史学の立場からは、こう思えてくる。

「ムハンマドとその後継者たちは、乾燥地の人びとに有益な学問や法を提供して、庶民によりよい生活を送らせたいと考えていたのではないか」

イスラム帝国の成立はイスラム教徒間の無用な争いをしずめ、人びとの安定を確保した。現代人の目でみれば、イスラム法やイスラム教の戒律は厳しい。しかしそれは、ムハンマドの時代の中近東の強国の専制君主やオアシス都市の権力者の自分勝手な支配より、はるかに寛容であった。

イスラム教には、よりよい社会をつくるために、個人の生活を規制する戒律も少なくない。よく知られた禁酒の戒律も、本来は有力者が酒に酔って面白半分に庶民を困らせることを防ごうとしてつくられたものとみてよい。

またイスラム教には、富裕な者は教団に一定の金額の寄付をしなければならないという戒律もある。この寄付を集めた教団は、貧しい人びとに食料を分け与える。

そのためイスラム教が厳密な形で行なわれているところには、それ以前のような餓死する弱者はみられなくなった。

イスラム教は商業を肯定し、人びとに「紛争を、暴力ではなく金銭で解決せよ」と教える合理性を持っていた。そのためイスラム帝国のもとで、商人の活動が急速に活発化した。さまざまな商品が広域に流通し始め、人びとの暮らしがより彩りのあるものとなっていったのだ。

アラブ世界の有力な君主の後援によって、科学技術、工芸技術が大きく発展し、イスラム教は、明らかに社会を豊かにした。そのためイスラム商人の活躍が拡大するにつれて、イスラム教がインドや中央アジアの一部、マレー半島、インドネシアなどの住民にも受け入れられた。

アッバース朝が後退したあと、さまざまな勢力が中近東に興り、十三世紀末にはオスマントルコ帝国がアラブ世界の覇者になった。しかし十五世紀には、オスマントルコと対立していたヨーロッパ人が東西の交易路を支配する大航海時代が訪れた。

これによってイスラム商人の活動は次第に低迷し、それと共にイスラム系の諸政権も後退していった。

次章では、アラブ圏の東方に接する古代インドをみていこう。そこでは、独自のインド文化が育っていた。

第五章

なぜインドの南方には有力な政権が生まれなかったのか

謎のインダス文明

オアシスの道より西方の古代文明の最後のものとして、インドの古代文化を取り上げよう。ここで用いた「インド」の言葉は、現在インドと呼ばれている国をさすものではない。

おおむねインド、パキスタン、バングラデシュの三国を合わせた範囲にほぼ相当する「インド亜大陸」という言葉がある。本書では「インド」の語を、「インド亜大陸」全体をさすものとして用いることにする。

古代インドの中心であったガンジス川は現在のバングラデシュで、インダス川は現在のパキスタンで海に流れ込んでいる。

インド亜大陸は、北を高山が連なるヒマラヤ連峰、南を海に区切られている。さらに東のアラカン山脈、パトカイ山脈と西のヒンドゥー・クシ山脈、スライマン山脈も交通の障害になっていた（114ページの図27参照）。

自然の地理的条件により、他の地域から隔てられていたために、インドに独自の古代文化が育っていったのである。

図26　インダス文明とアーリア人の南下

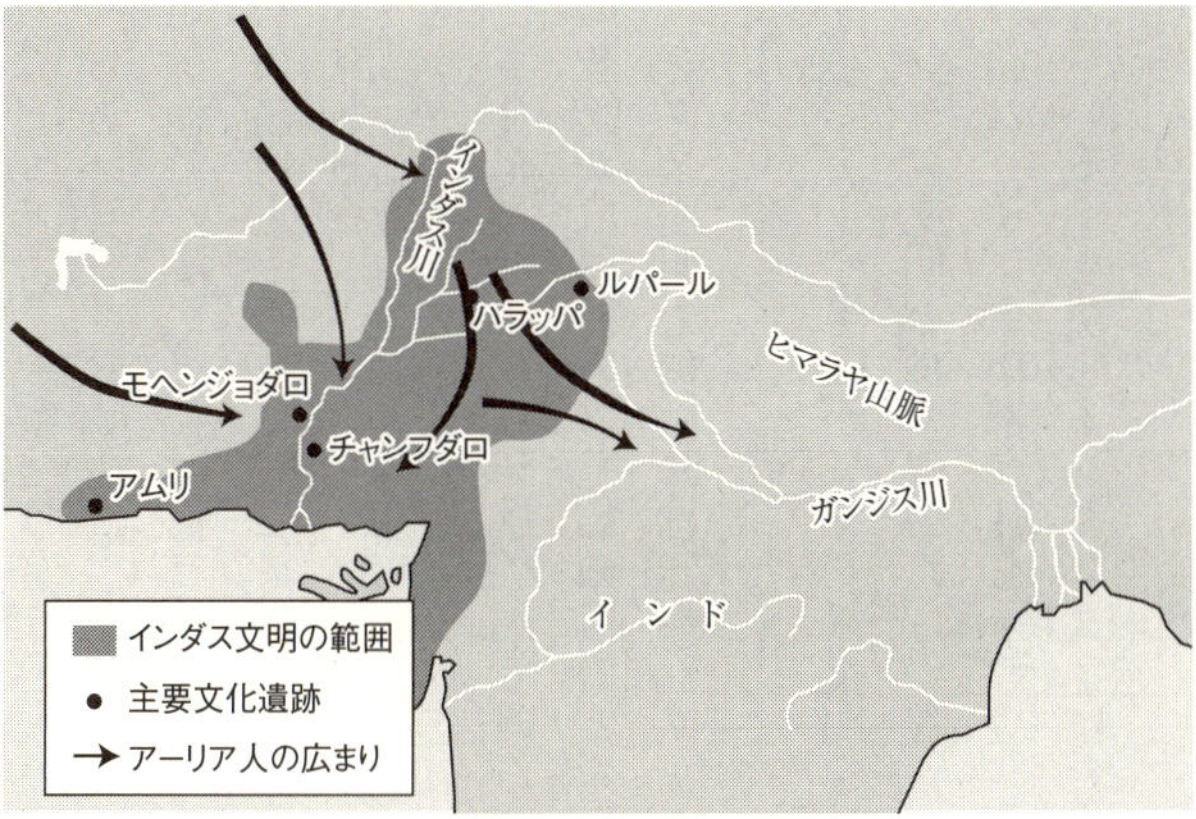

『増補版 標準世界史地図』（吉川弘文館刊）を参考に作成

このインドで、かつて世界四大文明の一つといわれたインダス文明が生まれた。それはインダス川流域の乾燥地において、インダス川の豊かな水を利用してつくられたものであった。

インダス文明は、紀元前二三〇〇年頃つまりエジプト古王国時代が終わる百年ほど前に突然現われ、モヘンジョダロ、ハラッパなどの都市群が建設された。そしてそのあと紀元前一八〇〇年頃、エジプト中王国時代の終わり近くに当たる時期に、跡形もなく消えてしまった。

インダス文明を代表するモヘンジョダロの遺跡は、焼き煉瓦でつくられた古代都市である。そこには砦《とりで》、穀物倉庫、大浴場などがあり、街路と街路で区切られた区画は、美しく整備されていた。

モヘンジョダロでは特に、東西約七メートル、南北約一二メートルの巨大な浴場が知られている。それは約二・四メートルの深さにつくられており、水面に降りるための階段もみられる。この浴場は、何らかの祭祀《さいし》のための清めの場ではないかとする説もある。

インダス文明の時代に、インダス文字と呼ばれる象形文字が用いられていた。象形文字を記した印章も発見されている。そのためインダス文明の象形文字は、何らかの政務か取り引きのためのものと考えられている。

インダス文明の都市群は滅び、かれらの文化を受け継ぐ人びともいなくなった。後（116ページ）で述べるアーリア人のインドへの侵入は紀元前十四世紀頃であるから、アーリア人がインダス文明を滅ぼしたわけではない。

インダス文明とは、遺跡だけが残った謎の文明といえる。インダス文字で書かれた言語は、インド南部に住むドラヴィダ人の言葉に近いのではないかと推測する研究者もいる。しかしインダス文字はいまだ解読されていない。

モヘンジョダロ遺跡（パキスタン）

インドの地形と気候

インドにはいまでも、多くの方言がある。かつて英語が、インド全体の共通語として用いられた時代もあった。

筆者は若いときに、団体旅行で約二週間かけてインドの各地を見て回った。おおむねバスで移動したおかげで、車窓に広がるさまざまな景色を見ることができた。インドを見た印象の一つが、「インドにはじつに多様な風景がある」というものであった。乾燥した土地が延々と続くところもあれば、緑の樹木が茂る高地もある。

それと共に、「インドは暑いところだ」

図27　インドの地形

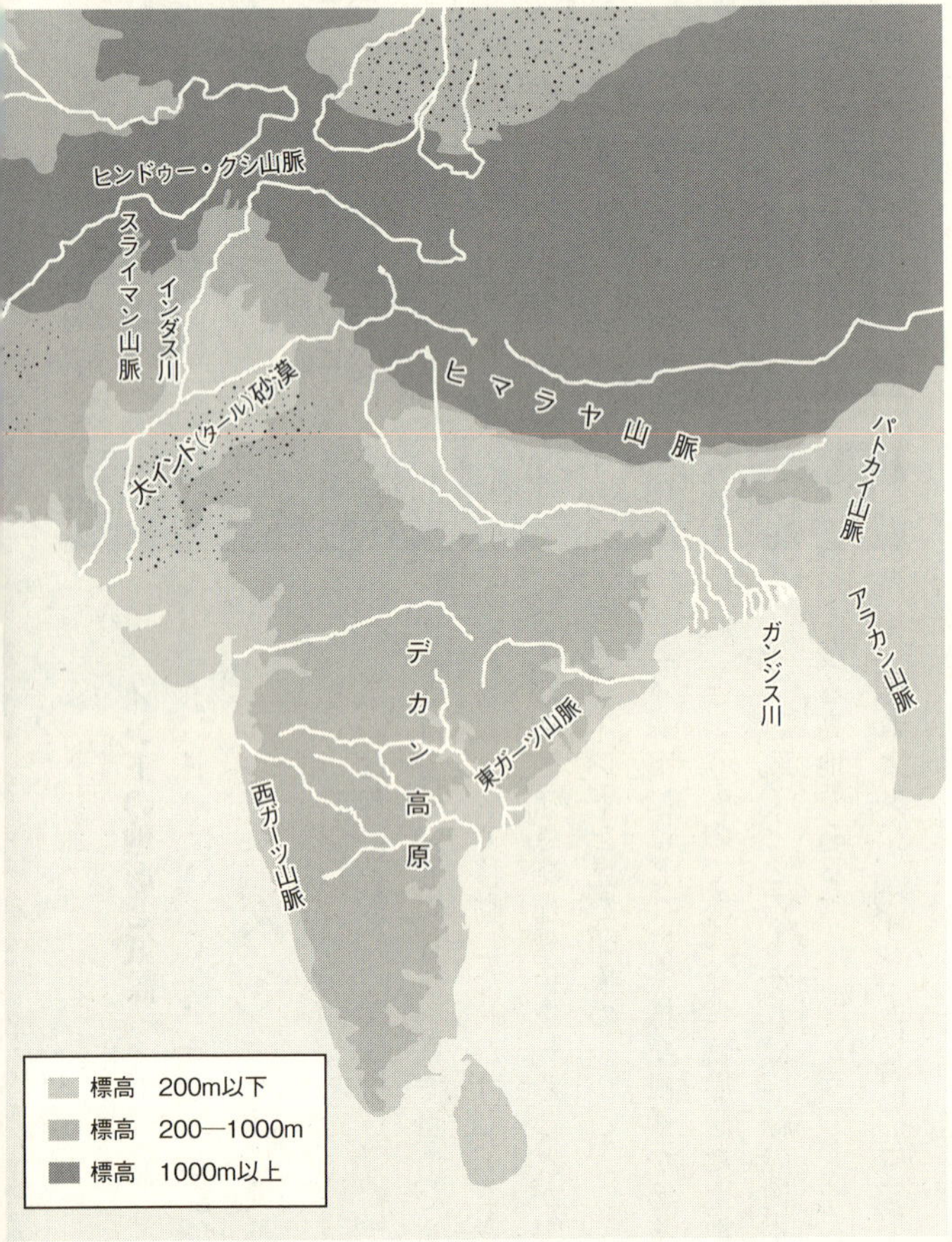
ヒンドゥー・クシ山脈
スライマン山脈
インダス川
大インド(タール)砂漠
ヒマラヤ山脈
パトカイ山脈
アラカン山脈
ガンジス川
デカン高原
東ガーツ山脈
西ガーツ山脈
標高　200m以下
標高　200—1000m
標高　1000m以上

と感じた。気象学者によれば、それはヒマラヤ山脈が北方からの寒気をさえぎることによる現象と説明されている。

インドの地形をみると、北部のインダス川流域とガンジス川流域に広大な平野が開けていることがわかる。それに対してインドの中部、南部の大部分は、デカン高原と呼ばれる高地である。

図28　インドの気候

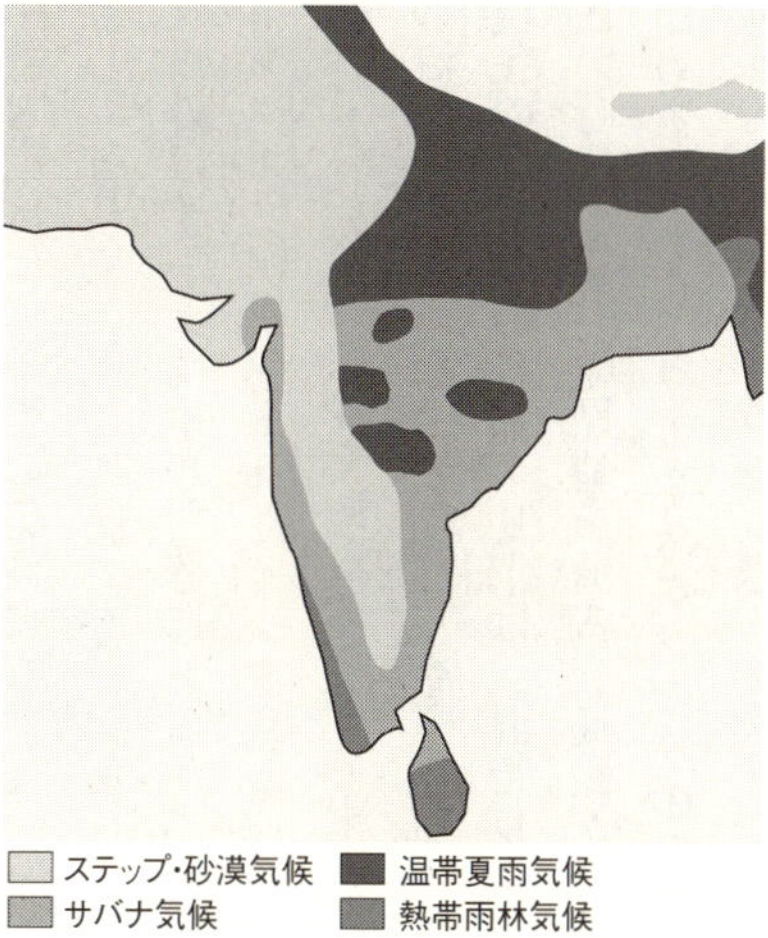

図27を見るとわかるように、インド中南部の平野は、海岸沿いに限られている。この地形から、インド北部の開けた平野に有力な政権が次々に興った理由が理解できる。一方南部では、のちになって海岸の平地に、海上交易に従事する集団が現われた。

気候からみても、インドの北と南は根本的に違う。赤道に近いインドの中部と南部は、熱帯の気候になっている。

そして貿易風の影響を強く受ける西海岸には、雨の多い熱帯雨林気候が広がり、それ以外は乾季と雨季が明確にあるサバナの地帯である。

インダス文明が生まれたインド北西部は、イラン高原に続くタール砂漠（大インド砂漠）などの乾燥地である。そして東風が湿気を運んでくるガンジス川上流、中流の流域は、香港などと同じ温帯夏雨気候になる。

現在のインドの首都デリーは、温帯夏雨気候の範囲にある。

古い時代には、乾燥地を通る交通路が森林を切り開く道より早く整備された。そのためインドとアフガニスタンの境の乾燥地にあるカイバル（カイバーン）峠は、古くからインドとイラン高原や中央アジアをつなぐ重要な交通路になっていた。

アーリア人をはじめとする多くの侵略者が、そこからインドに侵入してきたのである。

アーリア人の南下と仏教の誕生

アーリア人（34・35ページ図6参照）は紀元前十六世紀から十五世紀にかけてイ

ラン高原に南下したと推測されている。そしてその少し後にかれらはカイバル峠を越えてインドのパンジャーブ地方にも入りこんで来た。さらにアーリア人の一部は紀元前十四世紀頃にインダス川流域に入ったが、先住民の勢力が強かったせいかこの方面にはあまり広まらなかった。

インドのアーリア人の多くは紀元前十世紀にガンジス川流域に住みついた人びとの子孫だと考えられている。当時のそのあたりは、森が多く残る後進地であった（111ページの図26参照）。森林を農地にするのが困難であったためである。

アーリア人は血縁関係にもとづく部族（41ページ参照）を単位にして族長の指導のもとに森林を開いて村落をつくって住みついた。かれらは牧畜と農耕を行なっており、牛を神聖視する習俗を持っていた。

アーリア人はさまざまな自然現象に神を感じる多神教をとり、供物と賛歌《さんか》を捧げて神々を祭った。これは、現在のインドのヒンドゥー教につながるものである。

アーリア人の勢力が強いガンジス川流域で、ヴァルナ（カースト種姓）がつくられていったと推測されている。ヴァルナとは、肌の色で人間の尊卑を決めるものであった。

図29　カースト制度

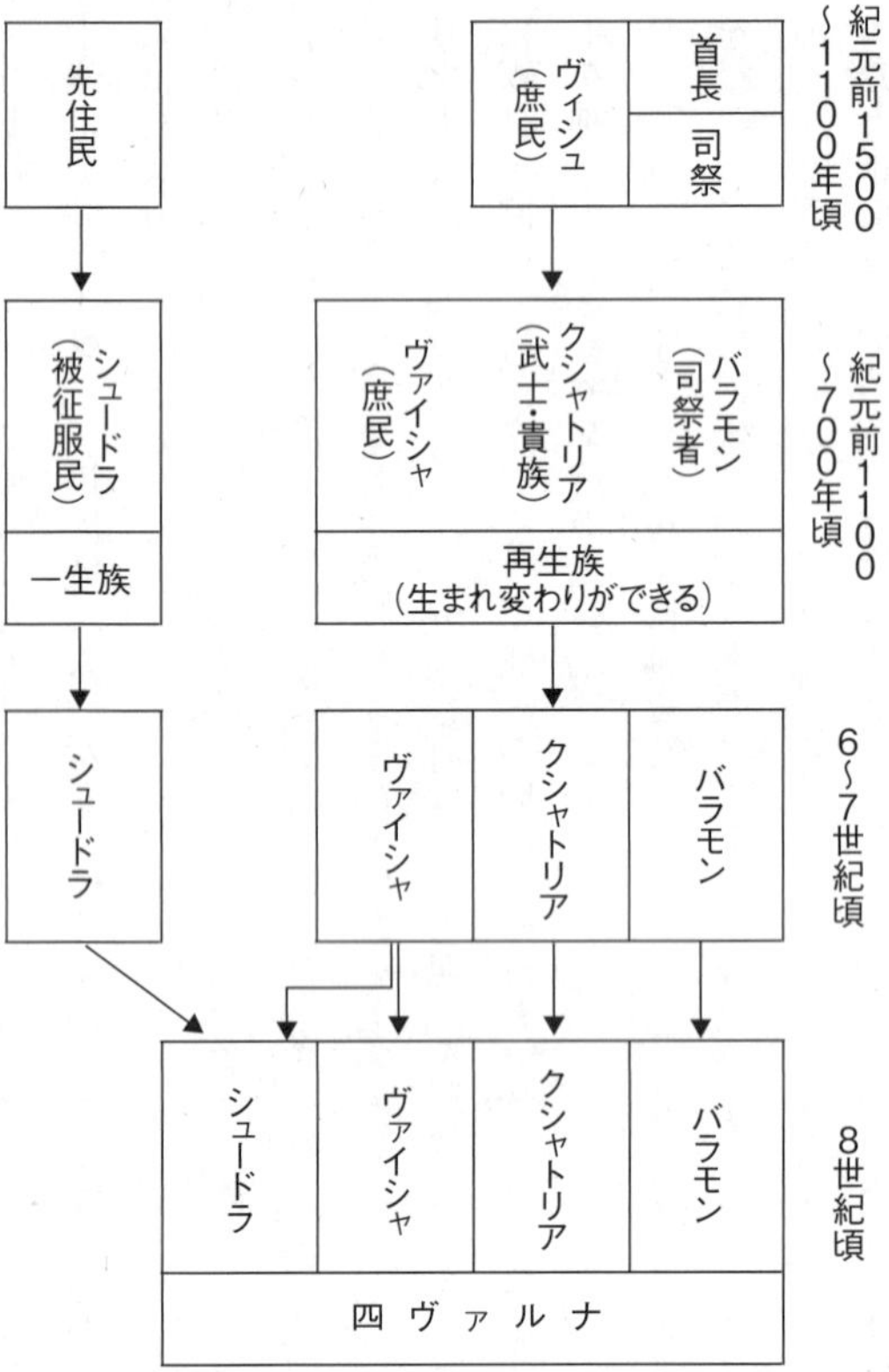
紀元前1500～1100年頃
首長
司祭
ヴィシュ（庶民）
先住民
紀元前1100～700年頃
バラモン（司祭者）
クシャトリア（武士・貴族）
ヴァイシャ（庶民）
再生族（生まれ変わりができる）
シュードラ（被征服民）
一生族
6～7世紀頃
バラモン
クシャトリア
ヴァイシャ
シュードラ
8世紀頃
バラモン
クシャトリア
ヴァイシャ
シュードラ
四ヴァルナ

肌の白いアーリア系の人びとは高い身分とされ、肌の黒いドラヴィダ系の者は低い身分におかれた。このヴァルナとジャーティと呼ばれる職業の区別が結びついて、現代のインドまで受け継がれたカースト制度が整えられていった。

紀元前七世紀頃のガンジス川流域に、アーリア系の都市国家が出現した。この前後にバラモン（司祭者）を指導者とする、バラモン教が整えられていった。この過程でバラモンはウパニシャッド（奥義書）哲学と呼ばれる、独自の哲学を生み出した。それはブラフマン（梵《ぼん》）という大きな宇宙の意志を想定した上で、アートマン（我《が》）と呼ばれる個々の人間が宇宙意志に添った生き方をすること（梵我一如《ぼんがいちじょ》）が望ましいと説くものであった。この思想は、そのまま仏教に受け継がれていった。

しかしバラモン教は、バラモン、君主といった権力者のための宗教としての性格を強く持っていた。そのため紀元前六世紀末にガウタマ・シッダールタ（釈尊・釈迦）が、すべての人間は平等であると唱えて新たな宗教である仏教を開いた。

これは個人の修養を重んじ、人びとに慈悲の心を持った生き方を説いた宗教であった。仏教は、このあと多くの民族に広がっていった。仏教と同じ頃、不殺生と苦行を重んじるジャイナ教も開かれた。これはインド固有の信仰の一つとして、現代

図30　アーリア系言語とドラヴィダ系言語の分布

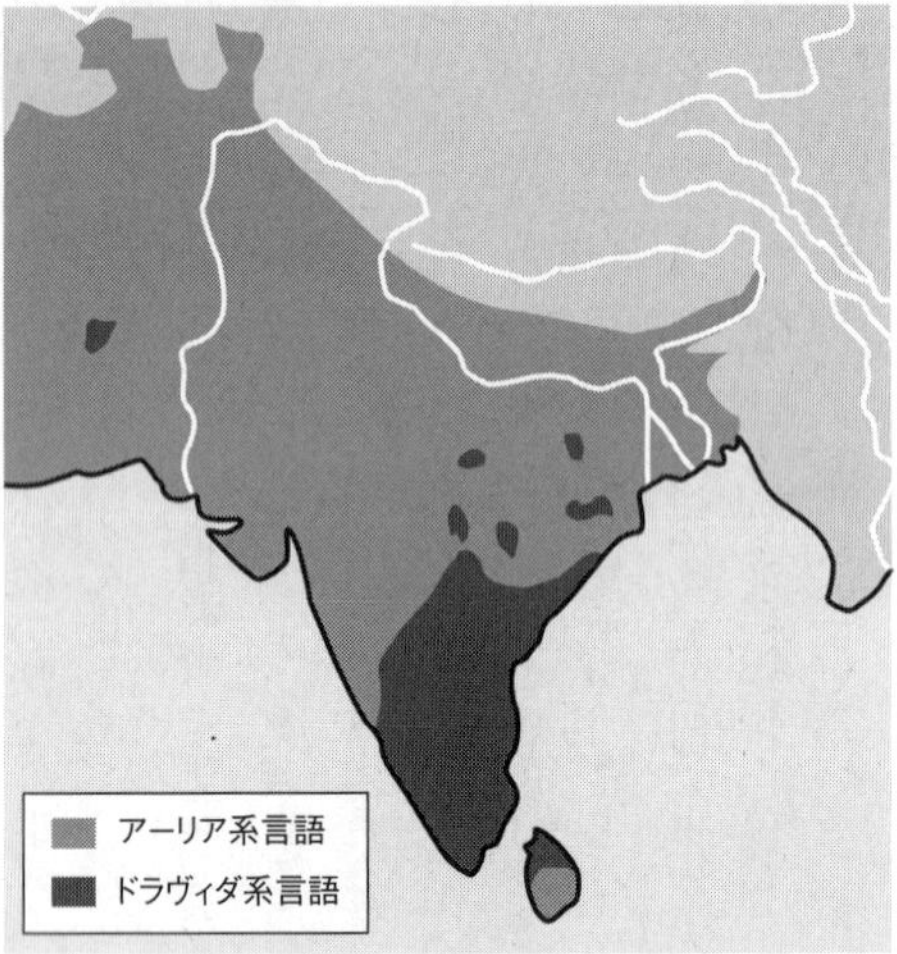

『もういちど読む山川地理』(山川出版)を参考に作成

まで続いている。
バラモン教はインドで発展した独自の文化であり、その要素の多くは仏教やジャイナ教に多く取り入れられている。

北インド統一への動き

新参者のアーリア人は、じわじわとインド各地に勢力を伸ばしていった。現代のインドの方言の系統をみると、インド北部とインド中部の大半が、アーリア語族で、インド中部の一部とインド南部がドラヴィダ語族であることがわかる(地図30参照)。

図31　マウリヤ朝の最大の領域

『増補版 標準世界史地図』（吉川弘文館）を参考に作成

この図のアーリア圏では、古くからいたドラヴィダ系の人びとも支配階級のアーリア人に同化されてしまったのであろう。

紀元前四世紀末のガンジス川流域で、チャンドラグプタというアーリア系の有力な指導者がマウリヤ朝を起こした。このマウリヤ朝はこのあと、インド北部、中部の統一に成功した。しかしインド北部の政権は、熱帯であるインド南部の気候になじまなかったと考えてよい。

そのためにマウリヤ朝は、ドラヴィダ系の人びとの多いインド南部を支配下に組み込めなかった。

マウリヤ朝は、仏教の興隆に力を入れてインド独自の文化を高めた。このマウリヤ朝はインドの最初の統一政権となる可能性を持っていたが、紀元前三世紀なかばから急速に衰えて、インド統一をはたさず紀元前二世紀はじめに滅んだ。

近代以前のインドには、数百年単位の長期の統一政権はみられなかった。多くの時代においてインドは、地方政権が分立する形になっていたのだ。

紀元前一世紀には、アーリア系の高度な文化を取り入れたドラヴィダ系の勢力によってインド中部にサータヴァーハナ朝（アーンドラ朝、紀元前七五頃―紀元後三世紀）

が開かれた。そしてインド北部は、ギリシア人、ペルシア人の侵入を受けたあと、アフガニスタンを本拠とするクシャーナ朝（紀元後四五頃―二四〇頃）に征服された。

クシャーナ朝は仏教を保護し、オアシスの道を用いて意欲的に東方と交易した。このクシャーナ朝で、仏像を拝んで万人の救済を求める大乗仏教が整備されたのだ。大乗仏教はオアシスの道を通って中国に入り、さらに朝鮮半島や日本にも広められた。一方、ガウタマ・シッダールタが開いた原始仏教の流れをひく個人の修養を重んじる上座部仏教は、主に海路で東南アジア各地に伝えられた。

図32　サータヴァーハナ朝とクシャーナ朝の最盛時の領域（重なったところは二勢力の係争地）

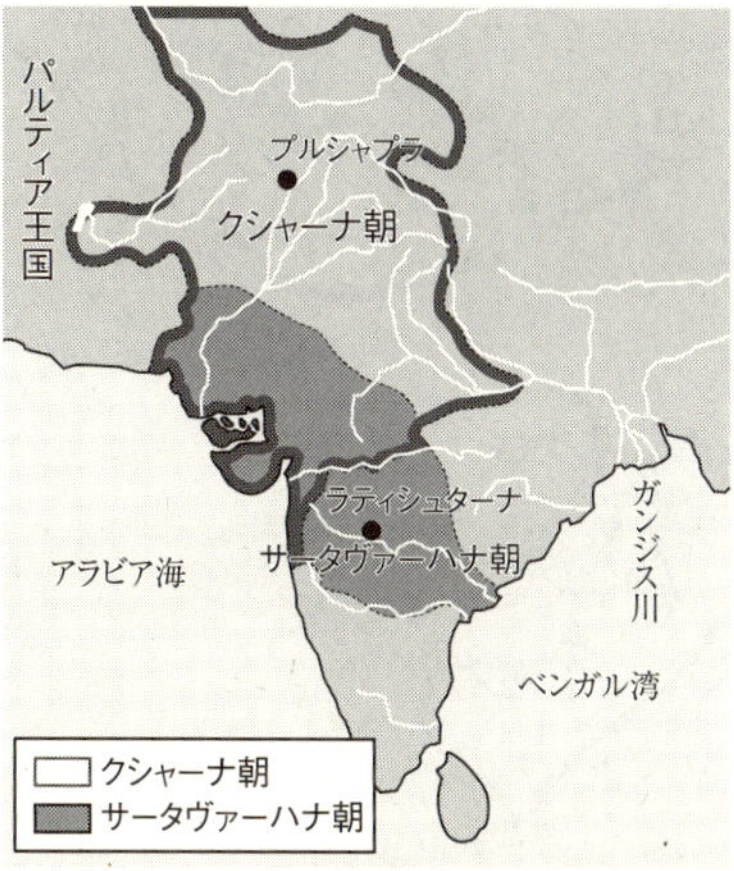

『ビジュアルワイド図説世界史』（東京書籍）を参考に作成

インドの古典文化とイスラム化

クシャーナ朝が滅んだあと八十年ほどたって、グプタ朝（三二〇頃―五五〇）がインド北部を統一

図33　仏教の伝わった道

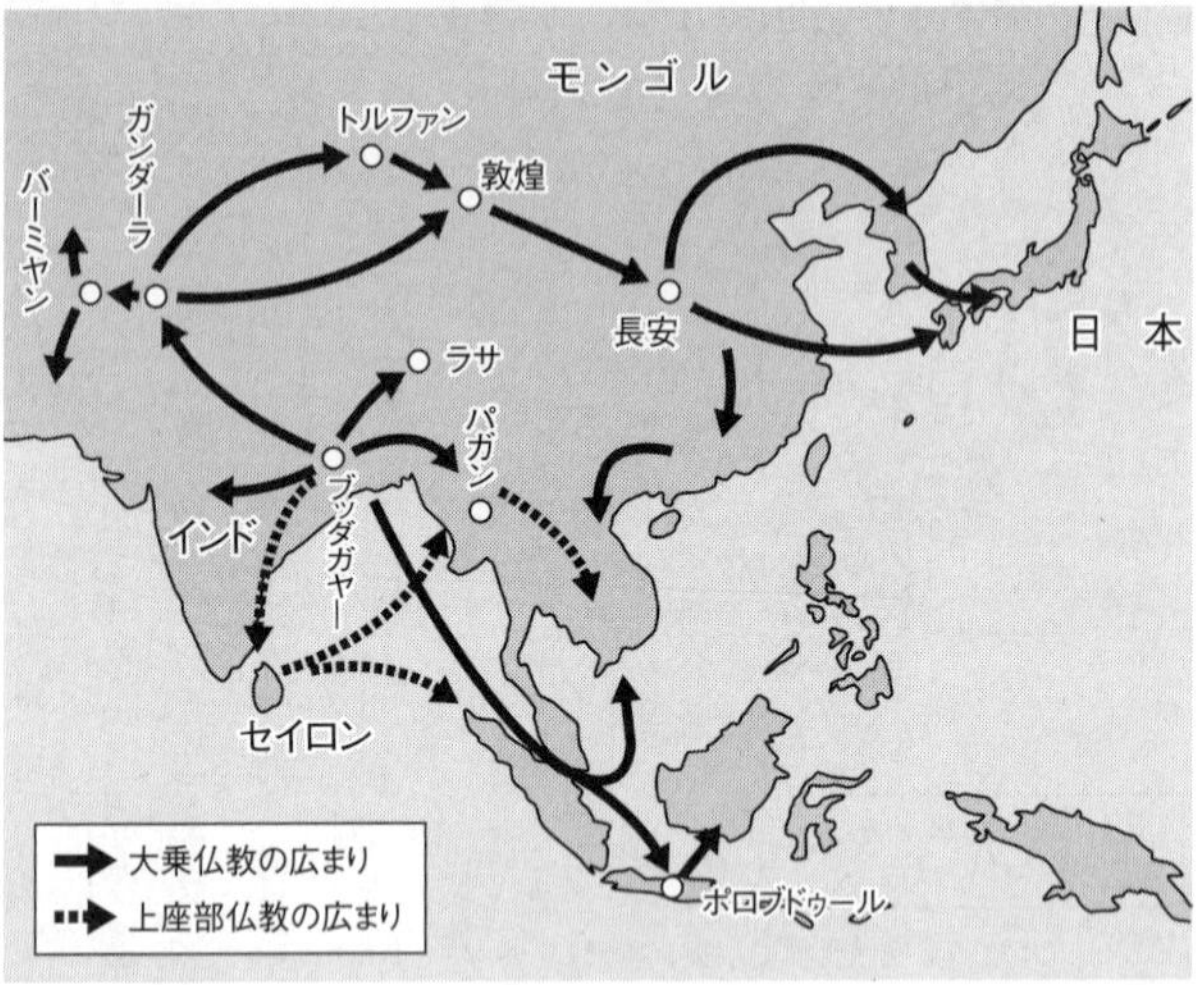

した。グプタ朝のもとで、インド古典文化の黄金時代が訪れた。グプタ朝の時代に、現代のインドまで続くヒンドゥー教とそれに付随したさまざまな文化がつくられたのである。

ヒンドゥー教は、バラモン教をもとにつくられたインド人の日常生活に根ざした、個人の救済や現世利益を求める民族宗教であった。しかしヒンドゥー教徒全体が守るべき戒律はつくられず、ヒンドゥー教は多様な立場をとる多くの学派に分かれていた。これはヒンドゥー教のもとになったバラモン教がいくつもの学派が共存する柔軟なものであった点を受け継いだものであった。仏教界でも、グプタ朝時代に大きな変化がみられた。それまでのギリシア風の仏像と異なる、インド風のグプタ様式の仏像が現われたのだ。

グプタ朝の宮廷は、オアシスの道から中国の文化を、イラン高原からローマやペルシアの文化を取り入れた。それと共に数学、天文学、暦法、医学などのインド独自の科学の発展も目立った。特にこの時代につくられたゼロの概念や十進法は、のちにアラブ世界に広まり、さらに西洋へ伝えられた。

図34　グプタ朝
（5世紀後半）

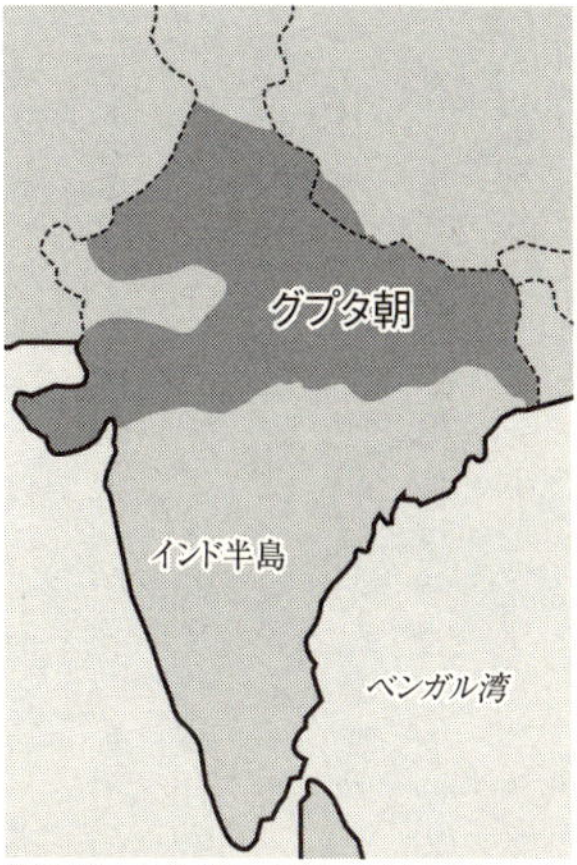

『増補版 標準世界史地図』（吉川弘文館）を参考に作成

グプタ朝の滅亡後のインドでは、小勢力の分立が続いた。そして十世紀になると、軍事力に長じたイスラム系の勢力のインド侵入が始まった。アフガニスタンに本拠をおく、ガズナ朝、ゴール朝が、次々にインド北部を征服したのだ。

一二〇六年になるとデリーを都と

するイスラム系の奴隷王朝（一二〇六―九〇）が立って、インド北部を統一した。

　このあとイスラム系の王朝が幾つも起こり、インドにもイスラム教やアラブ世界の文化が広がっていった。そのため現在のインド亜大陸は、ヒンドゥー教徒とイスラム教徒が混在する形になっている。

　イスラム系の王朝交代が続いたあとのインドに、イスラム系の勢力がつくった強大なムガール帝国が出現した。ムガール帝国は十七世紀後半の最盛期の一時期に、南端の一部を除いたインドとアフガニスタンの統一に成功した。

図35　最盛期のムガール帝国（18世紀はじめ頃）

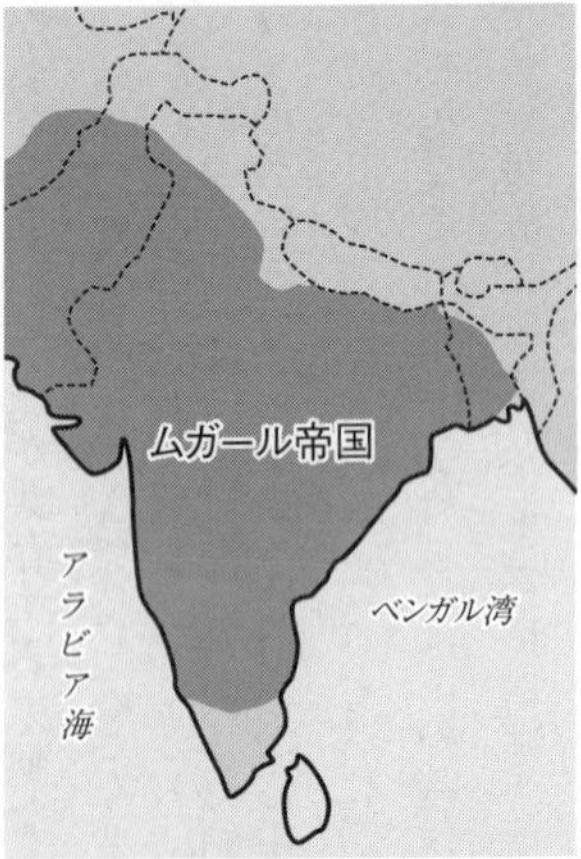

『ビジュアルワイド図説世界史』（東京書籍）を参考に作成

　このムガール帝国のもとで、インド独自の文化とイスラム文化を融合させたインド・イスラム文化が完成した。しかしムガール帝国によって、インドの北と南が安定した形でまとめられたとは言い難い。

　十八世紀になるとムガール帝国

が急速に衰え、インドは分裂の中でイギリスに植民地化されていくことになった。

本章ではオアシスの道の西方の諸文化をみてきたが、次章ではオアシスの道の東方の中国や朝鮮半島の地形と歴史の関係をみていくことにしよう。

第六章

なぜ中国王朝は南北に分かれることが多いのか

中国民族がつくった東アジアの文化

オアシスの道の東方にある中国では、古くからヨーロッパやアラブ世界のものと全く異なる性格を持った高度な文化が育っていた。

西の世界の多くの地域に一神教が広まったのに対して、中国では主に道教という多神教が信仰された。この道教はヒンドゥー教と同じく多様な学派が共存する柔軟な形をとって続いてきた。ヨーロッパやアラブ世界ではアルファベットなどの表音文字が使われたのに、アジアでは漢字という表意文字が用いられた。

ヨーロッパやアラブ世界の文化は、

「物事をすべて、単純でわかりやすい形に整理してとらえよう」

と考えるものであったのに対して、中国の文化は、

「多様なものが存在するのを認めたうえで、それにうまく対応していこう」

という発想にたつものであった。

アーリア人が主導権をとってつくったインド文化は、ヨーロッパやアラブ世界、中国とも異なる独自のものであった。そこの人びとは表音文字を用いるが、多神教

をとっていた。

中国文化圏では古くから、陰陽《いんよう》五行《ごぎょう》説という独自の科学的思考が重んじられてきた。現代の日本人も用いる漢方医学、風水などは、陰陽五行説にたつものである。

この陰陽五行説は、こういった考えの上にたっている。

「さまざまな性質の人間がいる。動物、樹木、金石などの自然物も、その時々の条件によってさまざまなあり方がある」

これに対してギリシア哲学に始まる西洋の科学は、誤りのない法則を摑むことを最も重要な課題とした。

このような決定的な違いはあっても、総合的にみれば北宋《ほくそう》の時代（九六〇―一一二七）までは東の文化が西の文化より優れていたと筆者は考えている。このあたりまで中国は、おおむね西の世界より豊かだったのである。前（61ページ）にも記したが、西の世界の人びとは競うように中国特産の絹を求めていた。

後（220ページ以下）で記すように、西ヨーロッパ独自の文化、学問の発展が始まるのは、北宋時代の後半に相当する十一世紀後半頃からである。北宋の滅亡後に中国民族は、金ついでモンゴル（元）の北方の異民族に苦しめられた。そのためゆとりを失った中国の知識層の文化水準が、じわじわと低下していくことになった。

これに対してヨーロッパではモンゴルの発展と同時代に、ルネサンス（十四―十六世紀）という文化、科学の躍進が開始された。

北宋時代以前の中国文化の担い手は、時代によって「士大夫階級」や「読書人身分」などのさまざまな呼び方をされた一握りの上流階級であった。かれらの多くは、儒教や陰陽五行説に通じた文化人であった。

漢詩、書道、絵画、楽器の演奏は、上流階級の人間に欠かせない教養とされていた。奈良時代から平安時代の日本の貴族は、そのような中国の知識層の生活をそっくり真似ようとしたのである。

古代の中国では、一部の知識層の手で優雅で華麗な文化が育てられた。しかしその文化の科学的思考や実用的な技術には、西の世界の哲学、科学のような民族の枠を越えた広まりはみられない。

中国の科学技術で目立つのは、農地や運河の開発に用いた土木技術と、漢方医学、暦、占星術ぐらいである。

後で詳しく述べるが、中国の考え方をそのまま受け入れることができた民族は、日本人、朝鮮人、ベトナム人ぐらいであった。現在の日本にもみられる陰陽五行説にたつ九星などの占星術は、西の世界には広まらなかった。

中国の多様な地形と気候

中国は、きわめて広い国である。現在は北京語が中国の標準語になっているが、近年までの中国は異なる方言を使う多くの地方に分かれていた。

現在でも中国の北京語と、香港で用いられている広東《かんとん》語とは別の言語といってもよいほど違う。

また中華料理として括《くく》られるものも、地方色の強い多くの料理の集合といってよい。日本でよく知られる中華料理として、北京料理、上海料理、広東料理、四川料理の四つがある。

この四つは各々独自の特色を持つが、その特色は料理を生んだ地域の地形、気候がもたらす異なる食材に応じてつくられたものである。中国の歴史を考える場合に

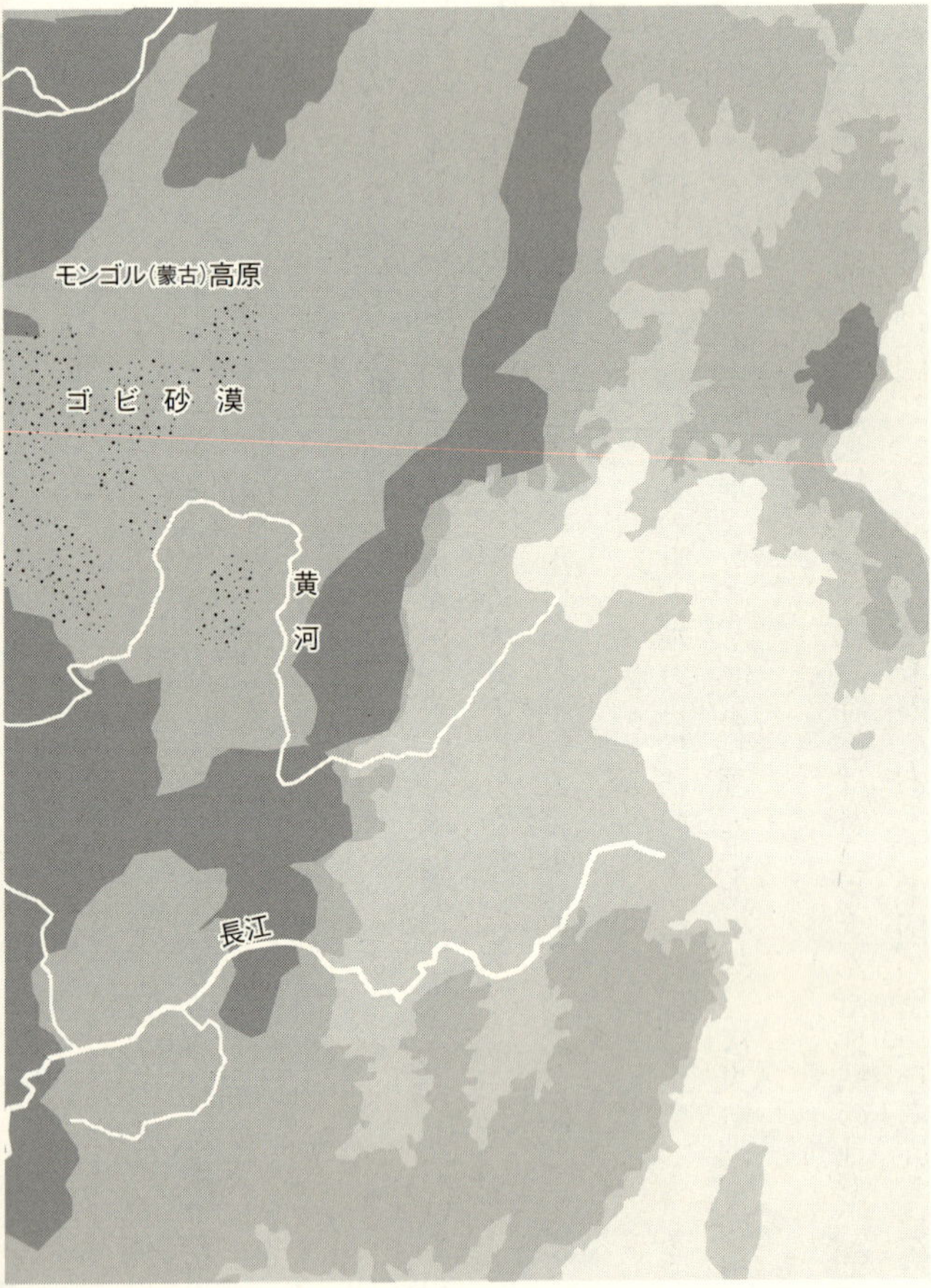
モンゴル(蒙古)高原
ゴビ砂漠
黄河
長江

図36　中国の地形

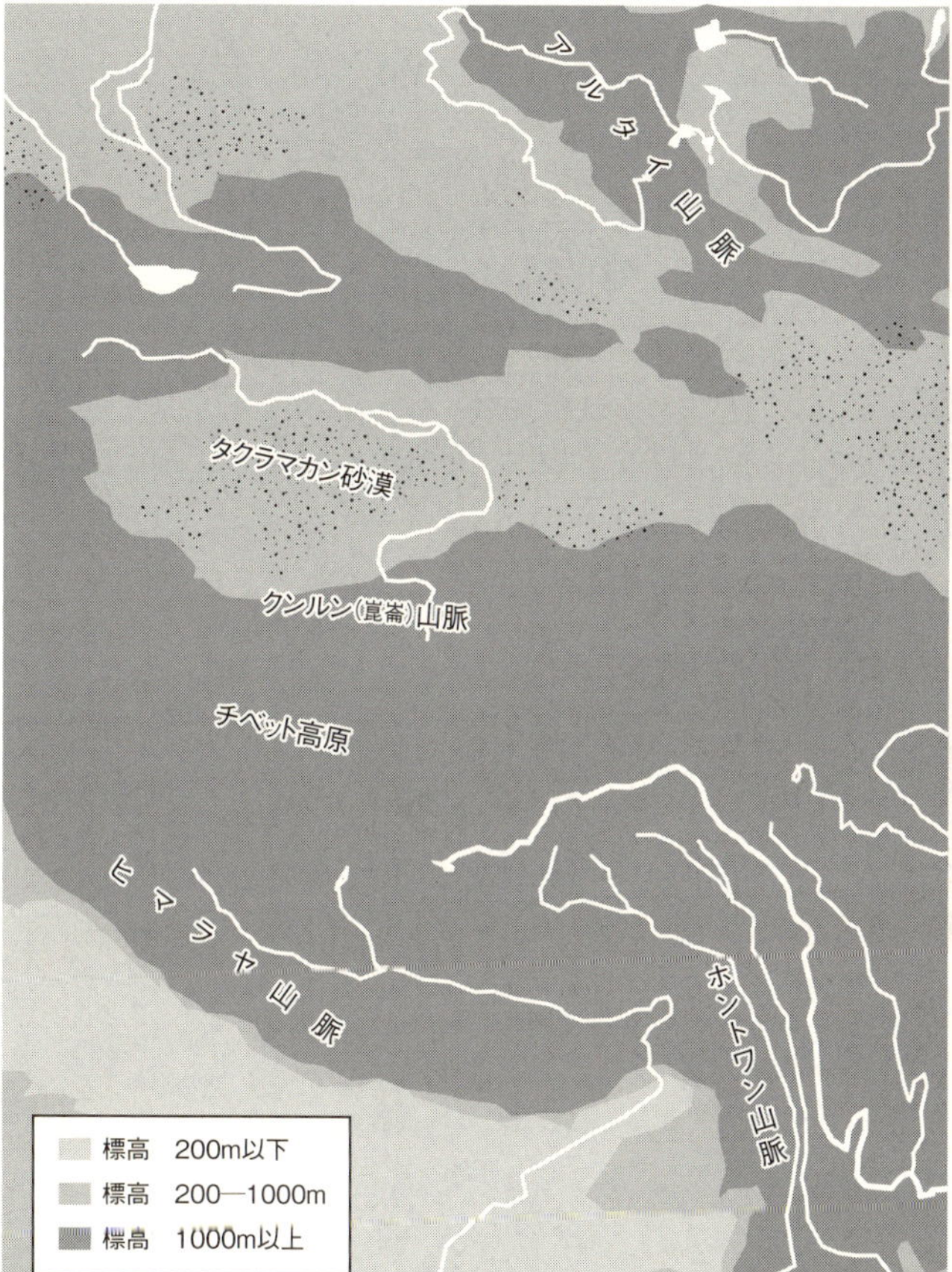
アルタイ山脈
タクラマカン砂漠
クンルン(崑崙)山脈
チベット高原
ヒマラヤ山脈
ホントワン山脈
標高　200m以下
標高　200―1000m
標高　1000m以上

図37　中国の稲作地帯と麦作地帯

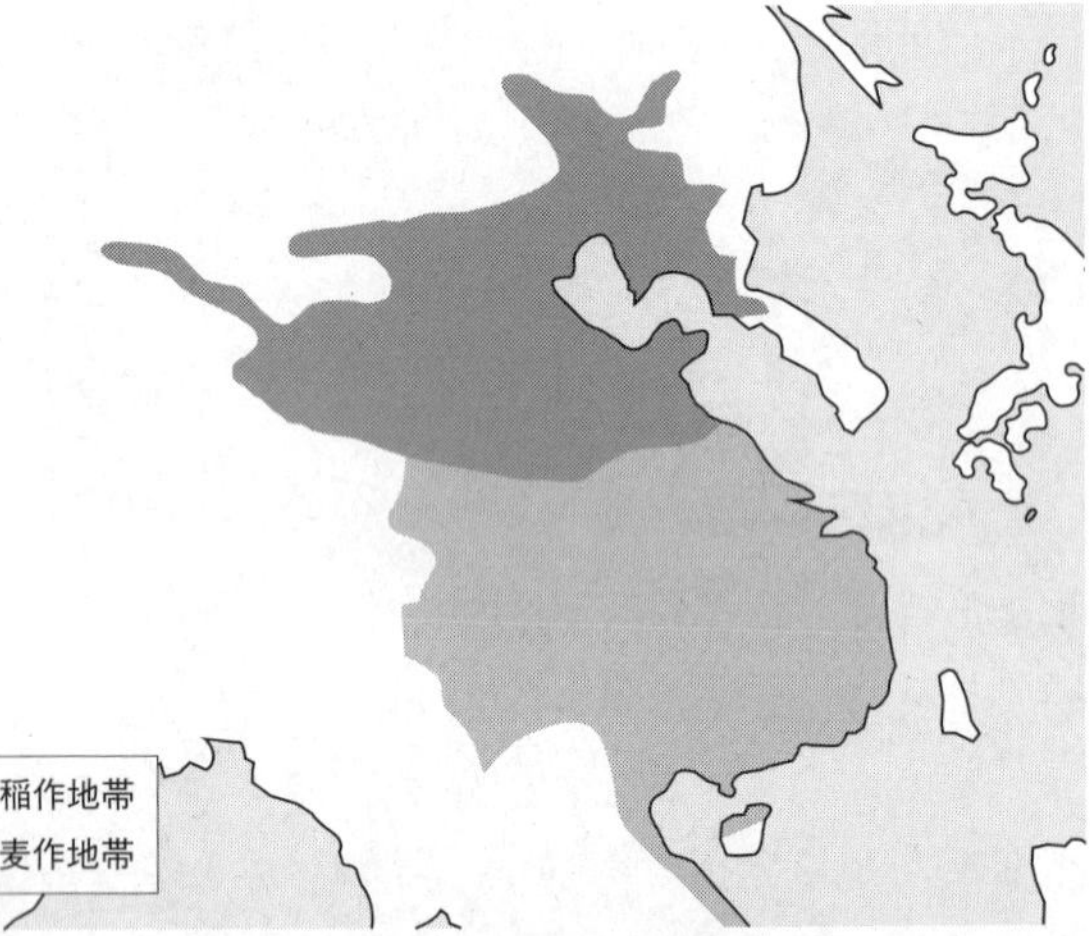

『もういちど読む山川地理』(山川出版)を参考に作成

は、北京料理の黄河流域（華北）、上海料理の長江（揚子江）流域（江南、華中）、広東料理の広東（華南）、四川料理の四川省（四川《スーチョワン》）の四者を区別する視点が必要である。

中国の華北と江南の東部には、広大な平野が開けている。これに対して中国西部には高い山が連なっており、華南の大部分は山地である。

この地理像をみただけで、古代の中国の東部の平野に有力な政権が誕生するのが自然であったと推測できる。

図38　中国の気候

その開けた平野に、二つの大河が流れている。黄河と長江である。この二つの河川の河口の間は、約八〇〇キロメートルの距離がある。これは東京から下関までの距離に相当する長大なものである。

七世紀はじめにあたる隋《ずい》朝のときに黄河と長江をつなぐ大運河ができるが、古い時代には黄河流域と長江流域を統一するのは容易ではなかったろう。

中国では、黄河と長江の間のホワイ川（淮河）が華北と江南の境と考えられている。中国の風景も、そのあたりで一変する。

江南が緑豊かな稲作地帯であるのに対して、華北は比較的雨量の少ない麦作地帯になる。

太平洋から吹いてくる東からの季節風が、西方の山に当たって、豊かな雨をもたらす。そのため中国の主要部分と呼ぶべき山東半島（山東省）あたりより南方は、気候区では日本と同じ温暖湿潤気候と熱帯のそばの温帯に多い温帯夏雨気候になっている。

しかし華北の山東半島以北と中国東北地方（満州）には植物がそう多くなく、降った雨はすぐ地中に吸収されてしまう。

これらの地域は冬場に雨や雪がほとんど降らない冷帯夏雨の気候帯と、乾燥地のステップ気候帯に分かれる。いずれも植物が育ちにくい厳しい自然環境のところである。

中国の江南などの気候を考えるときに、科学的な気候区にとらわれずに「照葉樹林帯」という括りをとる研究者も多い。これはカシやタブの照葉樹と呼ばれる常緑樹からなる森林が広がる地域を一まとめにして、そこに共通の文化を見出そうとするものである。

図39　照葉樹林帯

照葉樹林帯は稲のふるさととされるインドのアッサム地方から、中国の江南を経て朝鮮半島南端部や日本の東北地方南端以南へと続いている。

照葉樹林帯では水田による稲作を基本においた文化がつくられ、それに加えて、餅づくり、デンプンの粉

（片栗粉など）の利用などの共通の食文化が広まっていた。
これから照葉樹林帯と麦作地帯に分けて、中国の歴史をみていこう。

黄河文明と長江文明が別々の地でつくられた

紀元前五〇〇〇年もしくは紀元前四〇〇〇年頃から黄河の中流域から下流域にかけての広い範囲で黄河文明がつくられた。黄河の水をひいた粟の農耕が始められたことをきっかけに、人びとが村落を営み豚、鶏、犬などの家畜を飼い始めたのである。

かれらは磨製石器（表面をみがいた上質の石器）や、彩陶《さいとう》と呼ばれる土器を用いた。

紀元前二五〇〇年もしくは紀元前二〇〇〇年頃になると黄河流域に比較的大きな集落が出現し、黒陶《こくとう》という、より質のよい土器が使われ、獣骨を焼く占術も始められた。

黒陶文化が誕生した時期は、エジプト古王国の時代にほぼ対応する。

一方、長江流域では紀元前五〇〇〇年頃に、低湿地を開いた稲作農耕が開始され、高床式住居が現われた。そして紀元前千数百年前になると、城壁を持つ都市が

図40　黄河文明と長江文明

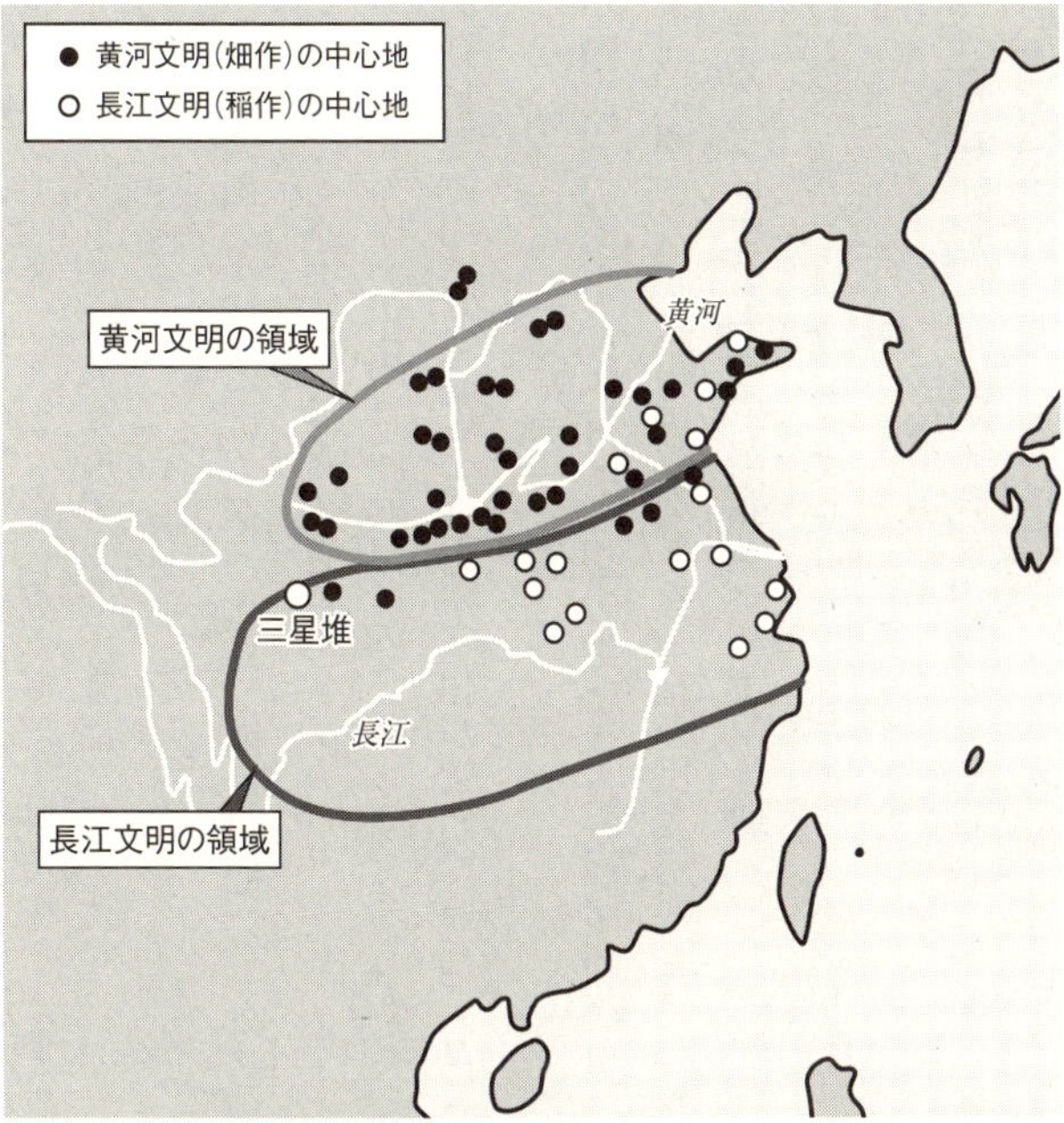

『プロムナード世界史』（浜島書店）を参考に作成

現われ、玉器もつくられた。

　このような長江文明を世界四大文明に加えて、世界五大文明とする説もある。また日本の考古学者の中にはそれに縄文文明を加えて、「世界六大文明」と呼ぶ研究者もいる（183ページ参照）。

　青森市三内丸山《さんないまるやま》遺跡は、約四〇ヘクタールの広さを持つ、縄文都市と呼ぶのに相応しいものである。そこには同時期に一〇〇軒前後の竪穴住居が営まれ、五〇〇人程度の人間が生活していた。

そこからは高さ約二〇メートルの、祭祀《さいし》に用いたとみられる楼閣が出土している。三内丸山の人びとは、交易を意欲的に展開し、ヒスイ、琥珀《こはく》、アスファルト、黒曜石などの各地の特産品を入手していた。

三内丸山遺跡の出現は紀元前三五〇〇年頃であるから、華北と江南の古代文化と同時期に日本の東北地方で独自の文化が栄えていたことになる。

中国民族の南下と後世に理想の世とされた周王朝の誕生

黄河文明と長江文明は、別々の系統の民族がつくったものと考えられている。

紀元前二世紀頃まで、華北つまり黄河流域と江南と呼ばれる長江流域には、異なった姿のアジア人が住んでいた。「漢民族」とも呼ばれる中国民族は、華北にしかいなかったのである。

現在の中国民族は古い時代に中国と考えられた華北、江南、華南からなる地域の住民の大半を占める。さらにかれらの、雲南（雲南省）、東トルキスタン、チベットなどへの広まりもみられる。

この中国民族は紀元前二万年頃に、シベリア奥地で新たに誕生した民族群の一つであると考えられている。氷河期の厳しい寒さのもとで、北の果ての深い雪の中でたくましく生きてきた人びとである。人類学者はこの時新たに生まれた集団を「新モンゴロイド」と名付けている。

これに対してそれ以前からアジアにいる人びとは「古モンゴロイド」と呼ばれる。それは、原アジア人というべき民族群である。

中国民族、モンゴル人などの中国人系民族は氷河期の終わる紀元前一万年頃から、集団で南下を始めた。その時期は日本の縄文時代前半に相当する。

中国民族は紀元前六〇〇〇年頃に、華北に広まった。かれらと前からそこにいた原アジア人との混血も盛んになされたらしい。この中国民族が、黄河文明をつくったのである。

前（140ページ）にも記したように中国民族は紀元前五〇〇〇年もしくは紀元前四〇〇〇年頃、彩陶という独自の土器を生み出した。

さらに紀元前二五〇〇年もしくは紀元前二〇〇〇年頃の黄河流域に、三足土器と

図41　殷と周

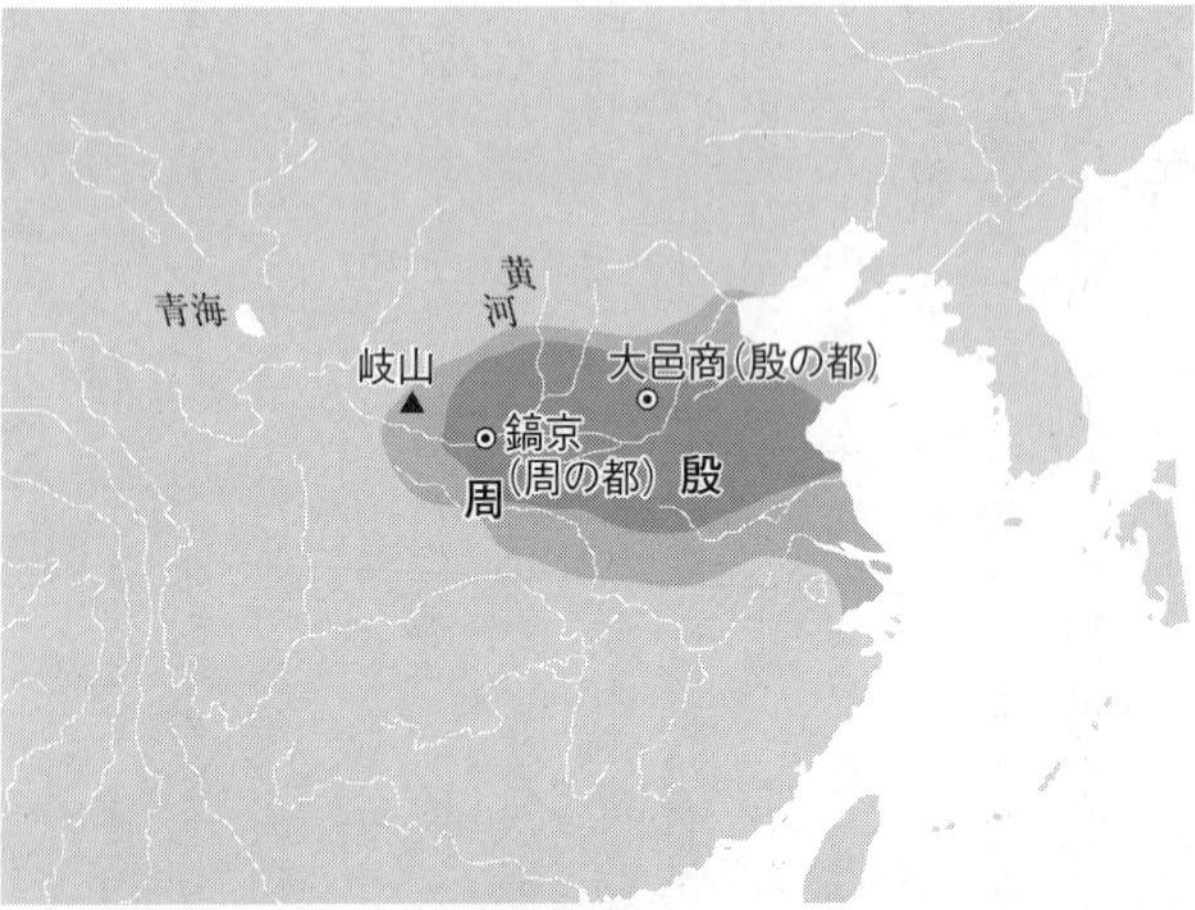

『増補版 標準世界史地図』（吉川弘文館）を参考に作成

呼ばれる黒色の祭器に代表される一群の土器（黒陶）が出現した。

紀元前一五〇〇年頃の黄河中流域で、殷《いん》という王朝が誕生した。この王朝の青銅《せいどう》（錫《すず》を混ぜた銅）のさまざまな祭器や、亀の甲羅や動物の骨に書かれた甲骨文字がよく知られている。甲骨文字は、絵を簡略にした文字で、漢字の原型となったものだと考えられている。

青銅製の祭器の中には、三足の黒陶に似た形をした鼎《かなえ》というものもあった。殷の勢力圏の南限は、華北と江南の境界とされる淮河のあたりまで及んでいた。

紀元前一〇二七年頃に殷が倒れ、周《しゅう》（西周《せいしゅう》）の王朝がそれに取って代わった。殷の紂王《ちゅうおう》とその妻の妲己《だつき》が度を過ぎた悪政を行なったために、天命を受けた周の武《ぶ》王《おう》が殷を滅ぼしたという伝説がある。

武王を補佐した太公望《たいこうぼう》という賢者を主人公とする、『封神演義《ほうしんえんぎ》』という中国で高い人気を持つ古典がある。

周は封建制をとった。これは王が封土という一定の領地を持つ諸侯を束ねて国を治めるものである。この制度のもとで、周の領域は江南（長江流域）にまで拡大された。

原アジア人の住む江南に呉《ご》、楚《そ》といった諸侯が現われ、周王に従ったのである。江南の人びとが、この時代の周の高度な青銅器文化を求めていたためである。

日本が縄文時代から弥生時代に代わるのは、周代なかばにあたる紀元前一〇〇〇年頃であった。この変化は、江南の水稲耕作が朝鮮半島南端経由で日本に入ったことによってもたらされた。

また、周の君主は、「礼政一致」つまり徳によって民衆を治める徳治政治の方針を打ち出した。「礼」とは本来は儀式のことだが、中国の知識人は礼つまり儀式は道徳を広める場と考えていた。そのため孔子《こうし》などの礼を重んじる儒学者は、周の時代を理想の世と考えていた。

江南の原アジア人の王朝の誕生

周は紀元前八世紀に、北方の異民族の侵入を受けて急速に衰えていった。そして紀元前七七一年になって周は都の鎬京《こうけい》を異民族に攻め落とされて、都を東方の洛邑《らくゆう》（のちの洛陽《らくよう》）に遷した。

周王朝は、これ以前のものは西周、これ以後は東周と呼ばれる。東周の領土は、有力でない諸侯のものと変わらない程度のものだった。そのため何人もの諸侯が自立した国を立て、勝手に王号を称した。

中国が幾つもの国に分かれたこの時代は、春秋《しゅんじゅう》時代と呼ばれる。歴史の区分のうえでは西周の時代だけが周代とされている。

春秋時代の国の総数は、一七〇あったとも二〇九あったとも伝えられている。その中には、都市とその近くの農地から成る小さな都市国家もみられた。春秋時代に孔子がひらいた儒教は、長期にわたって中国の支配層が身に付けるべき学問として

図42　春秋戦国時代の中国(戦国の七雄)

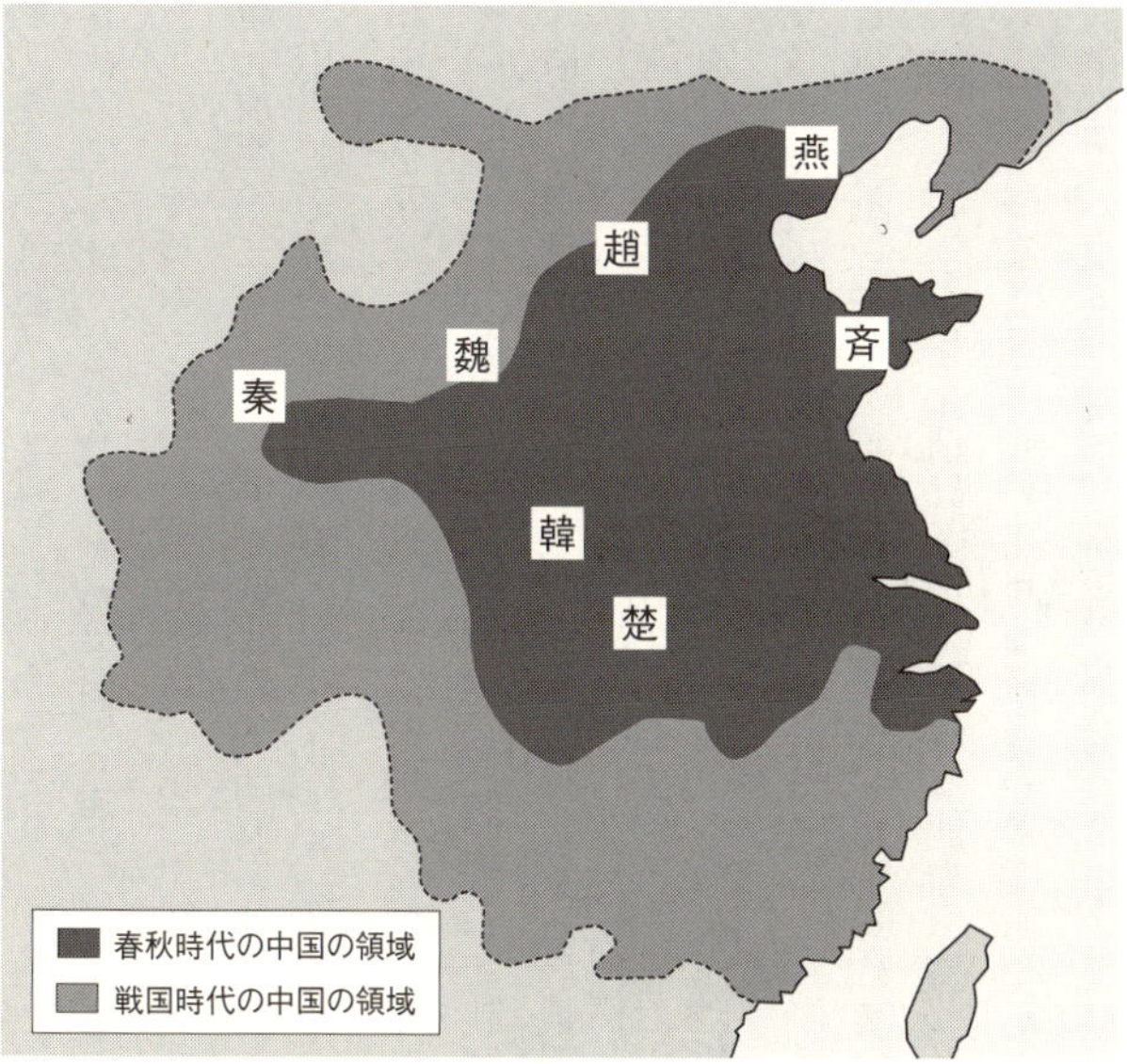

重んじられた。

　春秋時代の江南には、呉、越《えつ》、楚という比較的有力な国が立っていた。それらは、原アジア人の君主が治める国であったと考えられる。

　最初に名を知られたのが、楚の王朝である。楚の君主は、当時「中原《ちゅうげん》」と呼ばれていた国々から、「蛮夷《ばんい》」つまり異民族と賤《いや》しめられていた。しかしこの楚に荘王《そうおう》が出て北方の強国である晋《しん》朝を破って華北に勢力を大きく拡大し、諸国に恐れられた。

春秋時代には、原アジア人の王朝も強かったのである。呉の闔閭《こうりよ》も春秋時代末に、北方まで勢力を張った。このあと越王勾践《こうせん》が呉を倒して北方の国々を従えた。紀元前四〇三年になって、華北の強国であった晋が、趙《ちょう》、魏《ぎ》、韓《かん》の三国に分裂した。趙、魏、韓に斉《せい》、楚《そ》、秦《しん》、燕《えん》を加えた「戦国の七雄」と呼ばれた七つの強国が、中国を分割して互いに争う時代が到来したのである。

そのため晋の分裂以後は、春秋時代と区別して戦国時代と呼ばれている。戦国時代には鉄の農具が普及し、大規模な灌漑による農地開発がしきりに行なわれた。

戦国時代の江南の地の大部分は、楚の支配下におかれていた。越は、勾践の没後に急速に衰えていた。この楚のもとで、水稲耕作に依ってたつ江南独自の原アジア人の文化がつくり上げられていった。

青銅製の銅鏡や刀剣類を飾る祭祀は、それを代表するものである。江南の原アジア人は、赤い色をした銅は魔物を退ける能力を持つと信じていた。朱《しゅ》と呼ばれる硫化水銀を用いる魔除けも、江南独自のものであった。

江南起源の銅鏡、銅剣、銅矛《どうほこ》、朱などを用いた祭祀は、弥生時代中期にあたる紀元前一世紀末に日本に急速に広まった。博物館でみられる銅剣などの青銅器の祭器は現在は青緑色をしているが、つくりたてのそれらは、新品の十円玉のような鮮やかな赤色をしていた。

秦の統一が原アジア人の王朝を滅ぼした

中国は紀元前二二一年に、中国西部を勢力圏とする秦朝の始皇帝《しこうてい》によって統一された。江南にあった楚は紀元前二七八年に、秦に都の郢《えい》を奪われた。

これによって勢力を後退させた楚は、何度か都を東方に遷したあと、紀元前二二三年に秦に併合された。これ以後の江南に、原アジア人を君主に立てた王朝は二度と現われなかった。

三国時代の江南に呉《ご》の王朝を起こした孫権《そんけん》は、華北からの移住者の子孫であった。かれの家は、春秋時代の兵法家として知られる兵家《へいか》の祖、孫子《そんし》の子孫だと称していた。

短命な秦朝が滅んだあとに有力な前漢朝が立つと（167ページ参照）、中国は長期の安定期を迎えた。文化が発展し農業技術が向上すると、多くの中国民族が新た

孫権

な耕地を求めて江南に移住してきた。

そのため、もとからいた原アジア人は、土地を失って南方や西方に流れていったのである。

華南まで中国の領域となったあとの原アジア人は、山深い西方の雲南や現在のタイ、ビルマの山地に流れていかねばならなかった。雲南や東南アジアの少数民族の中のかなりの部分が、江南にいた原アジア人の子孫であると考えられている。

江南という土地柄

原アジア人はいなくなっても江南には、原アジア人の残した伝統が根強く残った。青銅製の鎧や刀剣類を用いる祭祀は、道教の中に取り込まれた。

華北の麦作文化と江南の稲作文化は、全く異質なものであった。さらに、江南に住む中国人の中には、結婚による江南の原アジア人の血を受け継ぐ者もいた。

それゆえのちのちまで江南の住民の間に、

「私たちは、華北の中国人とは違う江南人である」

とする意識が残った。またのちに古い時代の江南の原アジア系の王朝が美化されたために、一部の知識人は次のように考えて、詩作や絵画の創作に取り組んだ。

「華北の人間は争いを好むが、私たち江南人は豊かな文化を育てた平和を愛する者たちだ」

そのために江南の水と樹々の美を主題とする詩や絵、書、音楽などが多く残されたのだ。

中国全体に混乱や戦乱が広がったときに、「自立した江南」を唱えて人びとを動かして挙兵する者が何度も出た。前漢と後漢の長い安定ののちに、孫氏の呉の王朝が三国時代に江南で自立した（155ページの図43参照）。

次いで西晋朝《せいしん》（二六五―三一六）が衰えて、五胡《ごこ》と呼ばれる異民族が侵入して華北に思い思いの国を立てた。このとき江南の人びとは、南方に流れてきた西晋の王族司馬睿《えい》が起こした東晋（三一七―四二〇）の王朝を受け入れ、江南を独立させた。

そのため五八一年の隋朝の統一にいたるまで、約三〇〇年にわたり中国は二つに分裂した南北朝時代となったのである。

前（131ページ）にも述べたが、満州族の金が北宋を滅ぼしたときには、江南に南宋が立てられた。清朝の末期に太平天国が江南で自立し、第二次世界大戦の前には、孫文《そんぶん》と蔣介石《しょうかいせき》が江南で南京政府（中華民国）をつくった。

こういったことまで含めると、江南と華北が別々の政権のもとにおかれていた例はさらに増えていく。

次章では、江南と同じように、中国の中の自立した世界と呼ぶべき四川を取り上げてみよう。

第七章

なぜ辺境の四川が、前漢の劉邦や蜀の劉備の本拠地になったのか

山の中の秘境四川《スーチョワン》

現在の四川省とのちにそこから分かれた重慶市《チョンチン》が、四川盆地を中心とした四川である。そこは古い時代には、蜀《しょく》とも呼ばれていた。

日本人にも人気の高い古典として、『三国志演義』がある。そこに登場する英雄や女傑は、いずれも強い個性を持っている。

日本の古典文学の中の武士はいずれも武士道の道徳に縛られているため、義理、人情のたてまえのままに行動する場面も多い。これに対して、『三国志演義』などの中国の古典の登場人物の多くは人間の欲望のままに生きているように筆者は感じる。

大酒を飲んで酔って過ちを犯したり、相手が人妻だろうが幼女だろうがかまわず好みの美女を追っかけたり、気に入らない敵は、誰彼かまわず殺しまわったり。

劉備の弟分の張飛が、

「おれは酒の上で失敗をしやすいから、明日から禁酒するために今日はとことん飲む」

図43　三国時代の中国

と言って我を忘れるまで、大杯を空ける。思わず笑ってしまう『三国志演義』の一場面である。泥酔したかれは、勧めた酒盃を断った曹豹《そうひょう》という部下にからんで乱暴をはたらき、曹豹の裏切りにあって劉備から預かった徐州《じょしゅう》の領地を失う。

『三国志演義』を好きな方なら、ここに示した地図は馴染深いものだろう。三国時代の中国は、華北の魏、江南の呉、四川の蜀という別々の国に分かれていた。

前章で江南が古くは華北と異

なる伝統を持つ世界であったことを述べたが、四川も古い時代には中央から自立した特別の地であった。

四川省の地形と気候

四川盆地の大部分は、標高五〇〇メートルを超える高地である。一例をあげれば四川省の省都である成都《チョントウー》の標高は五〇八メートルになる。これは、標高四三七メートルの奈良県の信貴山《しぎさん》や標高三二九メートルの千葉県の鋸山《のこぎりやま》より高い。

四川省の西部は標高七〇〇〇メートルを超えるコンガ山まで含む山地で、そこは秘境チベットの入口と呼ぶべきホントワン山脈に連なっている。四川省の西隣はチベット自治区で、南隣は雲南省になる。

チベットも雲南も明朝の頃（十七世紀はじめ）までは中国人から異国としてみられていた辺境の地であった。

四川から中国の中心部に出る道は二つある。その一つは北方に向かう、華北に通じる道である。それは甘粛省《かんしゆく》の漢中《ハンチヨン》に出て秦嶺《チンリン》山脈の太白山《タイパイ》の脇を通って黄河沿岸にいたる。そこまで行けば、長安（西安）は間近である。

四川省の山岳地帯。標高5000m以上の山々が連なる（四姑娘山）

もう一つは東を目指してすすむ、江南に通じる道である。長江の上流は、四川南部を通る。そのため重慶のあたりから長江沿いに下っていけば、現在の沙市《シャーシ》や武漢《ウーハン》に出られる。

四川盆地は標高が高いが、モンスーンの東風が東シナ海の湿った空気を運んでくれるため四川省、雲南省のあたりまで香港と同じ温帯夏雨気候となっている。

おかげでこのあたりは、江南と同じ豊かな稲作地帯になった。食料が豊富で、「山々が天然の城壁の役目をはたす、攻めるに難く守るに易い要害の地」。それが四川（蜀）であった。

日本軍は日中戦争、太平洋戦争で、四川の成都に逃げ込んだ蔣介石の国民党政府を攻めきれなかった。

劉邦も劉備も、このような四川の地の利に目を付けたのだ。

四川文化の起源

四川省で、古い時代の四川文化を伝える三星堆《さんせいたい》遺跡が発見されている（141ページの図40参照）。それは紀元前一〇〇〇年もしくは紀元前千数百年頃のものと考えられている。

三星堆では、重量で一トンを超える祭器などの青銅器がまとまって出土した。そこでは大掛かりな水稲耕作が行なわれ、豊作を願うさまざまな祭祀《さいし》がなされていたのである。

遺跡は、高さ四メートル余りで幅は三〇メートル余りもある城壁に守られており、城壁は東西約一・六キロメートル、南北約一・四キロメートルの地を取り囲んでいた。

この点からみて三星堆遺跡は一つの都市国家で、そこには王と呼ぶのに相応しい指導者がいたと考えられる。

この遺跡には、長江文明の流れをひく要素が多い。しかしそこには、間違いなく四川独自の文化もみられる。

三星堆遺跡からは、青銅製の仮面がまとまって出土している。江南には、青銅の仮面を用いる風習はない。仮面の中には髪を弁髪にしたものや、ターバンを着用したものもある。これらは、中国にない南方の風習を身に付けた人物を表わした仮面である。

当時の四川の住民の多くは、江南の人びとと同じ原アジア人の流れをひく人びとであったと考えても誤りあるまい。しかしそのような四川の人びとの中に、雲南もしくはチベットやネパールから移住してきた南方系の人びとも交じっていたのであろう。

四川を支配した秦の始皇帝

三星堆遺跡を残した都市国家は、殷代もしくは周代はじめのものである（52ページの年表参照）。この時代の四川は、黄河流域（華北）の王朝から独立した存在であった。

殷や周の支配圏の西限は四川よりはるかに東方にあったのだ。また春秋時代の中国人は、四川を百濮《ひゃくぼく》と呼ぶ異民族のいる異境だと考えていた。先述したような南方系の人びとを交えた原アジア人の集団が、百濮とされたのであろう。

そして戦国時代になると四川も中国の一部だと考えられるようになり、秦と楚の二つの強国が四川方面に手を延ばしてきた。この動きの中で、前（156・157ページ）にあげた北方と東方の外の世界から四川に通じる二つの道が整備されていった。

また外敵に対抗するために、戦国時代の四川の人びとがまとまって巴国《はこく》、蜀国《しょくこく》の二つの国をつくり上げたという記録が残っている。この国の詳しいことは明らかでないが、巴と蜀は百濮と呼ばれた人びとの国であったと考えてよい。

戦国時代の諸勢力の抗争の中で、紀元前四世紀なかばから秦の成長が目立つようになった。この急激な躍進の担い手は、秦王の孝公《こうこう》（在位紀元前三六一―三三八）と、かれに重用された商鞅《しょうおう》（商子）であった。

商鞅は、法による厳しい支配を重んじる法家と呼ばれる一群の思想家を代表する

図44　始皇帝のもとで拡大した秦の領域

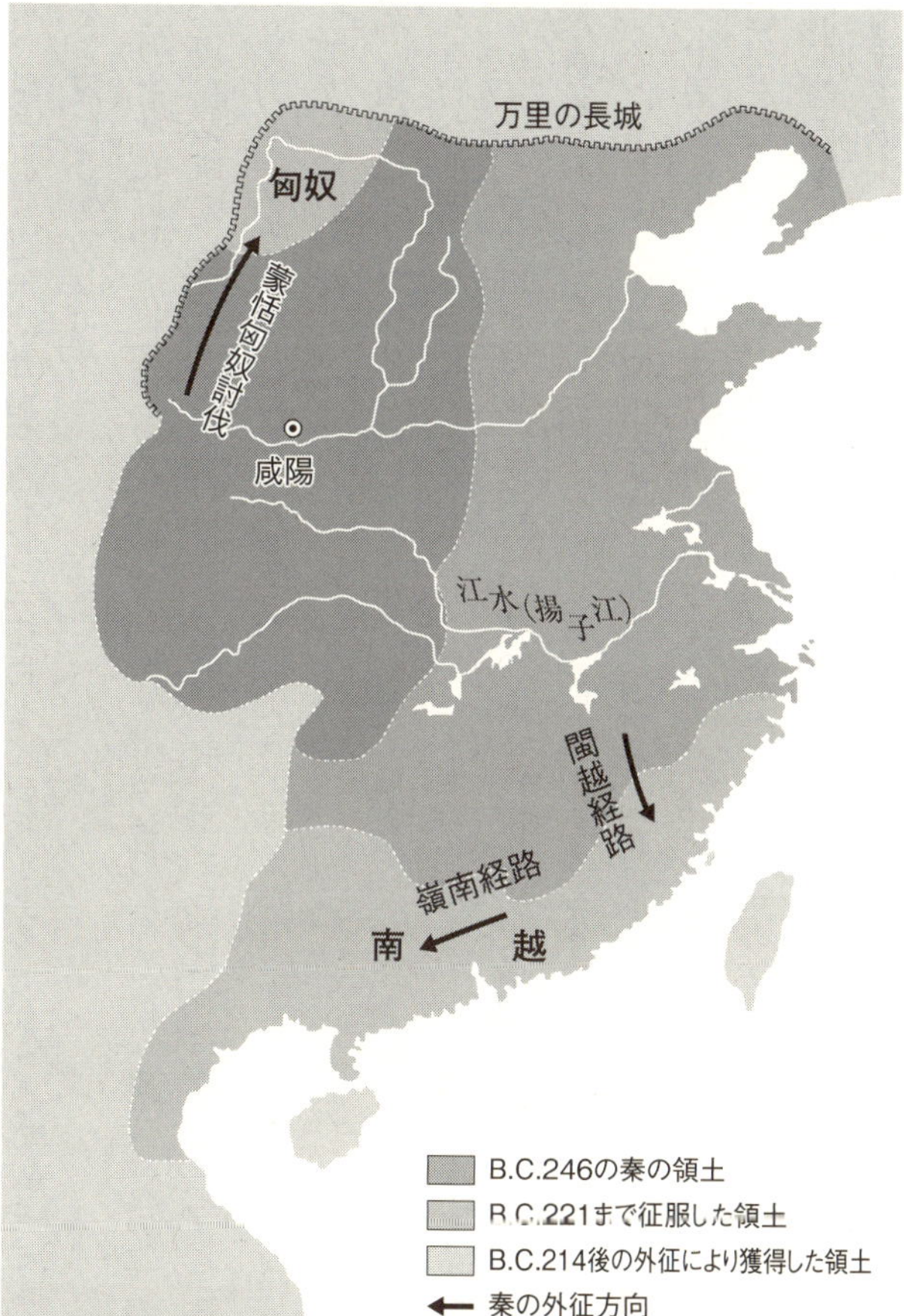

『増補版 標準世界史地図』(吉川弘文館)を参考に作成

人物であった。商鞅は農地を開発し、織物などの手工芸を育成する政策を主導し、秦を急速に豊かにした。

それと共に商鞅の提案にもとづいて、秦で厳密な刑法や軍律が整えられた。秦の都は現在の西安に近い咸陽《かんよう》であった。当時「関中《かんちゅう》」と呼ばれた咸陽の周辺を支配して勢力を高めた秦は、強大な軍備を整備して、東方、南方、北方にじわじわと勢力を拡大していった。

秦の領地は、オアシスの道の交易路から来る西方の文化や商品が真っ先に入ってくる有利な位置にあった。紀元前三一六年に、秦は巴国と蜀国を併合した。これによって四川から長江沿いに、楚のある江南にいたる道は、秦の支配下に組み込まれた。それまでは巴国、蜀国によって、西方と江南とを仲介する交易がなされていた。しかし秦が四川を得たので、西方の文化は、いったん秦を通らなければ、中国の他の六国に伝わらない形となった。

四川をとったのちの、秦の成長はめざましかった。秦の始皇帝が君主に立った紀元前二四六年には、秦の領域は、黄河流域では洛陽の東方、長江流域では洞庭湖《どうていこ》の手前まで拡大していた。

図45　項羽と劉邦の進撃路

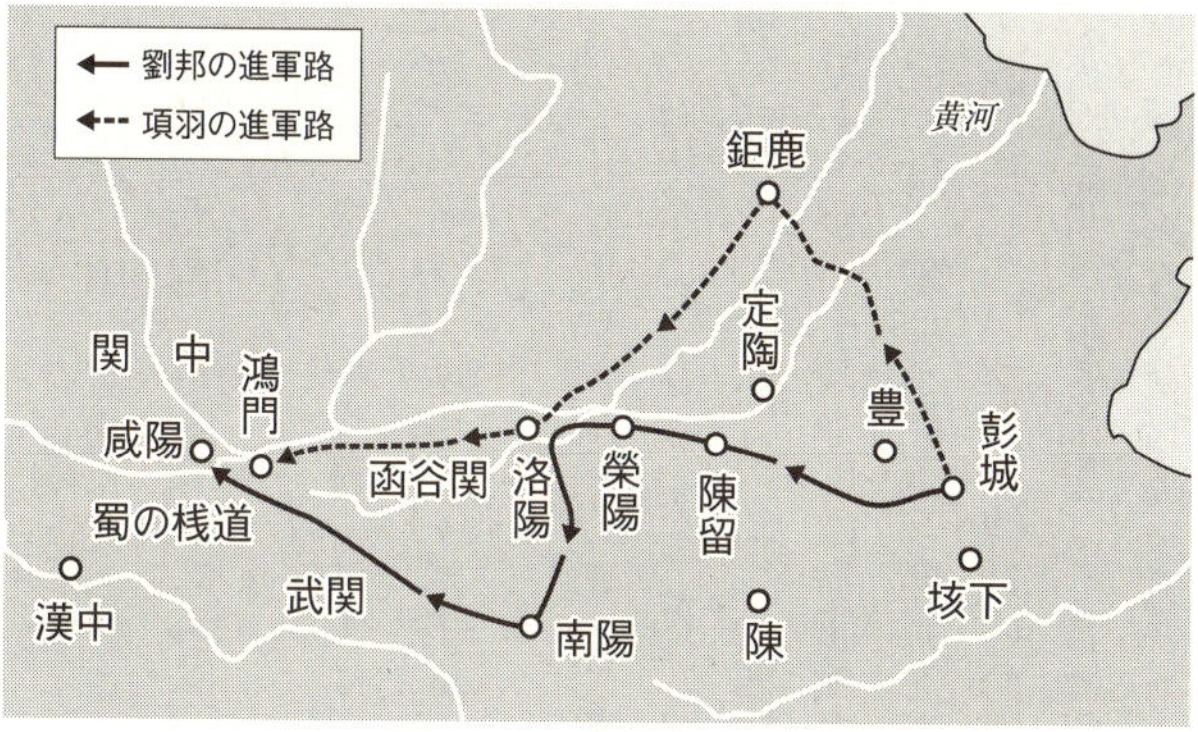

出典：貝塚茂樹『世界の歴史１　古代文明の発見』（中央公論社）

始皇帝はこのあと圧倒的に優位な兵力を用いて他の六国を次々に滅ぼし、紀元前二二一年に中国を統一した。

短期間で滅んだ秦朝

秦の始皇帝は中国を統一したあと、北方の匈奴（46ページ参照）の領域や南越《なんえつ》が住む南方の華南、ベトナム方面にも兵を進めた。そのため紀元前二一四年に秦の領域は、最大のものになった。

始皇帝は、思いのままの専制を行なった。かれは中国を三六郡に分けて、中央から派遣した官吏に郡の政治を担当させた。そして皇帝の強い指導のもとに全国の貨幣、度量衡、文字を統一し、厳しい思想統制を行なった。

始皇帝は全国の富豪を都の咸陽に強制的に集めて中央の役人の支配のもとに置き、民衆に重税を課した。このようにして中国の富を独占したかれは、思いのままに贅沢を楽しんだ。

こんな政権が、長く続くはずはない。始皇帝の強力な軍隊を恐れていた民衆であったが、かれらは始皇帝の没後に「積年の怨みを晴らそう」と唱えて反乱を起こした。

中国全土で戦いが続いたあと、最後には楚の名門出身の項羽《こうう》と農民の出である劉邦との政権争いとなった。この項羽と劉邦の戦いは、司馬遷《しばせん》の『史記《しき》』の最大の見せ場である。『史記』は、『二十四史』と呼ばれる中国の公式の歴史書の中の最古のものであるが、その中には物語風の記述も多い。

『史記』は、項羽を悪玉、劉邦を善玉とする記述をとっている。項羽は武芸の達人で兵法に長じていたが、情けのわからぬ冷酷な人間として描かれている。これに対して劉邦は、軍事的才能はそれほどないが、度量が広く人びとに慕われてよい人材を集めたとある。劉邦は知恵者の張良《ちょうりょう》、勇士の樊噲《はんかい》といった人びとの能力を十分に生かして天下を取ったと『史記』は記すのだ。

項羽と劉邦は、それぞれ大軍を率いて先を争う形で秦の都、咸陽を目指した。ところが正面の函谷関《かんこくかん》に向かった項羽は、秦軍の主力に苦しめられて思うように進めなかった。この間に劉邦が、裏口である南方の武関《ぶかん》を通って素早く咸陽を征圧してしまった。紀元前二〇六年のことである。

劉邦はこのあと咸陽で、寛大な軍政を行なった。降伏してきた秦の三代皇帝の命を助け、秦の役人はすべて現職のままにしておいた。兵士の略奪を禁じ、秦の財宝は封印して一切手をつけなかったのである。

四川を手放した項羽の失敗

劉邦に遅れて、四〇万の兵力を持つ項羽がやって来た。劉邦の軍勢は、一〇万人程度であった。そのため劉邦は万事を項羽に委ね、項羽に従う方針をとらねばならなかった。

項羽の評判は悪かった。かれがそれまでに何度も、敵を皆殺しにするまで手を休めない残酷な戦法をとってきたからである。劉邦から咸陽の支配を任されると、項羽は秦の三代皇帝を殺し、秦の財宝をすべて奪った。

このあと項羽は、西楚《せいそ》の覇王《はおう》と名乗り、中国を幾つかの王国に分けて統治する方針を打ち出した。かれは斉、燕など戦国時代の秦以外の六国の王家にもとの領地を支配させた。そして、当時関中と呼ばれた蜀（四川）以外の秦の旧領（陝西《せんせい》省とその周辺）は、項羽のもとで軍功のあった将軍たちに分け与えたのである。

項羽自身は故郷の江南に帰り、楚の広い領地を治めることになった。そしてかれは、論功行賞のときに、劉邦に交通の不便な蜀を治めさせた。

当時は「蜀の桟道《さんどう》」と呼ばれた太白山の脇の険しい山道を越えなければ、蜀から関中に出られなかった。四川の山の中に押し込めておけば、劉邦は中央に進出できないだろうと項羽は考えたのである。

劉邦はこのあと漢王となって外敵の恐れがほとんどない四川で、農業を振興して、軍隊の整備に力を入れ、着実に力をつけた。これに対して項羽は、失政を繰り返して評判を落としていった。

紀元前二〇二年のことである。「いまが好機だ」とみた劉邦は大軍を率いて北上し、一気に関中を征圧した。このあと項羽に不満をもち劉邦に応じる有力者が次々に出た。それに次いで斉、燕など六か国の王家も、劉邦を支持した。

孤立した項羽は、手勢だけで劉邦と決戦する策をとった。そのため紀元前二〇二年の垓下《がいか》の戦いが起こった。しかし項羽は、豊富な人材を抱えた劉邦の敵ではなかった。戦いに敗れた項羽は、このあと一人寂しく自殺した。そして劉邦がこの年に中国全土を手中におさめて、前漢朝を開いたのである。

前漢朝の繁栄

劉邦の子孫である漢の皇室の流れをひく人びとは、漢朝起源の地である四川に特別の思いを抱き続けた。

そして二百年余りにわたる前漢朝（紀元前二〇二―紀元後八）の安定のもとで、多様な文化が栄えた。中国史家の中には、漢字と漢文学、儒教、律令の二者を中国、朝鮮、日本、ベトナムから成る古代東アジア世界に共通した要素と考える者がかなりいる。

漢字の起源は漢代より古いが、儒教が大きく発展したのは漢代である。律令という中国特有の法も、漢代に整備されて歴代の王朝に受け継がれたものである。

春秋時代末から戦国時代にかけての混乱期に、諸子百家《しょしひゃっか》と呼ばれる多くの学派がつくられていた。前にあげた（１４６ページ）孔子にはじまる儒家、法家（１６０ページも参照）、兵家（１４９ページも参照）や老子などが開いた道家《どうか》、自然の流れを追究した鄒衍《すうえん》などの陰陽家《いんようか》などである。

前漢代に平和が訪れると、支配層の多くが学問に関心を持って、諸子百家の学問を意欲的に学ぶようになった。その背景のもとに、前漢の政府は法家思想を重んじ、法家の考えにたつ律令という法の整備に力を入れた。

武帝の時代（紀元前一四一―八七）になると、董仲舒《とうちゅうじょ》（紀元前一七六？―一〇四？）の提言によって儒学が官学とされた。

また董仲舒は、陰陽家の唱えた陰陽五行説にも深い知識を持っていた。陰陽五行説の手法で天体観測や自然観察をすれば、多くのものを得られたためである。それによって季節の流れを摑んだり、災害を予測したり、実用的な諸技術をあみ出したりできたのだ。董仲舒以後に儒学を学んだ知識層は必ず陰陽五行説を身に付けるようになった。そのために、前漢以後の中国で陰陽五行説にたつ独自の科学や多様な技術が発展していった。

紀元一世紀はじめに前漢が倒れ短い新朝《しん》（八―二三）の時代があったが、そのあと（二五年）前漢皇帝の一族の劉秀《りゅうしゅう》が、新を倒して後漢朝を立てた。後漢朝も前漢朝のような、二百年近い長期政権となった。

孔明の天下三分の計

後漢が衰え、各地で軍閥が自立して中国を分割したときに、曹操《そうそう》、孫権《そんけん》（149ページも参照）、劉備《りゅうび》の三人の英雄が現われた。

諸葛孔明

劉備が二〇一年に曹操に敗れて荊州《けいしゅう》を支配する劉表をたより、劉表の客将として新野《しんや》という県を治めていたときのことである。二〇七年に劉備は、諸葛亮《しょかつりょう》という才智あふれる若者に出会った。諸葛亮の通称を孔明《こうめい》と言った。

劉備が孔明に天下を取る策を尋ねると、孔明はかれに「天下三分の計」を提案した。この時点で華北に拠る曹操はすでに中国の要地の大半を手中に収めており、江南の孫権の勢力も侮り難いものを持っていた。

孔明は劉備に、このように説いた。

「益州《えきしゅう》と荊州を得て、曹氏、孫氏の二大勢力とならぶ第三勢力となりなさい。そのあと機会をみて益州から長安、荊州から洛陽を攻めれば、必ず曹氏に勝てます」

益州は四川で、荊州とは現在の湖北省と湖南省のあたりである。孫氏の本拠の揚《よう》州《しゅう》は、荊州の東側にある。荊州の江《こう》陵《りょう》から北方に進めば、すぐ洛陽に行ける。

劉備はこの提言に従って作戦を進め、最後に四川の成都に本拠をおいた大勢力に成長した。

大きな失策を犯した劉備

劉邦はかつて四川を基盤に天下を取った。しかし山深い四川を支配しただけでは天下を狙うのは難しい。四川から一気に関中を征圧したのが劉邦の勝因であった。

秦の本拠は関中の中心の咸陽にあり、始皇帝の時代の秦にとって四川は関中の付属物にすぎなかった。

図46　孔明の天下三分の計

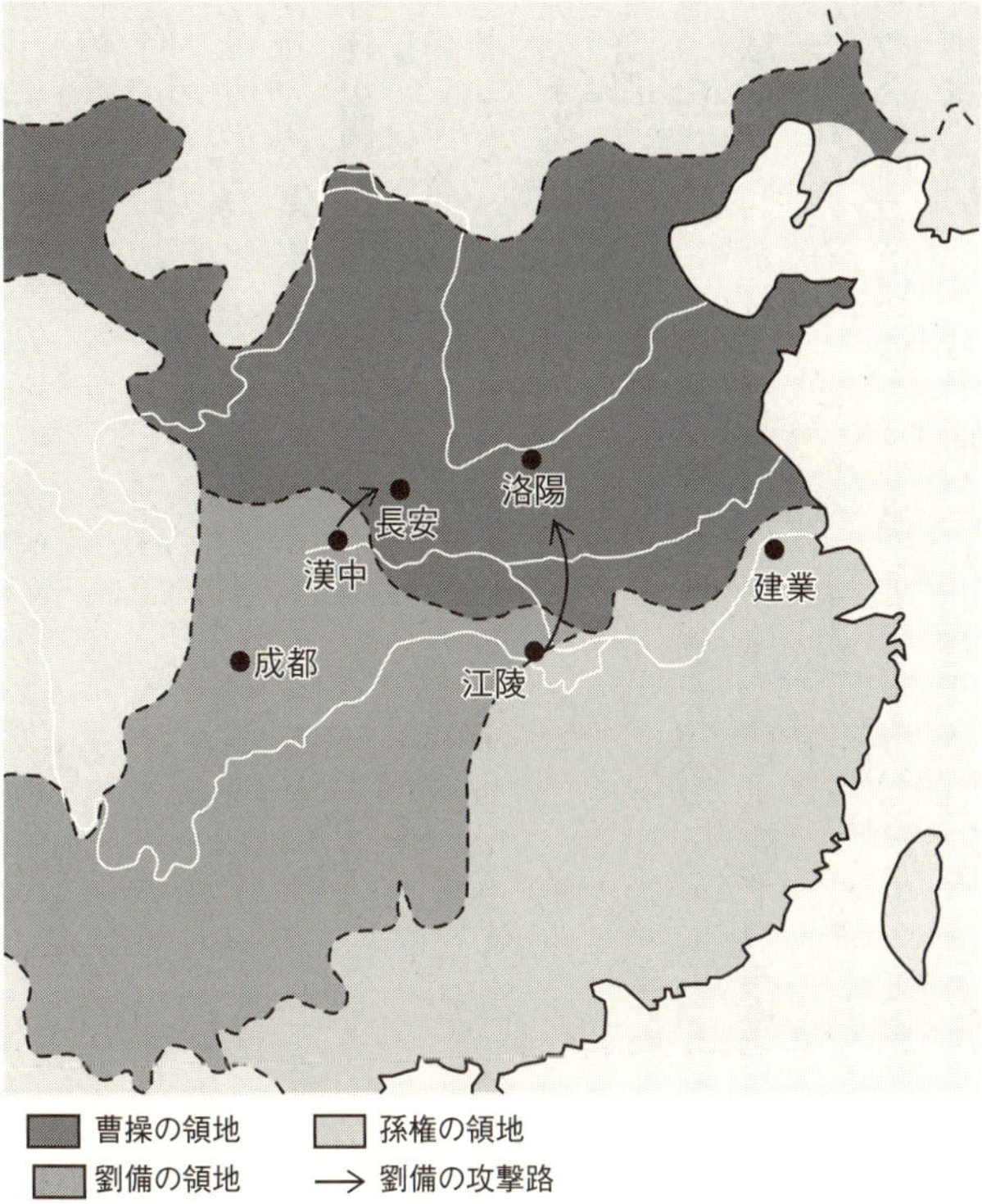

「四川を不利になったときの防備の場として確保した上で、四川を囲む山の外の荊州に拠点を持とう」

孔明は、このように考えていたのであろう。かれの策の成否は、荊州を確保できるかどうかにあった。ところが劉備の弟分の勇将関羽の失策によって、荊州南西部のに持つ領土を失った。

孫権が関羽のもとに使者を送って、

「関羽どののお嬢さんを、私の息子の妻にお迎えしたい」

と申し入れたときのことである。関羽はその使者を、

「虎の子を、犬の子にやれるか」

と怒鳴りつけて威圧し、追い返してしまった。

怒った孫権は、曹操と連携して荊州を治めていた関羽を攻める策に取りかかった。怒りっぽいがお人好しの、関羽は、孫権の配下の知恵者、陸遜《りくそん》に酒を贈られ、おだてられたために、孫氏に対する警戒をすっかり緩めてしまっていた。

そのため関羽は孫権からの思いもよらぬ急襲にあって敗れ、逃れた先の麦城《ばくじょう》という小城を出たところで捕らわれて処刑された（二一九年）。このあと劉備が荊州

に持っていた領土は、曹操と孫権に分割された。

関羽の死の知らせを聞いた劉備は、怒りをあらわにし総力をあげて孫権を討とうとした。しかし、悪いことは重なった。劉備が最も頼りにした弟分の張飛が、部下の裏切りにあって暗殺されてしまったのである。

このあと劉備の軍勢は、陸遜の火攻めにあって大敗した。劉備はこのあと曹操の子の曹丕《そうひ》が魏を建国したのに対抗して蜀を建国した（二二一年）。しかしそれからまもない二二三年、弟分の関羽、張飛の仇討ちをはたせずに病気になって亡くなった。

成らなかった天下三分の計

それでも劉備が建国した蜀には、四川の地のすぐ外側にある漢中《ハンチヨン》（163ページの図45参照、162ページの関中とは別の土地）が残されていた。蜀の帝位は、劉備の子の劉禅《りゆうぜん》が嗣いだ。孔明はこの幼主を補佐しつつ、漢中から長安を目指して魏の領地に対する出兵を敢行した。

漢中の北側にある、秦代に関中と呼ばれていた地を征圧すれば、オアシスの道の交易路を確保できる。

しかし五回にわたる孔明の遠征（二二八―二三四）は、すべて失敗に終わった。山越えの難路で漢中から物資を補給しなければならない蜀軍が、兵糧不足に苦しめられたためである。

孔明は五丈原《ごじょうげん》の地で、魏の将軍、司馬懿《しばい》（仲達《ちゅうたつ》）と対戦しているさなかに病気で亡くなった。このあと名軍師を失った蜀は急速に衰えていき、二六三年に魏に滅ぼされた。

何度も深い山を越えて関中に現われて、西域《さいいき》との交易路を塞ぐ蜀軍に、魏は苦しんだ。四川を攻めようとしても、険しい山地で堅固に守備を固める敵に勝つすべが見つからなかったのだ。

魏が蜀を倒すのは、孔明が後事を託した蔣琬《しょうえん》と費褘《ひい》が共に没して、蜀の政治が混乱したのちのことであった。

『三国志演義』の劉備と曹操の関係が、『史記』が描く劉邦と項羽との対比にじつによく似ていることは興味深い。劉備はずば抜けた才能があるわけではないが、その誠実さと情け深い性格によって関羽、張飛、孔明など多くの優れた人びとに慕われる。

これに対して曹操は天才的な軍略家、政治家だが自分勝手で残酷な人間とされる。かれは毒物を送って、多くの手柄を立てた軍師の荀彧《じゅんいく》に死を命じたり、孫策の未亡人の大喬《だいきょう》と大喬の妹で孫家の将軍周瑜《しゅうゆ》の妻である小喬《しょうきょう》の姉妹を力ずくで奪って愛人にしようと企んだりする。

『水滸伝《すいこでん》』に出てくる梁山泊《りょうざんぱく》の英雄たちの首領である宋江《そうこう》も、劉備に似て大した武芸もないのに人徳で人を集める人物とされる。劉邦、劉備、宋江のような指導者が、中国の知識層の好みなのであろう。

蜀の滅亡から蔣介石の時代まで、四川の地が中国史の表舞台に立つことはない。南北朝時代以後に、四川の開発が進み、唐の時代以後は中国の辺境と呼ぶべき地は、四川の先の雲南やチベットになっていった。

次章では、中国を中心とする東アジアの中の朝鮮半島の歴史を取り上げよう。そしてそれに関連して、古代の日本と朝鮮半島との関係にもふれたい。

第八章

なぜ朝鮮半島には、七世紀末まで統一国家が生まれなかったのか

新羅の統一より前には三つに分かれていた朝鮮半島

朝鮮半島という土地の歴史は、じつに複雑である。これから詳しく説明するように、古い時代に多様な系統のアジア人が朝鮮半島に移住してあちこちに定着した。そしてかれらは、時間をかけて混じり合って、現在の朝鮮半島の住民になった。

朝鮮半島に移住してきた人びとは、かつてはさまざまな言葉を用いていたと考えてよい。中国語や中国東北地方（満州）の騎馬民族の系譜をひく言葉、ツングース系の言葉、縄文人の言語の流れをひく日本と共通の言葉などである。

これらの多様なものがうまく融合して、現在の朝鮮半島の言語（朝鮮語、韓国語）がつくられたのである。

かりに現在の朝鮮民主主義人民共和国の国土と韓国の国土とを合わせたものを「朝鮮」と定義するならば、その広さは約二二万平方キロメートルになる。それは日本の面積の、約六〇パーセントにすぎない。

この狭い「朝鮮」という世界が、六七六年の新羅《しらぎ》の統一まで、幾つもの国もしくは地域に分かれていた。しかも「朝鮮」という地域は、時代が下がると共に拡大し

図47　朝鮮の拡大

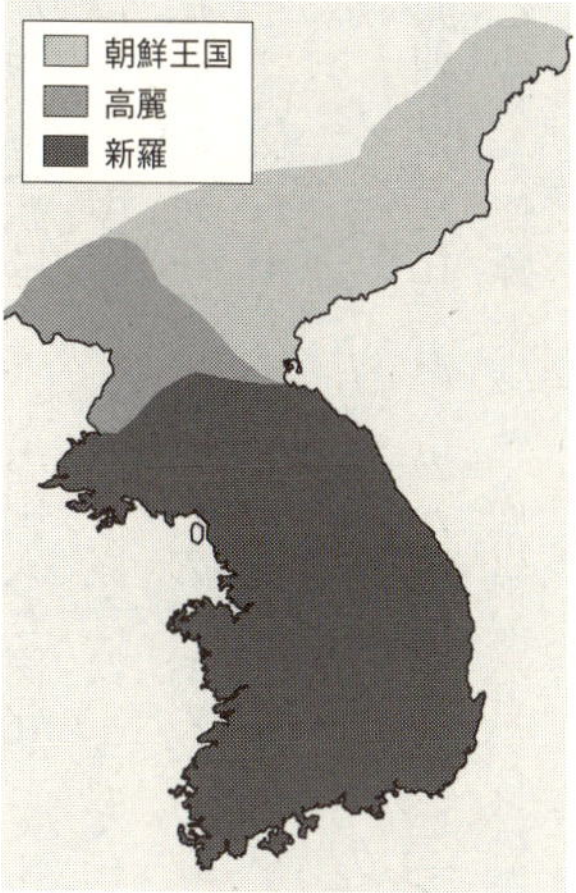

てきた。新羅の次の高麗《こうらい》（九一八―一三九二）の領域は、新羅のそれより広い。高麗のあとに立った朝鮮王国・大韓帝国（一三九二―一九一〇）は、さらにそれより拡大していた。

つまり「朝鮮」という世界は、時代が降るにつれて北方に広がってきたのである。そして最後の朝鮮王国の領域が、ほぼ現代の「朝鮮」と呼ばれるところに相当する。

日本より狭い朝鮮半島であるが、そこの住民は日本と同じく中国古代の文化を多く取り入れつつ、民族独自の文化を保った。

前（167ページ）にも述べたが東洋史の研究者の多くは、中国、日本、朝鮮、ベトナムを東アジア文化圏と考えている。前漢代に中国で東アジア文化の大枠が定まったあと、中国に征服されて中国文化を取り入れた弱小民族はすべて中国人と同化して中国人の中に取り込まれた。

つまり「中国人」という概念は、前漢代にあたる紀元前三世紀末頃からじわじわと拡大して現在にいたったのである。

そういった中で、朝鮮と日本は東アジア文化圏でありながら、中国の一部とされなかった。そしてもう一つのベトナムの古代文化は、「中国風の文化であるのか、民族独自の文化であるのか決定しづらい」と奇妙な位置にある。

ところで朝鮮半島は二世紀末頃から新羅の統一にいたる約五百年間にわたって、北部の文化圏、南部の文化圏、南端部の文化圏の三つに分かれていた。

図48　朝鮮史の年表

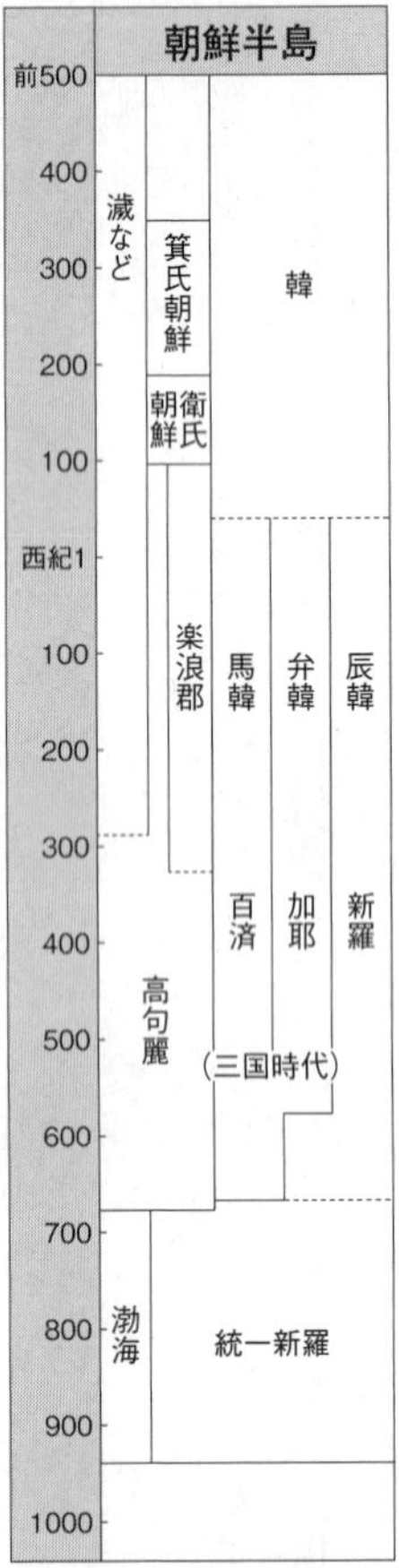

朝鮮北部は当初は中国の政権の統治下におかれていたが、四世紀はじめに中国東北地方に本拠を持つ高句麗《こうくり》に征服された。朝鮮南部では日本海側の辰韓《しんかん》、新羅と、黄海側の馬韓《ばかん》、百済がならび立っていた。

そして対岸の北九州との交易が盛んであった南端部が、弁辰《べんしん》（弁韓《べんかん》）、加耶《かや》（加《か》羅《ら》、任那《みまな》）の地であった。邪馬台国があった三世紀前半、朝鮮半島に交易に行く船は、対馬から現在の金海《キメ》市にあった狗邪韓国《くやかんこく》を目指した。狗邪韓国は、四世紀以後は金官加耶国《きんかんかやこく》と呼ばれた。

朝鮮半島の北部、南部、南端部の区分を理解するために、まずもっともわかりやすい四世紀末の高句麗の全盛期の地図を示しておこう。

まずこのような三つの地域が分かれた理由を、朝鮮半島の地形や気候から考えたい。

主要な平野が二つある朝鮮半島の地形

世界の文化の大きな流れを知るためには、まず最古の文化と評価される世界四大文明（96、111、140ページ）の理解が必要である。そして大文明がすべて、大河と開けた平野がある土地でつくられた点に注意しておきたい。

図49　4世紀末の朝鮮半島

長江流域には大河も広い平野もある。だから四大文明に長江文明（１４０ページ）を加えて五大文明とする考えもある程度は妥当だと評価できる。

しかし残念なことに、日本の縄文文化の中心地といわれる青森平野は、それほど広くない。しかもそこに、大河はない。日本最大の信濃川であっても、黄河や長江には遠く及ばない。

このような点から青森県三内丸山《さんないまるやま》遺跡（１４１ページ）を世界五大文明とならぶ六つ目の最古の文明とするのは、難しいのである。

朝鮮半島の地形をみると、そこには日本列島と同じく大河も広大な平野もないことがわかる。

しかし朝鮮半島の人びとは黄河文明に飲み込まれることなく、多様な系統の文化を取り入れて独自の文化をつくり上げた。

朝鮮半島の大部分は山地で、平野は黄海沿いと対馬海峡沿いの海岸部に集中している。

古代の朝鮮史を主導した新羅の都があった慶州《キョンジュ》は、日本海側にある。そこは、迎日《ヨンイル》湾沿岸から続く平野が最も奥まったところに位置している。

筆者は慶州を訪れたことがあるが、慶州の中心部はだだっ広い平地のように見えた。平野部に高低差がないことと、日本と植生が異なり大きな森林が見られない点が、そのような錯覚を生むのであろう。朝鮮半島南部の平野のほぼ全域に、ここに記した慶州のような風景が広がっている。

朝鮮半島の主な平野は、北側のテドン川（大同江《だいどうこう》）流域と、南側ハン川（漢江《かんこう》）流域がある。この二つの平野は、海州《ヘジュ》の近くの高地によって隔てられている。

北側の平野の中心地がピョンヤン（平壌）で、南側の平野の中心にソウル（京城）がある。そして古くからソウルの外港として栄えたのが、黄海沿岸にある仁川《インチョン》である。現在の朝鮮民主主義人民共和国と韓国の国境は、海州より南方のハン川とイムジン川（臨津江）の流域の近くにある。

ピョンヤンの地とソウルの地は、古代の朝鮮史上で最も重要な役割をはたしたところであった。

日本に似た朝鮮半島南端部の気候

朝鮮半島の気候区分をみると、北部と南部が明確に異なることがわかる。朝鮮半

図50　朝鮮半島の地形

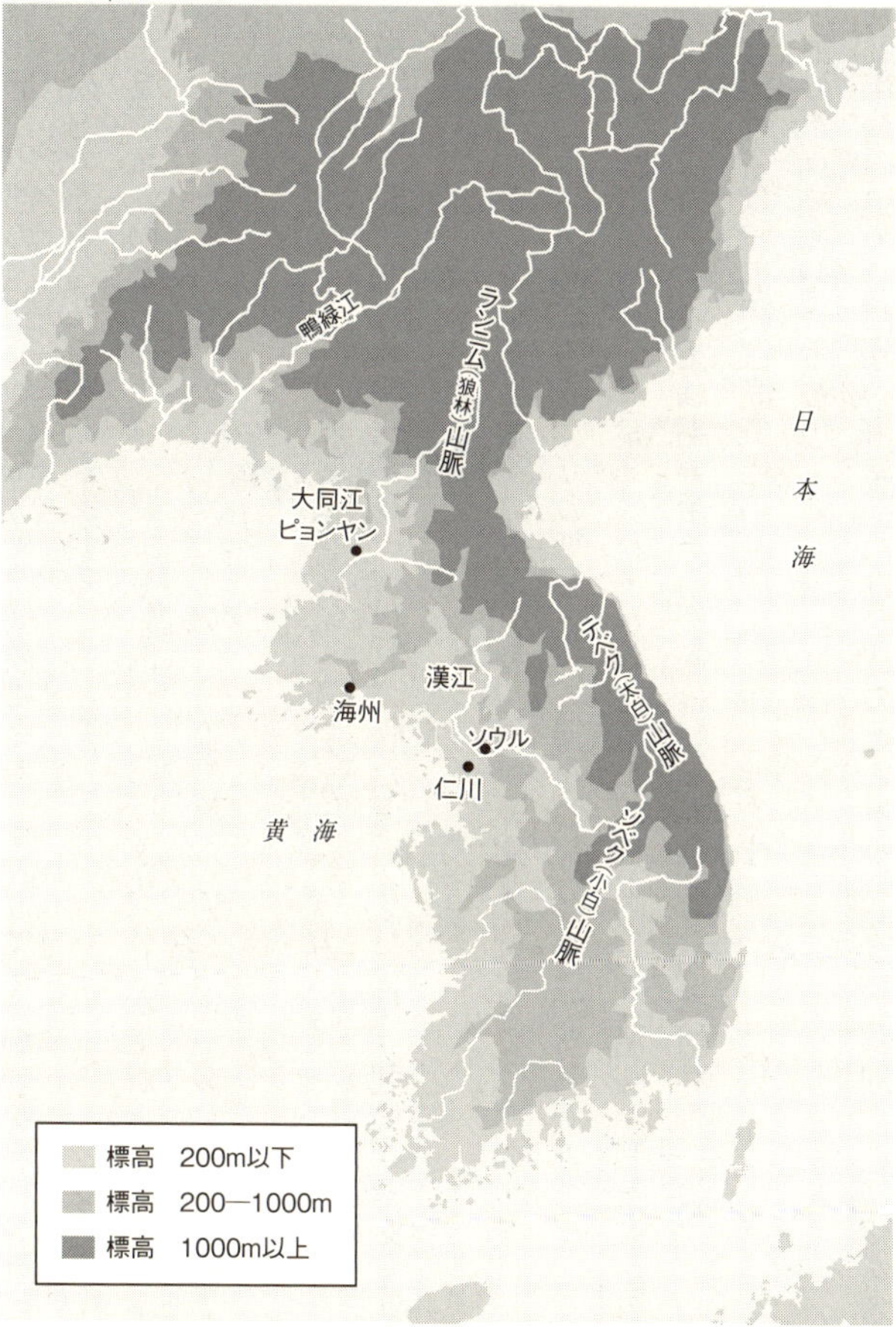
鴨緑江
ランニム(狼林)山脈
大同江
ピョンヤン
漢江
海州
ソウル
仁川
テベク(太白)山脈
ソベク(小白)山脈
日本海
黄海
標高　200m以下
標高　200―1000m
標高　1000m以上

島の北部と中部の内陸部は、冷帯夏雨気候になる。これはそこが、シベリア東部に続く寒冷地であることを物語っている。

冷帯夏雨気候のところでは、夏でも気温が一〇度前後にしか上がらず、冬は雨が極端に少ないところが多い。しかしそのような寒冷な気候でも、夏には麦や雑穀の栽培ができる。

中国華北の東部にも、冷帯夏雨気候のところが多い。古い時代に遼東《リヤントン》半島を通って多くの者が華北から朝鮮半島に移住してきたが、かれらは、朝鮮半島を華北の続きぐらいに感じていたのであろう。

朝鮮半島中部の海岸部と南部の大部分は、温帯夏雨気候になる。この地域は稲作地帯である。しかしこのあたりの気温は、香港など南方よりかなり低い。

さらに朝鮮半島南端の海岸部のわずかな範囲に、日本と同じ温暖湿潤気候がみられる。さらに植生でいえば朝鮮半島南端部は、日本と同じ照葉樹林帯に属す。ただし照葉樹林帯は、温暖湿潤気候の範囲より少し北方まで広がっている。

以上の諸点をまとめると、

「朝鮮半島の中の、南端の海岸部だけが他のところより暖かい特別の地域である」

図51　朝鮮半島の気候

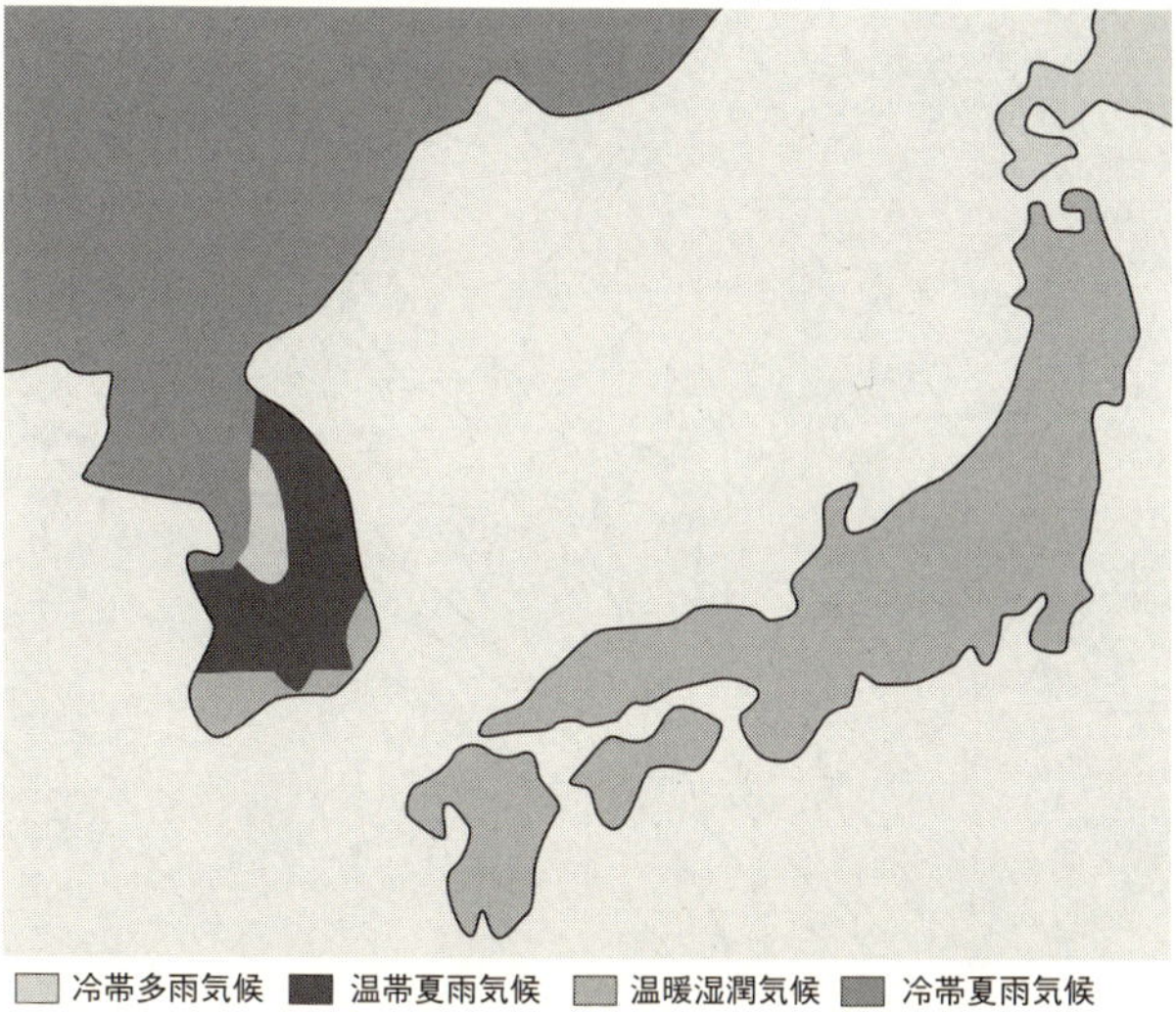

ということになる。これにはさまざまな要因があるが、海に目を向けると真南から来る暖流の対馬海流が正面から朝鮮半島南端の前を横切って流れていることがわかる。

この海流が、暖かく湿った暖気をもたらして朝鮮半島南端を雨が多く温暖で過ごしやすい地にしたのである。

対馬海流は朝鮮半島の南で向きを変えて、日本の九州北岸から山陰地方、北陸地方へと日本海沿岸を北上する。江南や東南アジアの航海民はこの海流に乗

図52 対馬海流

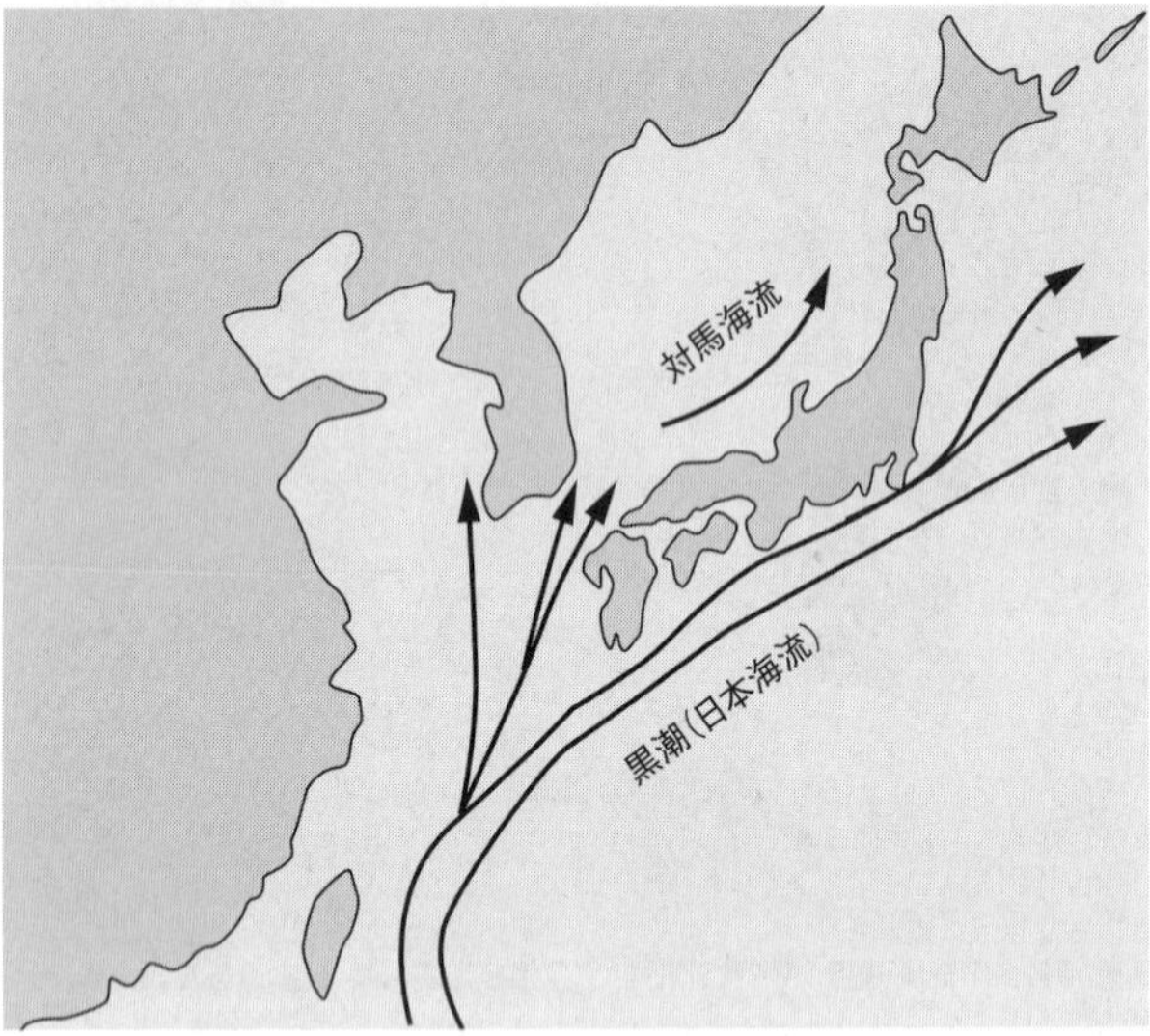

『標準高等地図』(帝国書院)を参考に作成

る航路を用いて、朝鮮半島南端部や玄海灘沿岸、出雲などに南方系の文化を伝えた。

対馬、壱岐、北九州などの航海民は、古代に狗邪韓国《くやかんこく》(181ページ参照)などがあった朝鮮半島南端を訪れたときに開けた水田を見て、こう感じただろう。

「住民は違っても、このあたりはわが故郷と変わらない住みよい土地である」

ところが北方に進むと、次第に自然が厳しくなる。馬韓《ばかん》(百済)の北部までいけば、もう寒冷な麦作地帯である。

そのような古代の日本人が豊かな朝鮮半島南端を、「日本列島の飛び地」と感じることがなかったとはいえない。この古代の日本人（倭人《わじん》）の思い込みが、朝鮮半島の歴史を複雑なものにした。

古代の朝鮮半島南部にいた人びと

古い時代の朝鮮半島の歴史を把握するのは、じつに難しい。確かな文献が、ほとんど残されていないためである。

比較的確かなものとしては、中国人が朝鮮半島につくった王朝や朝鮮半島に置いた植民地に関するわずかな記録が残っているだけである。高麗朝の史官の金富軾《キンフショク》が一一四五年にまとめた『三国史記』が、朝鮮半島の人間が書いた最古の歴史書になる。

つまり朝鮮半島で最も古い歴史書は、日本の平安時代の末、保元の乱の十一年前のものということになる。よって朝鮮の文献で五、六世紀以前の歴史を復元するのは、ほとんど不可能なのである。

中国の文献から、紀元前三世紀後半頃から、朝鮮半島北部の中国の植民地関連の歴史は、ある程度追える。しかしそれ以外には、紀元前一世紀末の朝鮮半島南部以南に濊人《わいじん》、韓人《かんじん》、倭人《わじん》と呼ばれる人びとが住んでいたことがわかるだけである。かれらはまとまった国を持たず、人口数百人から二〇〇〇人程度の小国に分かれていたらしい。後で詳しく述べるが、濊人は北方から新たに移住してきた騎馬民族系の人びとにある程度のツングース系が混じった集団であったとみられる。この濊人は三世紀に、濊という国をつくっていた（199ページの図57参照）。

これに対して韓人は、きわめて古い時代にシベリア方面から来て朝鮮半島南部に定住した人びとであったらしい。そして倭人は、シベリアから樺太や千島列島を経て日本に広がった縄文人と呼ばれる原アジア人の子孫だと考えられる。韓人は、朝鮮半島に水稲耕作を取り入れた人びとである。

多くの系統のアジア人が朝鮮半島で混じり合った現在となっては、濊人、韓人、倭人の実態を摑むのは難しい。しかし古くから朝鮮半島にいた倭人が、日本人と同じ系譜をひく原アジア人の子孫である可能性は高い。

倭人は主に日本列島に住んでいたと考えて、間違いない。しかし倭人が残した倭

図53　濊人・韓人・倭人の来た道

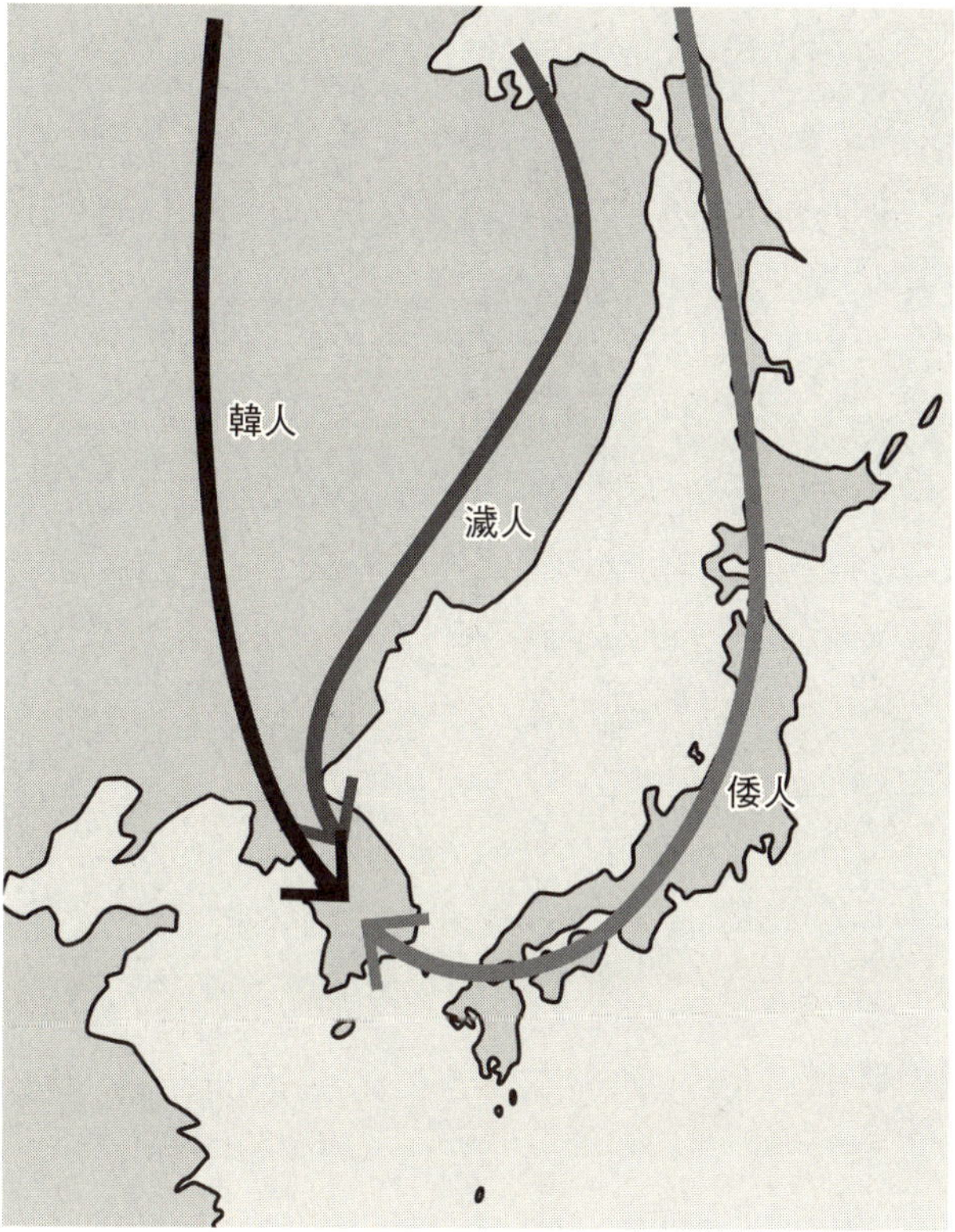

系遺物と呼ばれる考古資料によって、ある程度の倭人が一世紀以後の朝鮮半島南部、南端部に住んでいたことが確かめられているからである。

倭人の多くは朝鮮半島と日本との交易が盛んになる紀元前一世紀末以後に、日本から移住してきたのであろう。しかし縄文時代から弥生時代前期にあたる紀元前一世紀なかば以前にも、対馬海峡をまたぐ交流はあった。だからその時代に、少数の倭人が朝鮮半島南部に住みついていた可能性も捨てきれない。

朝鮮半島につくられた中国人の王朝

高句麗に併合された濊のことは、あまり明らかでない。しかし中国人が用いた「韓人」「倭人」の名称の意味はある程度推測できる。

古代朝鮮語の「かん」は、「神様」を表わすものであった。そして朝鮮半島南部の住民は、古くは自分たちの土地を「神様の国」を表わす「かんなら」と呼んでいた。

この「かんなら」が短縮されて「かんら」となり、さらに「かん（韓）」が「から（加羅）」に変わった。そしてのちに「から」の語は発音しにくいので「かや（加耶）」へと変わった。

つまり古代朝鮮の「韓」の言葉は「神様」の意味にも「神様の国」の意味にも使われたのだ。つまり「韓」や「加耶」の国名は、「神様の国」を表わすものであった。古代の中国人は、朝鮮半島南部の住民が、自称していた「神様の国の人間」を表わす「韓人」の語をそのまま用いたのである。これに対して倭人の名称は、古代日本人が「われ」などの自称を略して「わ」としたうえで、それに「人」をつけてつくられたものと考えられている。現代人の感覚では、「韓人」は「倭人」よりはるかによい名称であったように思えてくる。

紀元前一世紀末以前の朝鮮半島の北部と南部とは、全く異なる世界であったと考えられる。そして、多くの中国人と騎馬民族系の人びとが移住してきていた。朝鮮半島北部には、朝鮮半島南部より高度な文化がみられた。騎馬民族系の人びとは、古い時代に中国東北地方（満州）から南下してきた遊牧民の子孫であった。

前（186ページ）に記したように朝鮮半島北部の気候は北方や西方からの移住者の故郷の気候と変わらなかった。そのためかれらは朝鮮半島北部を、異国ではなく「自分たちの本拠に続く土地」のように感じていたと思われる。

騎馬民族の南下に遅れる形で紀元前七世紀から紀元前六世紀頃に、中国で最も北

図54　衛氏朝鮮

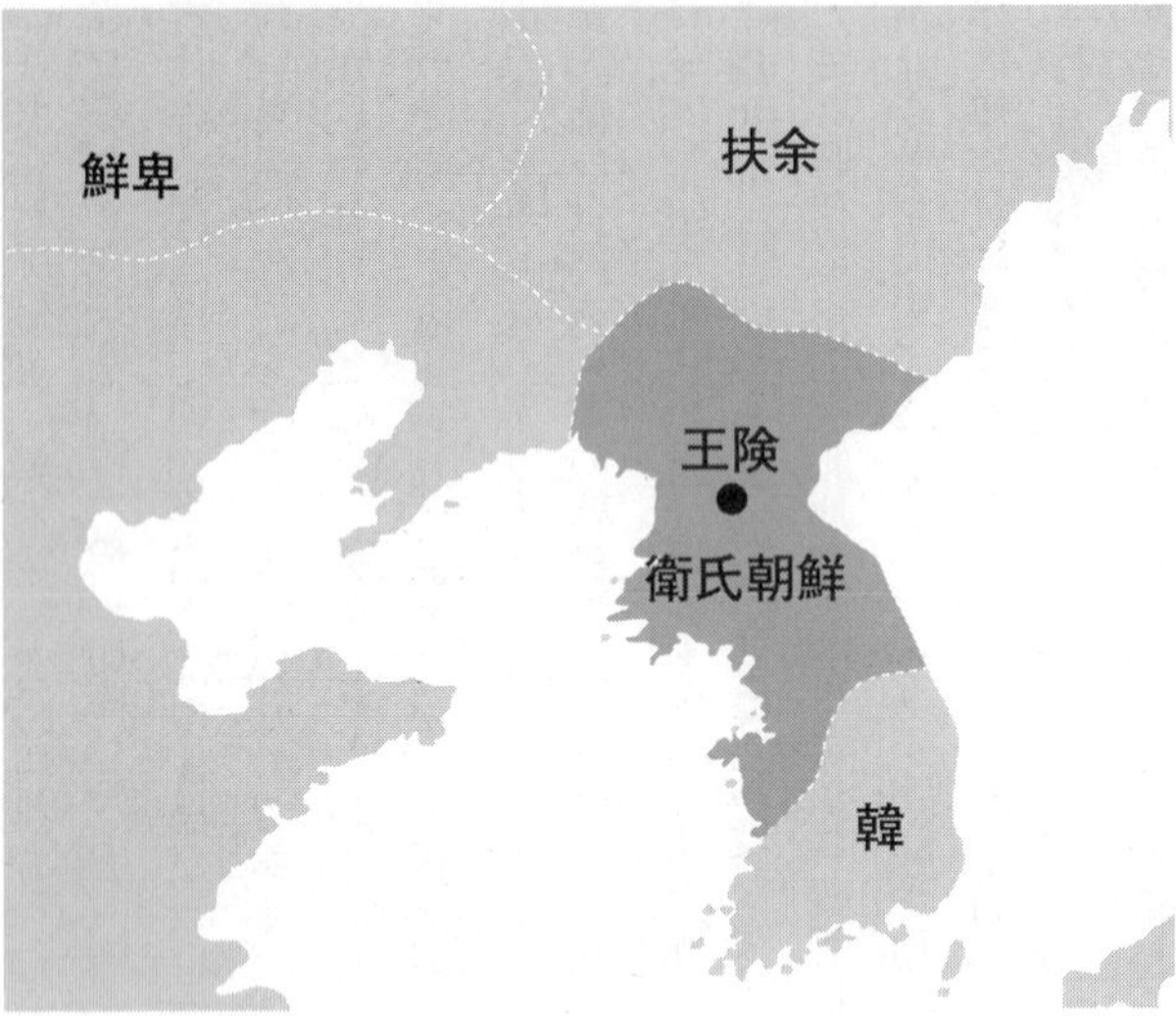

東にあった燕《えん》国などから遼東半島や朝鮮半島に移住する者が目立つようになった。その時期は、中国の春秋時代に相当する。

その頃の中国人は、騎馬民族系の人間が多いところを「朝鮮」と名付け、韓人の居住地を「辰《しん》」や「韓」としていた。後に濊とされたあたりは、蓋国《がいこく》と呼ばれていた。

朝鮮と呼ばれた地は、中国の戦国時代末に相当する紀元前三世紀頃に、中国民族の王が君臨する箕《き》氏朝鮮という王朝に支配されていた。しかし箕氏朝鮮の詳しいことは伝わっていない。

中国に前漢朝が立ってまもない紀元前一九五年に、前漢の諸侯の盧綰《ろわん》に仕えた将軍の一人であった衛満《えいまん》が国を追われて朝鮮に亡命してきた。かれはその年のうちに箕氏朝鮮を倒し、衛氏朝鮮を立てて朝鮮半島北部を支配した。

さらに紀元前一〇八年になって、前漢の有力な皇帝として知られる武帝（168ページ参照）が衛氏朝鮮を滅ぼした。武帝はこのあと四か所の郡《ぐん》と呼ばれる植民地を設置して朝鮮半島を支配した。

このような動きによって、大量の中国人が朝鮮半島に入ってくることになったのである。

箕氏朝鮮と衛氏朝鮮の都も、武帝の四郡の中で最も有力であった楽浪《らくろう》郡の郡治《ぐんち》（郡を治める役所）も、現代のピョンヤンのあたりにあった。

古い時代の朝鮮半島では、大同江流域の開けた平野が最も繁栄していたのである。六世紀に新羅が急成長する（198ページ参照）まで、大きな平野の少ない朝鮮半島南部には有力な政権はみられなかった。

図55　武帝の四郡

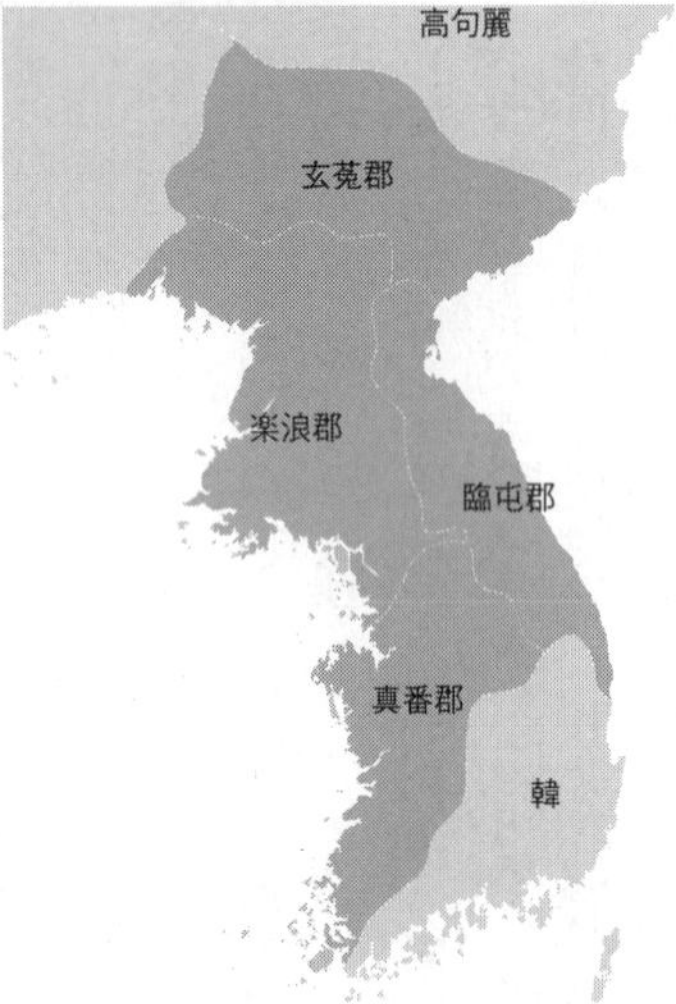

朝鮮三国の抗争から新羅の統一へ

後漢代の末の朝鮮半島では、武帝が置いた四郡のうちの楽浪郡だけが残っていた。そして後漢代末の混乱期に楽浪郡は、遼東郡で自立していた軍閥の公孫《こうそん》氏の支配下に組み込まれた。公孫氏はこのあと漢江流域の平野を開発し、そこを支配するために現在のソウルのあたりに帯方郡《たいほうぐん》を置いた。

公孫氏が二つの郡で、朝鮮半島北部と中部の主な平野を治める形がつくられたのである。このあと魏の有力な将軍である司馬懿《しばい》（174ページ参照）が公孫氏を倒して、楽浪、帯方の二郡を魏の領地とした。

中国の歴史書『三国志』東夷伝には、この時期の中国東方の諸民族の習俗が詳しく記されている（図57参照）。

図56　公孫氏の領域

私たちが「魏《ぎ》志《し》倭《わ》人《じん》伝《でん》」と呼ぶ古代日本の記事は、『三国志』東夷伝の一部にあたるものである。細かい説明は省くが、その記述から朝鮮半島に中国文化の他に、騎馬民族系、ツングース系、南方系などの多様な文化が入りこんでいたありさまが伝わってくる。

前（190ページ）にも記したが、朝鮮半島にさまざまな系統のアジア人が集まり混じりあって、複雑な歴史をつくり上げてきたのである。

三国時代が終わり西晋《せいしん》時代になると、中国東北地方（満州）の騎馬民族の王朝である高句麗が朝鮮半島に侵入してきた。かれらは、楽浪郡と帯方郡を滅ぼしたあと、濊も併合して、朝鮮半島北部を支配した（182ページの図49参照）。

中国王朝の勢力が後退するのに対応する形で、小国が分立していた韓の地の小国群にも新たな動きが起こった。三国時代にそこは、馬韓、辰韓、弁辰（弁韓）の三つの地域に分かれていた。

ところが西晋代に相当する四世紀はじめに馬韓の小国の一つであった伯済国《はくさい》が馬韓を統一して、百済の国を立てた。同じ頃に辰韓の小国、斯盧国《しろ》が辰韓全体を征圧して新羅国に成長した。

弁辰（弁韓）はこのあとも小国が分立するままであったが、その中で比較的有力な金官加耶国《きんかんかや》（181ページ参照）や安羅国《あら》は日本と結んで百済、新羅とはり合った。中国の文献に弁辰（弁韓）と記されていた地の小国は、四世紀以後に自分たちの居住地を加耶（加羅、神様の国）と呼ぶようになった。

このあと高句麗、百済、新羅の朝鮮三国に加耶の小国や日本を交えた、長期の抗争が続くことになる。それは七世紀末の新羅の朝鮮半島統一でようやくおさまった。

図57　3世紀、東夷の文化の分布

全く異なる地形、気候を持つ朝鮮半島北部、南部、南端部の三者が一つになったのである。

大和朝廷は朝鮮半島経由で中国の先進文化を取り入れる必要から、朝鮮半島の戦争に何度も介入した。その間の大和朝廷に、「加耶の一部を日本に組み込もう」という野望を持つ者も出た。かれらは朝鮮半島南部（百済、新羅）を自国と別の世界とみたうえで、日本に近い風景の加耶だけには親近感を持ったのであった。

しかし七世紀はじめに、聖徳太子が英断を下して争いをおさめた。かれは遣隋使《けんずいし》を派遣して中国文化を直接取り入れると共に、朝鮮半島にある日本の利権を放棄していく方針を打ち出したのである。

これをきっかけにして、日本と朝鮮半島は次第に別々の世界になっていく。

次章では再び西の世界に目を向けて、オアシスの道が後退したあとに大航海時代をもたらして歴史の主導権を握った西ヨーロッパの人びとをみていこう。

第九章

森林に覆われた西ヨーロッパがなぜ十一世紀以後急速に発展したのか

樹海に覆われた牧畜の国であった中世前半の西ヨーロッパ

第四章（103ページ）にも記したが、八世紀末から九世紀前半にかけてのアラブ世界はアッバース朝の全盛期であった。その頃のアッバース朝の都であるバグダードは、オアシスの道の西方の世界で最も豊かな都市だったのである。

そこには「西の文化の集大成」と評価すべき、高度な文化があった。ところがバグダードから北方の西ヨーロッパに目をむけると、そこはまだ後進地であった。

五世紀末頃から十世紀頃までの中世はじめ（図58参照）の西ヨーロッパは、ブナやナラの深い森林に覆われていた。そして封建領主（貴族や騎士）が支配する領地が、その樹海の中に離れ島のような形で点在していたのだ。

領主の支配を受けた庶民は、牧畜とわずかな耕地を用いた農耕で生活していた。かれらは本拠にいれば、武力を持つ領主の保護を受けられた。しかし森のむこうの世界は、「迷い込んだら命の保証はない」異境であった。

自然のままの樹海は、長期にわたって交通の障害になっており、ヨーロッパの近代化が始まる十七世紀になって、ようやく森林を抜けて各地を結ぶ交通路の整備が

図58　ヨーロッパ中世史の大まかな時代区分

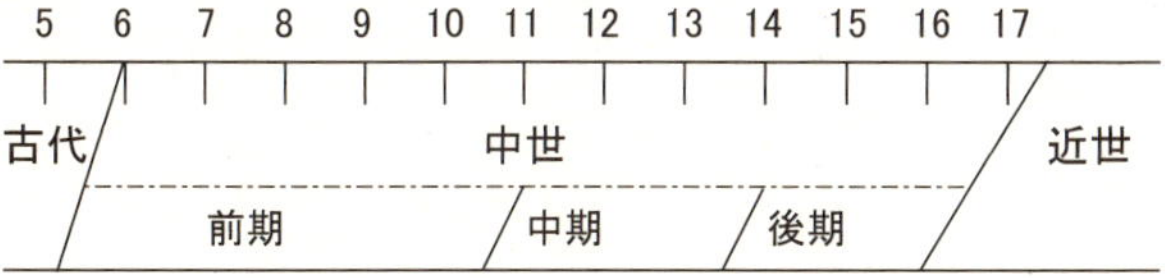

本格化するのである。

西ヨーロッパの交通路が発展したこの時代は、日本の江戸時代なかばつまり元禄《げんろく》時代以後に相当する。

樹海の国であった十世紀以前の西ヨーロッパの文化はまだ遅れた段階にあった。学問は、カトリック教団の独占物であり、庶民は学ぶ機会を与えられなかった。さらにこの時代の教団では、ギリシア哲学にたつ科学的思考を記したアリストテレスの著述などは禁書とされていた。

教会や修道院は、キリスト教を正当化するためのアウグスティヌスなどのキリスト教学（神学）だけを重んじていたのである。

十世紀の時点では南のバクダードの文化が、北のパリの文化よりはるかに高かった。ところが西ヨーロッパの強国の植民地支配が本格化する十九世紀には、この関係は逆転していた。パリなどの北の世界の大都市で近代文化が栄え、イギリス、フランスなどが競って科学技術の遅れたバクダードなどの南の世界に進出していくのである。

西ヨーロッパ世界の範囲とは？

世界の歴史の流れを把握するために、ヨーロッパを便宜上、次の五つの地域に分けて考えていこう。

①地中海世界、②西ヨーロッパ（西欧）、③北ヨーロッパ（北欧）、④東ヨーロッパ（東欧）、⑤ロシア世界

しかしこの区分はかなり柔軟に考えるべきもので、その境界線は時代によって変わっていく。

アルプス山脈、セヴェンヌ山脈、ピレネー山脈の三つの山脈をつなぐ線がある。この線を西ヨーロッパと地中海世界との境界と考えれば、事は簡単である。しかし人間は地形上の交通障害を越えて活動する。

五つの地域の境界の複雑さを示す例を、一つあげよう。フランスでは、このようなことが言われている。

図59　ヨーロッパの大まかな地域区分

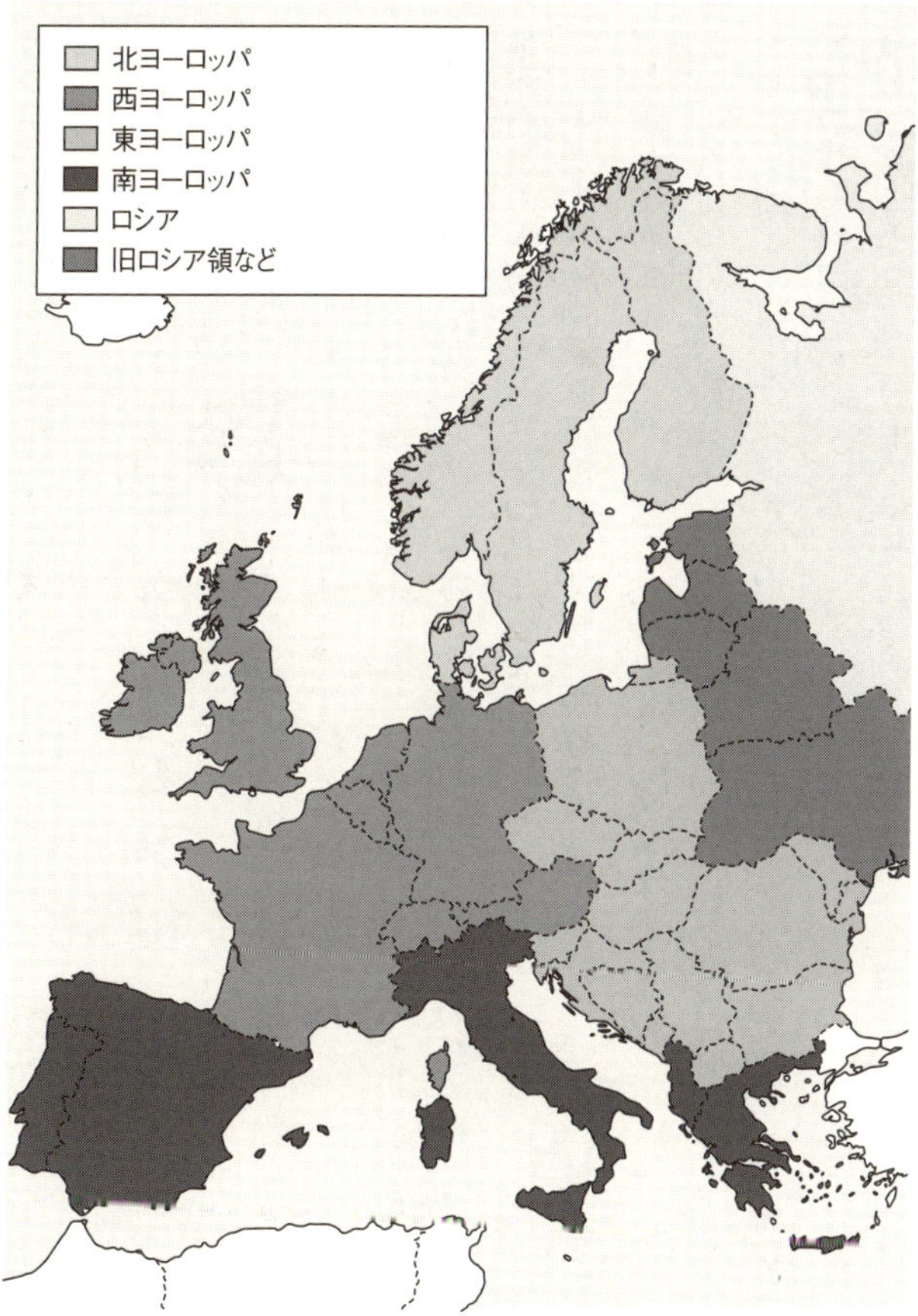

「フランスの先進地帯は、十二世紀を境に南から北へ、二十世紀なかば過ぎに北から南に移動した」

二十世紀なかば以後のフランス文化の中心の動きには、さまざまな評価ができる。後の時代にならねば、その答えはわかるまい。しかし十二世紀の変化は、きわめてはっきりしたものであった。十二世紀はじめ頃までは、地中海沿岸からの先進文化の恩恵を受けたフランスの地中海側だけが先進地であった。

パリのあたりは、まだ後進地と考えられていたのだ。ところが十二世紀なかば頃からパリに本拠をおくカペー朝の勢力が拡大していった。そのために、フランスという地がパリの王家のもとに一つにまとまり始めた。

この意味で地中海沿岸地域の中でフランスの地中海側だけは、十二世紀頃に地中海世界を離れて西ヨーロッパに組み込まれていったことになる。

難しい事例は多いが、西ヨーロッパとは、おおむね次のようなものになろう。

「ルネサンス期（十四―十六世紀）のイギリス、フランス、神聖ローマ帝国（ドイツ）を合わせた範囲」

このあと西ヨーロッパの十一世紀以後の急速な発展と、西ヨーロッパの地形や気候との関わりをみていこう。

西ヨーロッパの地形と気候

西ヨーロッパは、ユーラシア大陸の西のはずれにある。そこの地形をみると、まず大西洋に近いユーラシア大陸の北側や西側の広大な平地が目に入ってくる。このあたりの海はイギリスのグレートブリテン島によって、大西洋から隔てられた形になっている。

よってドイツやフランスの北方の海岸部は、北海、ドーバー海峡、イギリス海峡という内海に面している。この地形のおかげで、早くからドイツ、フランス、イギリスの三つの地域および北ヨーロッパ南部をつなぐ、内海の海岸に沿った短距離の海上交通が発展することになった。

イギリスの中心部と呼ぶべきイングランドにも広い平地が開けていた。そこにロンドンなどの都市が栄えた。

これに対してドイツやフランスの南部は、アルプスなどの山脈から続く高地である。イギリスでも、イングランドの北方のスコットランドと西方のウェールズには

スカンディナヴィア山脈
バルト海
カルパティア山脈
黒　海

図60　ヨーロッパの地形

図61　西ヨーロッパの気候

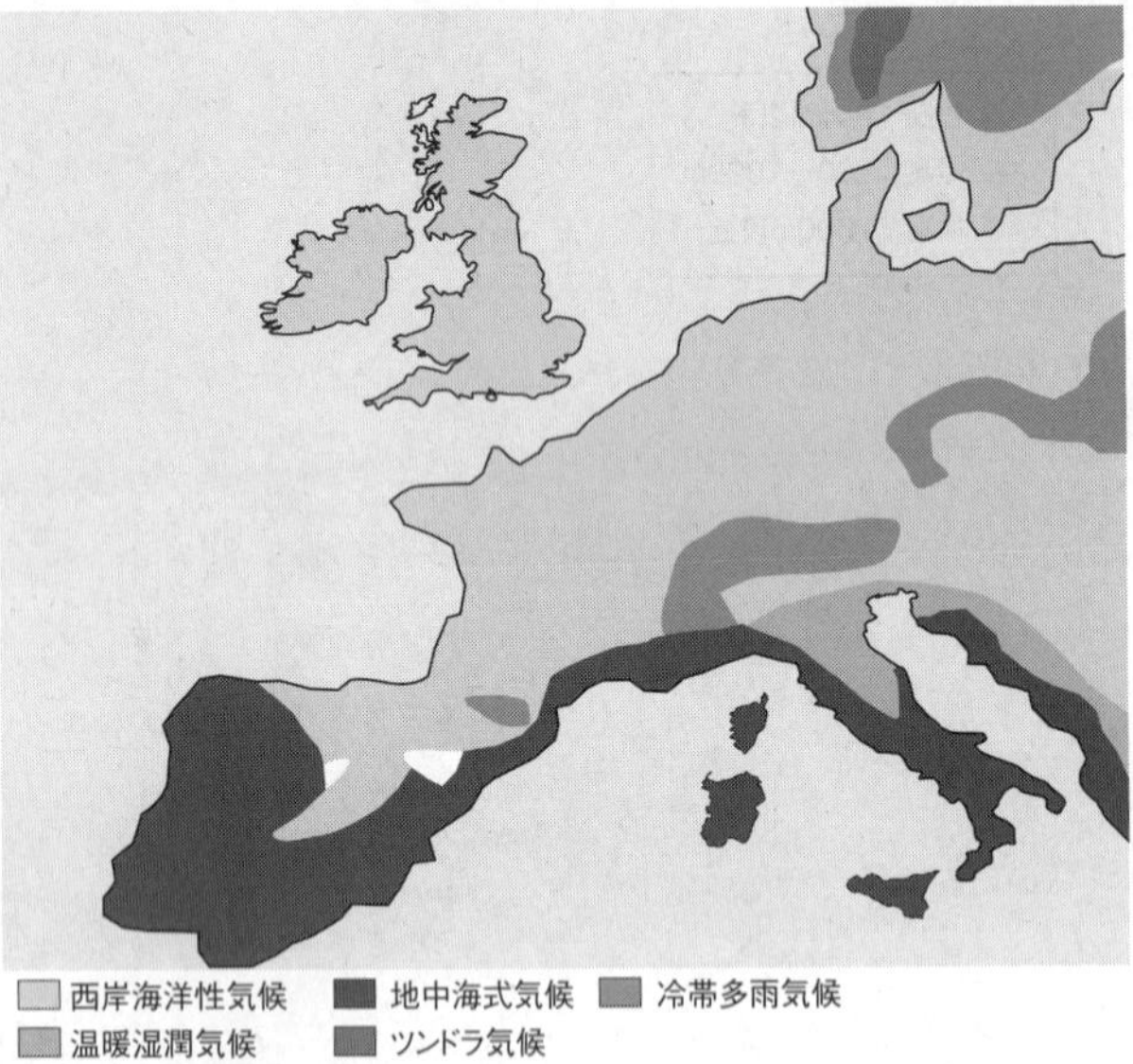

山地や高地が多い。

このような地形をみると、農業が発展した十一世紀以後に平地の多いドイツとフランスの北部やイングランドが、先進地になった理由がよくわかる。

ドイツ、フランス、イギリスなどの平地は、日本に多くみられた低湿地ではなく、ゆるやかな起伏を持つ丘陵状の平野であった。この地形は水田にはむかないが、深い泥がなく歩きやすいので畑づくりには適している。

次に西ヨーロッパの気候をみると、そのほぼ全域が温帯で、西岸海洋性気候になっていることがわかる。そしてドイツとポーランドの国境あたりに境があり、その東方つまり東ヨーロッパは寒冷な冷帯多雨気候になっている。日本では、東北地方の北端や北海道が冷帯多雨気候になる。

日本人の感覚では、西ヨーロッパは「北の国」となるのであろう。ロンドンやパリの緯度は、樺太と同じで、かなり南にいったモナコやマルセイユが札幌とほぼ同じ緯度になる。

しかし、暖かい海水を運んでくる北大西洋海流と、海から暖かく湿った空気を運んでくる偏西風があるため、西ヨーロッパは温暖で雨に恵まれた土地になった。

日本人が見たパリ

フランスやイギリスは、日本と同じ温帯の国とされている。しかし筆者の印象は、「日本の気候とフランスの気候とは、根本的に違う」というものだった。

私は三十年ほど前に、研究のために四か月半パリに滞在したことがある。その時にまず、「フランスは、恐ろしく寒い国」と感じた。

筆者は子供の頃から、雪の深いヨーロッパの冬を文学作品から知っていたため、海外研修のときには、暖かい四月から九月をフランスで学び、寒い十月から三月までの時期はロサンゼルスとホノルルで過ごす計画を立てていた。

フランスを訪れる前に筆者の西洋史の師匠でフランス史の権威として知られる木村尚三郎氏を訪れたときに、先生がこのようなことを言われた。

「パリで冬を過ごす計画でなくて、よかったですね。留学生の中には、九月の新学期にパリに行って、すぐ深雪の時期になるため、悲観的な気分にとらわれて挫折し、帰国してしまう人がかなりいるのですよ」

この話を聞いてしばらくたった桜の便りの聞かれる三月三十日に、日本をたってパリに向かった。ところがパリのロワシー空港に降り立つと、理屈ぬきに寒い。三月に札幌を訪れたときにも雪が積もっていたが、それよりはるかに寒い。道を行く女性の多くは、毛皮のコートを着て歩いていた。

このあとのパリの滞在中に、カルチェラタンの日本料理屋を何度か訪れた。そこの昔ながらの石づくりの町並みに、雪が降る風景は絵本のように美しかった。

その年の五月に入ったあたりから、ようやく過ごしやすくなったが、統計上はパリの三月の平均気温は摂氏八度ぐらいで、五月の平均気温が一四度あたりになっている。しかし日本よりかなり乾燥しているので、体感温度ははるかに低い。湿度が高いと、空気中の水分が暑さ、寒さを吸収するからである。海のそばが、冬に暖かく夏に涼しいのと同じである。

パリでは夏の暑いときでも平均気温が二〇度ぐらいにしか上がらない。ロンドンの夏はさらに涼しく、平均気温一四度ぐらいである。西ヨーロッパは温帯であっても、夏はそれほど暑くならない土地なのである。

筆者はフランスに対してもう一つ、「日本よりかなり乾燥した土地」という印象を持っている。

湿度が低いと空気中の水分で太陽の光がさえぎられないため、空は美しく青々と澄みわたり、紫外線が強く降りそそぐ。

その対策に部屋で一日に一度お湯をわかして蒸気を出したり、出掛けるときに濃いサングラスを掛けたりした。

東京の年間降水量は一四〇〇ミリメートルから一五〇〇ミリメートルぐらいであ

る。これでも冬場の東京は乾燥して、風邪の用心が必要だといわれる。これに対してパリの年間降水量は、わずか六五〇ミリメートル前後にすぎない。

前にあげた中央アジアの乾燥地（23ページの図3参照）の中で雨が多目のところは、年間降水量がパリのものに近い五〇〇ミリメートル程度ある。

ふと見上げたときのフランスの空に、飛行機雲が何本も延びていく風景は感激するほど美しい。フランス南部の深い水色の空の下の、果てしなく続くブドウ畑。ベルサイユ宮殿の庭園に所狭しと咲きほこる原色の花たち。フランスには多くの忘れられない風景がある。パリの居酒屋で出会った画家志望の若者が、こう言っていた。

「ここの美しい風景の中にいるとよい絵が描けるような気になるので、貧乏暮らししながらパリで頑張っている」

ヨーロッパで過ごした日々は、驚きの連続であった。そして日本と異質なヨーロッパの地形や気候が、日本と全く異なる文化や歴史をつくり上げることになったと実感した。

ドイツの古代ブナ林群（ハイニッヒ国立公園）

西ヨーロッパの大開墾の時代

日本より気温が低く雨の少ない西ヨーロッパでは、日本の夏のように雑草が所狭しと茂ることはない。それと共に西ヨーロッパの気候は樹木が育つのに適した気温と水をもたらして、草原ではなく深い森を育てあげるのだ。

古くはナラ、ニレ、シイノキなどの森林が広がっていたが、五、六世紀頃からこれにブナ、モミなどが加わった。森林の中で最も広い面積を占めるヨーロッパのナラは、高さ一五メートル程度の日本のものよりはるかに丈《たけ》が高く、二〇メートルから四〇メートルに達する。

ナラの枯葉によって、肥沃《ひよく》な腐植土《ふしょくど》がつくられた。さらにナラの木は、クリ科で大きなドングリを豊かに稔《みの》らせるため、西ヨーロッパの人びとは、森に豚を放牧してナラのドングリを餌《えさ》にした。

ブナはヨーロッパのナラより多少低い木で、その高さは二〇メートルから三〇メートルの間である。ブナも、豚の好物である良質のドングリをつける。

ヨーロッパのナラやブナのドングリは、日本でよく見られるカシのドングリより栄養豊富であった。現在もドングリで育ったヨーロッパ産のイベリコ豚が、日本で高級食材とされている。

ゲルマン人は、もとはヨーロッパの深い森林の中で牧畜を営む人びとであった。ローマ領に侵入する以前のゲルマン人は、中央アジアの遊牧民のような氏族《うじぞく》の集まった部族（41ページ参照）集団を形づくっていた。しかしゲルマン人の社会では、中央アジアの遊牧民に比べ、部族の指導者の権力がはるかに強かった。

かれらはローマ侵入以前から、従士《じゅうし》と呼ばれる戦士の集団を持っていた。そして西ローマ帝国を滅ぼして思い思いの国を立てたゲルマンの部族群は、従士の兵力に支えられた部族の指導者が自然な形で、王、諸侯、騎士などの領主になった。

図62　西ローマ帝国滅亡直後のヨーロッパ

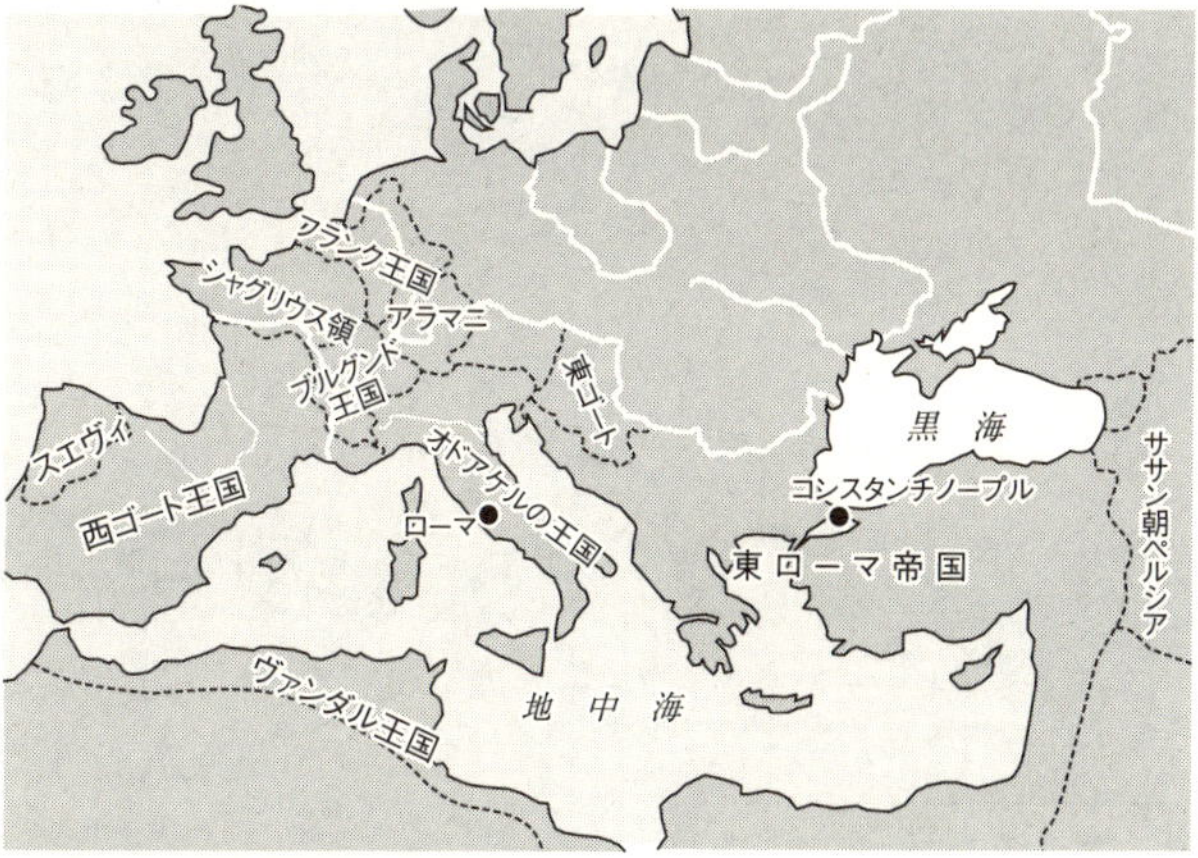

『増補版 標準世界史地図』（吉川弘文館）を参考に作成

かれらはゲルマン人の庶民やコロヌスと呼ばれたローマ領の下層農民を支配下に取り込んで、領地に君臨した。個々の領主の領地で、領主が定めた領主にとって都合のよい法による支配が行なわれたのだ。

四七六年に西ローマ帝国が滅んだあとフランク王国、西ゴート王国などの多くの国が建国された。しかし国王が一定の領域をきっちり統治したわけではなく、個々の国は自立した諸侯、騎士や修道院などの領地に分かれていた。そのため、ヨーロッパではゲルマン系の諸国、諸侯間の抗争が日常的に行なわれていた。十世紀末までのこの

図63　マジャール人とイスラム勢力のヨーロッパ侵入

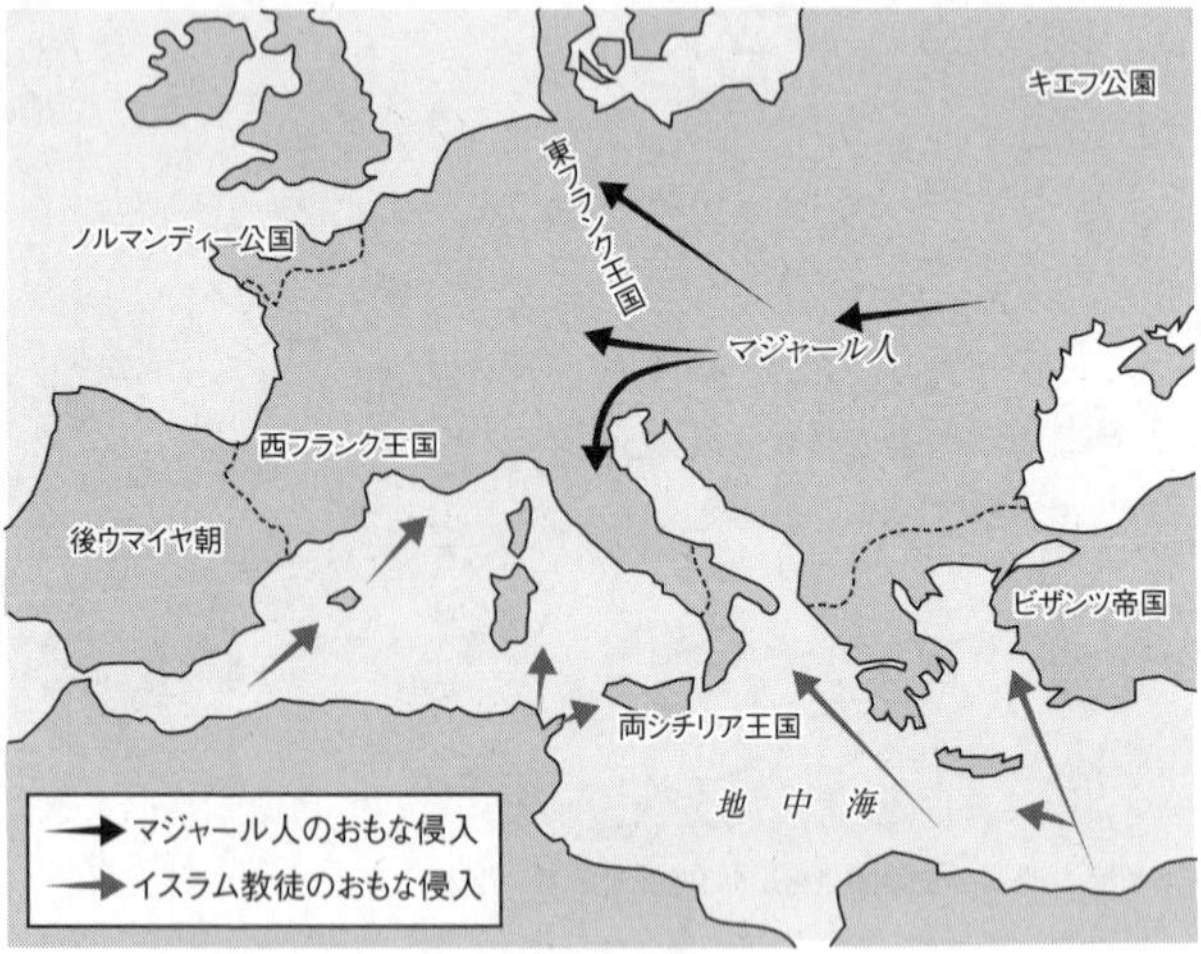

『プロムナード世界史』（浜島書店）を参考に作成

ような時代を中世前期としておこう。

その間に八、九世紀のイスラム帝国の侵入や、九世紀から十世紀にかけてのアジア系のマジャール人の大軍団の襲来もなされた。アジアとヨーロッパの境にあたるウラル山脈の南西部から来たマジャール人は、現在のハンガリー人の先祖にあたる。

十世紀までは、ヨーロッパの多くの者が僅かな農耕と牧畜に拠る自給自足に近い生活を送っていた。そして十一世紀はじめ頃の西ヨーロッパでようやく支配層の争

図64　11世紀末のヨーロッパ

『増補版 標準世界史地図』(吉川弘文館)を参考に作成

いが下火になり、国王や有力な諸侯を指導者とするピラミッド型の秩序ができ始めた。

ドイツでは神聖ローマ帝国皇帝、フランスではカペー朝のフランス王にある程度の権威が認知され始めたのだ。少し遅れて十一世紀末には、イングランドにノルマン朝という有力な王国が立った。しかしヨーロッパの他の地域では、混乱が続いていた。

西ヨーロッパの政情が安定をみせると、国王、諸侯、騎士身分の小領主などによる意欲的な農地開発が始まった。深い森は次第にきり開かれて、畑に変わっていった。ブナやナラの森で

トマス・アクィナス

あった土地は、養分に富むよい農地となった。

当時の西ヨーロッパでは、土地を三つに分けて効率的に利用する三圃《さんぽ》制《せい》農法が広まっていた。これは土地を一年ごとに春耕地、秋耕地、家畜を放牧する休耕地へと変えていくものである。一年間休ませて家畜のつくる肥料分をためた土地に、二年間別々のものを栽培したのだ。これによって収穫量が、大幅に増加した。

この時代に上質な鉄製の農具が普及したことも、穀物の生産高を拡大させた。そのため農民の生活にゆとりが生じ、人口が急速に増えていった。このような大開墾の時代は、十三世紀末まで続いた。この時代を、ヨーロッパ中世中期としよう。

勢力を拡大した有力者が東方の贅沢品を求めたために、アラブ世界と西ヨーロッパとの交易が少しずつ増えていった。この動きの中で、十二世紀からカトリック教団が次第にアリストテレスなどのアラブ世界の有益な科学を受け入れるようになっていった。

この時代に流行したスコラ学は、東方の学問やアラブ世界から伝えられたギリシア哲学を取り入れてカトリック教団の正統性を裏付ける手法をとっていた。スコラ哲学者のトマス・アクィナス（一二二五頃―一二七四）は十三世紀後半にキリスト教の信仰とギリシア哲学流の理性の統一を説いている。

さらに修道士でスコラ哲学者であったロジャー・ベーコン（一二一四?―一二九四）は、アラブ系の学問を学び、光学、化学、天文学の分野で成果を上げた。かれは実験を重んじ、経験をもとにした論証によって自説をつくり上げる手法をとった。のちの人はかれを、「中世最大の科学者」「ヨーロッパ最初の科学者」といって称えた。しかし時代にあわない合理的な考えをとっていたベーコンは、キリスト教団の弾圧によって入牢を申し付けられたこともあった。

ヨーロッパの地位を一挙に高めたルネサンス

十三世紀終わりの大開墾時代が終了したあたりから、ヨーロッパでルネサンスと

図65　イングランドの人口の変化

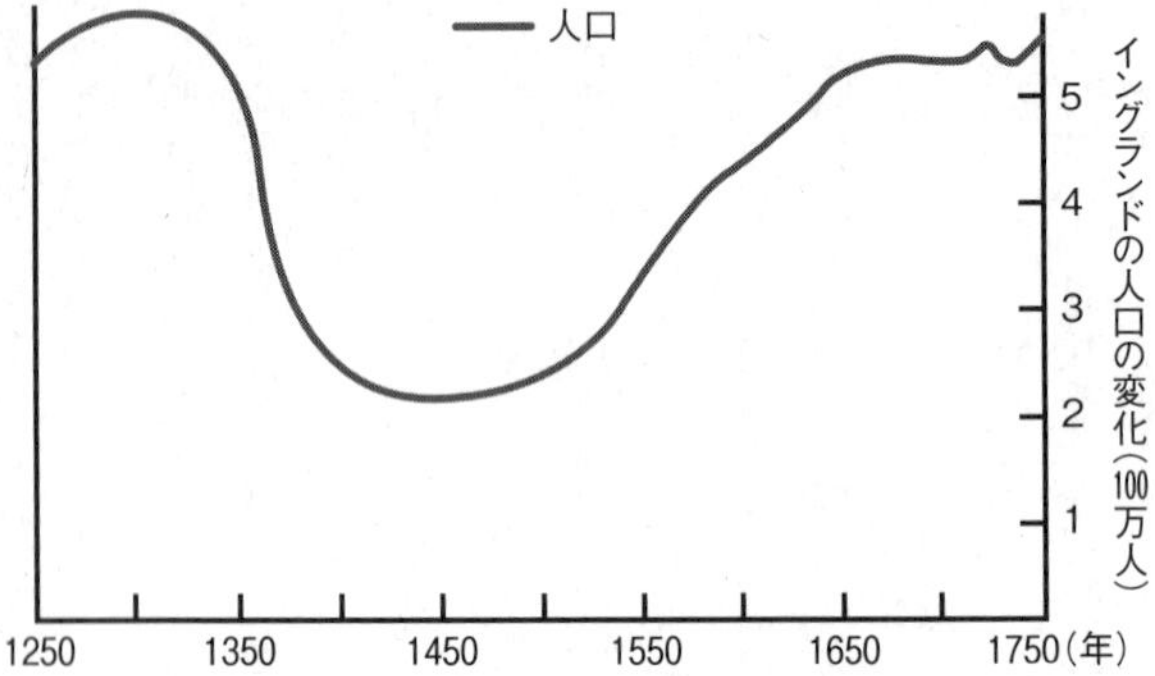

出典:『ビジュアルワイド図説世界史』(東京書籍)

呼ばれる文化の革新が行なわれた。中世後期と呼ぶべき十四世紀から十六世紀にルネサンスの華麗な文化が花開いたのだ。この新たな文化は、渋く堅実な中世前期、中期の文化にすみやかに取って代わった。

後で説明するようにルネサンス時代に、新たな科学や実用的な諸技術が発展し、ヨーロッパの科学的思考の基礎が築かれた点は重要である。

ルネサンス期の絵画、彫刻、文学などの分野では、自由で豪華、悪くいえば華美で成金趣味のものが持てはやされた。ルネサンス期の貴人は、屋敷の内部を飾り立て、高価な色気たっぷりの衣裳を競いあった。

しかし大開墾時代からルネサンス時代への

図66　ルネサンスの広まり

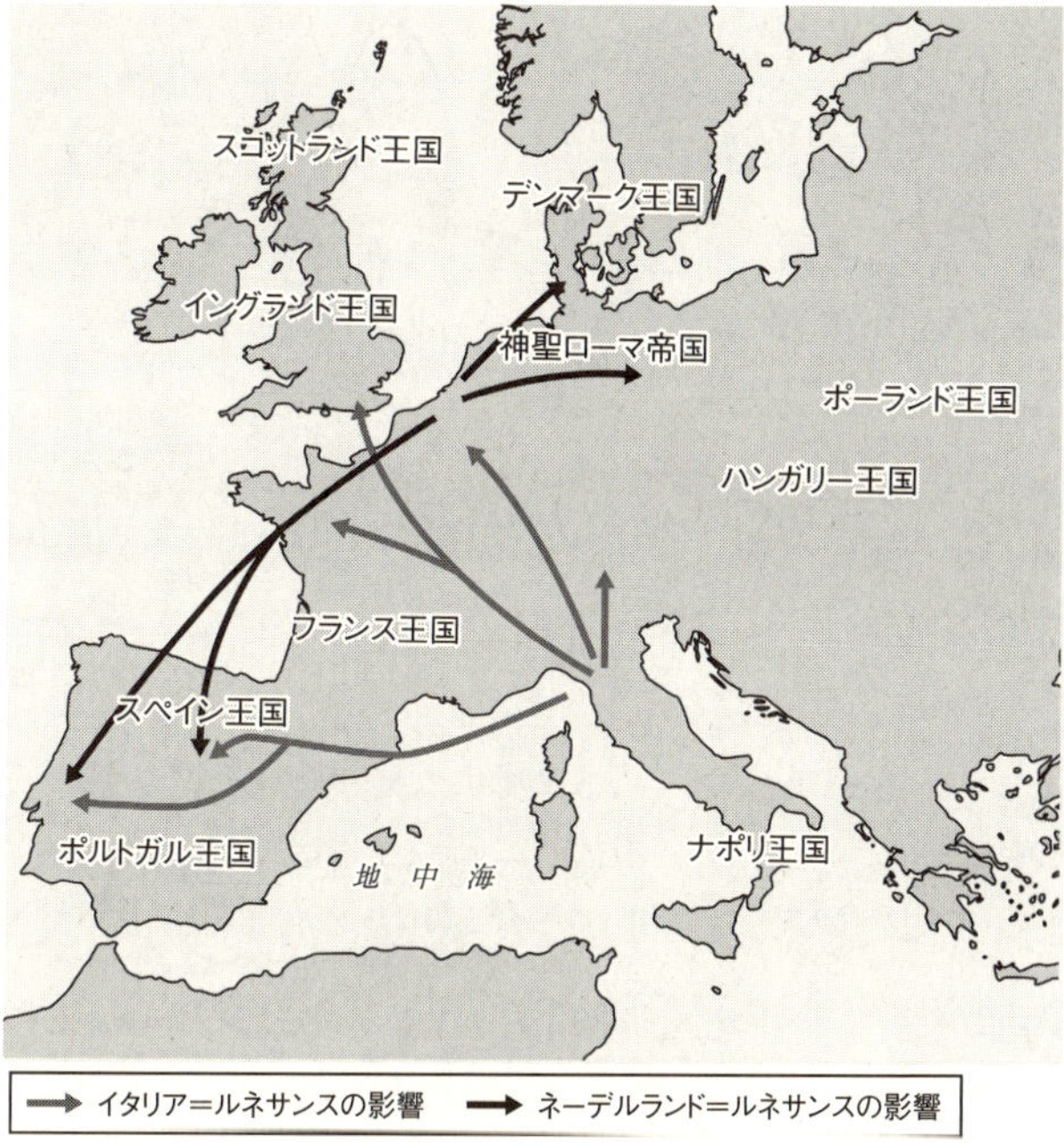

『ビジュアルワイド図説世界史』(東京書籍)を参考に作成

流れは、「めざましい経済発展のうえに、文化の高まりが起こった」と説明できるほどなまやさしいものではなかった。農地の開発による経済成長は、十三世紀末の時点で行き詰まってしまった。西ヨーロッパの中で簡単に開発できる土地は、すべて農地になってしまっていたのだ。

デンマーク王国
神聖ローマ帝国
ポーランド王国
ボヘミア
バヴァリア
オーストリア
ウィーン
スイス
ハンガリー王国
ヴェネチア
ジェノア
ピサ
教皇領
ローマ
ナポリ
ナポリ王国

図67　14世紀のヨーロッパ

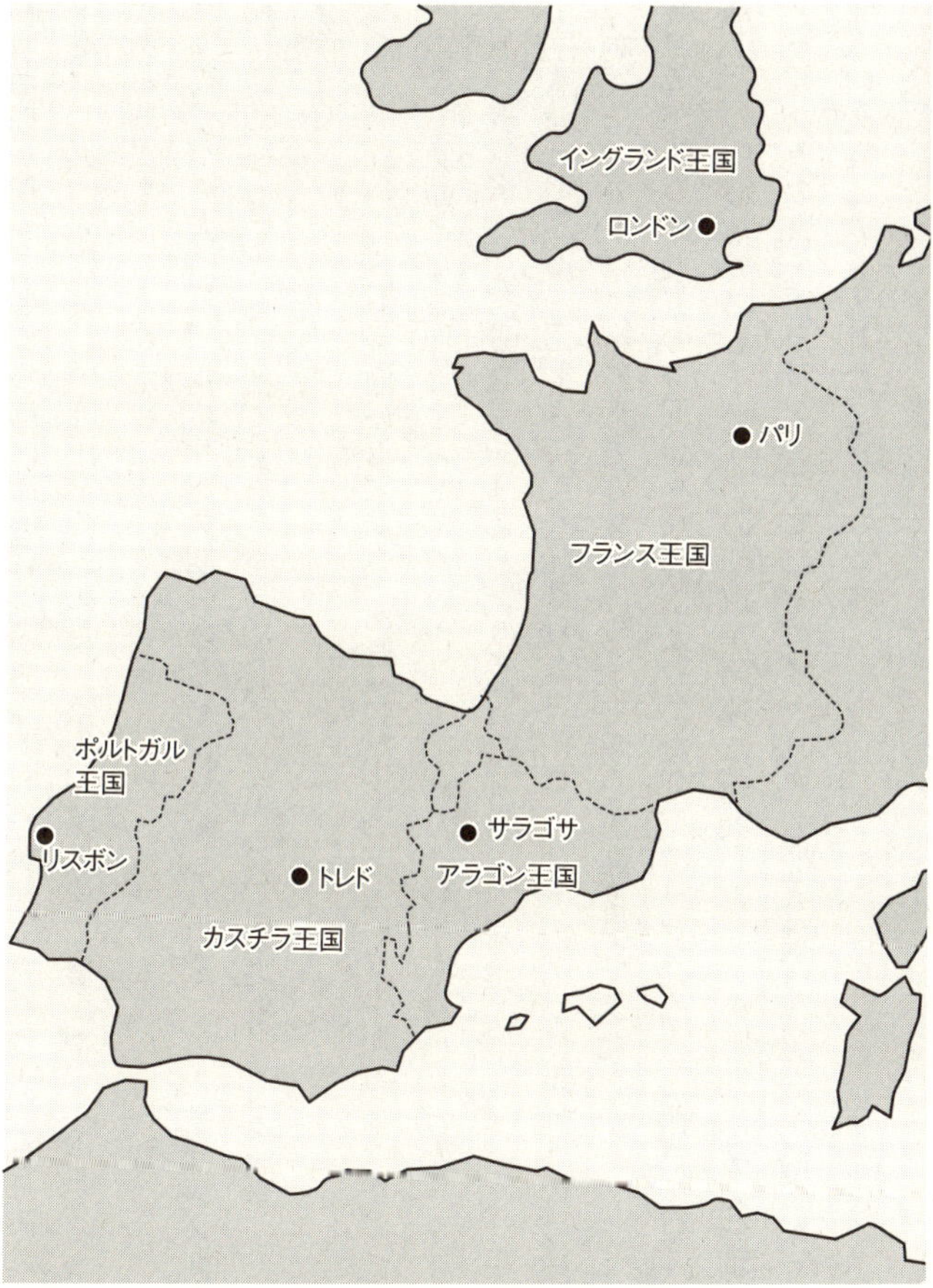

『増補版 標準世界史地図』(吉川弘文館)を参考に作成

人口増加が鈍ったところに、冷害による食料不足や天災、疫病などが襲った。食料不足は、真っ先に貧しい庶民を苦しめた。家族が離散する農民や、一家そろって餓死する農民も珍しくなかった。

ヨーロッパの人口は、ルネサンス期のはじめに激減した。そしてルネサンス期の終わり頃になって、ようやく人口の回復の兆しが現われたのだ（222ページの図65参照）。

しかしそういった混乱期に適合し、あれこれ工夫して成り上がる富豪が多く出た。領地で商品となる作物を育てて儲けた領主。新たな技術を身に付けた、手工業の工場の経営者。手広く貿易をする、商人などである。

「十字軍（一〇九六―一二七〇）」と呼ばれるヨーロッパ人のアラブ世界への侵攻をきっかけに、ヨーロッパに東方の文化に対する関心が高まってきた。

有力者が競って東方の贅沢品を求めるようになり、アラブ系商人と西ヨーロッパの都市との中継地であるイタリアの都市が急速に発展した。この時期に勢力を拡大して王侯なみの富を得たメディチ家などのイタリアの商人は、華麗な生活を求めて文化人の後援に力を入れた。

十四世紀のイタリアルネサンスは、このようにして始まった。ローマ教皇のお膝下であるイタリアでは長く、小国や自立した都市が分立する形が続いていた。ルネサンスの開始は、国王の勢力が拡大して司教や修道院に圧力をかけてきたためにカトリック教団の権威が下降し始めた時期と一致していた。教団の束縛が緩んだために、イタリアの知識人はキリスト教団が唱えたキリスト教学の世界観にとらわれずに人間中心の自由な発想を求めて、ギリシア文化やイスラム文化を学んだ。

このときのヨーロッパで、はじめて合理的、科学的なギリシア哲学が見直されたのである。ルネサンスとは、本来「再生」つまりギリシア時代の華麗な文化の再興を表わす言葉であった。

イタリアの知識人は、有益な科学、技術を求めて好んでアラブ世界の占星術と呼ばれた天文学や、錬金術の名で広まった化学を学んだ。これは、三世紀にエジプトでつくられてイスラム帝国で高い評価を受けた新プラトン主義がヨーロッパでも流行したためでもある。

新プラトン主義とは、哲学の手法を用いてすべての根源である「宇宙のはじめの一者」を求める学問である。この新プラトン主義にたつ思考は、真理を探る近代科学の手法と共通する要素を幾つも持っていた。

やがてルネサンスの三大発明と呼ばれる、火薬、羅針盤と活版印刷術が現われた。

まず十四世紀はじめに磁石を用いて方角を明らかにする羅針盤が実用化されて、航海技術を急速に発展させた。

次いで十四世紀前半頃のドイツで、銃器用の良質な火薬がつくられた。このあとイタリアで、鉄製の銃砲の製造が始まる。これによって銃を備えた軍隊が現われ、槍で戦う騎士の戦術は時代遅れになった。

さらに十五世紀なかばになって、加圧式の活版印刷が発明されると、書物の広まりを通じて、自由な学問の普及が加速した。

十六世紀後半からコペルニクスやガリレオ・ガリレイのはたらきによって、天文学の分野で地動説が発展していった。これは、それまでにない新たな科学体系を生み出すものであった。

この少し前の十六世紀前半に、イタリアの富を狙った外国の軍勢の侵入によってイタリアの戦乱が始まっていた。その中でイタリアの都市は衰退し、ルネサンスの中心は次第にアルプス山脈以北に移っていくことになる。

まず、オランダのネーデルランドルネサンスが始まり、十六世紀後半にドイツ、フランス、イギリスなどあちこちで、ネーデルランドルネサンスにならった民族固有の文化と融合した多様なルネサンス文化が生まれることになった。

民族国家の成立とヨーロッパ諸国の海外発展

ルネサンス風の文化は、十七世紀に入ったあたりから後退していった。そして新たな時代の担い手となった「絶対王制」と呼ばれる強力な支配を行なう君主の宮廷で、豪壮なバロック文化が繁栄した。

ルネサンス時代は、きわめて長い。それは日本でいえば、鎌倉時代末から南北朝、室町、戦国、安土桃山の諸時代を経て江戸時代の幕開けにいたる時期になる。

ルネサンス時代は、世界史上できわめて重要な時代であった。その終了時には、世界が西ヨーロッパの強国の指導のもとに、近代化を目指すというその後の歴史の流れが定められたのである。

ルネサンス時代が終わりに近づく頃に、ヨーロッパは、一人の君主が一つの民族すべてを支配する民族国家がならび立つ形に再編されていた。中世の中期つまりルネサンス直前までのヨーロッパは、王、諸侯、騎士などの自立した領主が治める領地の集まりにすぎなかった。

本書では、民族国家が出現した時点を近世の始まりとする立場をとった。そのため近世の成立期は、国によってまちまちである。ゆえに中世と近世との正確な区分もあいまいなものになる。

フランスでは、百年戦争（一三三九－一四五三）終結によるヴァロア朝の支配の確立をもって民族国家の成立とすべきであろうか。あるいはブルボン朝の創始者アンリ四世のもとで、ユグノー戦争（一五六二－九八）という長期の内戦が終結した時点まで待たねばならないのであろうか。

イギリスでは長期のバラ戦争（一四五五－八五）が終わり、テューダー朝のもとに安定した支配がなされるようになったことを近世の訪れとしてよさそうである。

これに対してドイツは、三十年戦争（一六一八－四八）によって諸侯の領地がプロシア、オーストリアなどの自立した国になったのちに、民族国家がつくられた。

江戸幕府の成立（一六〇三）によって日本の近世が始まった前後に、西ヨーロッパでも中世から近世への転換がみられた。しかし日本の近世が二百数十年にわたる平和な時代であったのに対し、ヨーロッパの近世は絶対王制を確立した君主間の戦争が続く不穏な時代であった。

ルネサンスのなかばを過ぎた頃から、ヨーロッパは有力な君主の指導者のもとに大航海時代を迎えた。ヨーロッパでカラベル船という遠洋航海用の三本マストの大型の帆船がつくられ、意欲的に探検や遠方との貿易がなされたのである。

十四世紀はじめにはポルトガル船によってアフリカ西岸を南下する航路が開かれていった。そして一四八八年にポルトガルのバルトロメゥ・ディアスがアフリカ南端の喜望峰に到達した。

その四年後の一四九二年に、スペイン王室の後援を受けたコロンブスが苦難に満ちた大西洋横断のあと、アメリカの入口となるサンサルバドル島にたどり着いた。偶然であるがその年は、日本の戦国時代開幕の年と一致する。日本の研究者の多くは一四九二年の北条早雲が堀越公方《ほりこしくぼう》を倒して伊豆一国を征圧した事件をもって、戦国動乱の開始とする立場をとっている。

一四九八年には、ポルトガルのヴァスコ・ダ・ガマが、アフリカ南端を回ってイ

図68　ディアスとガマの航路

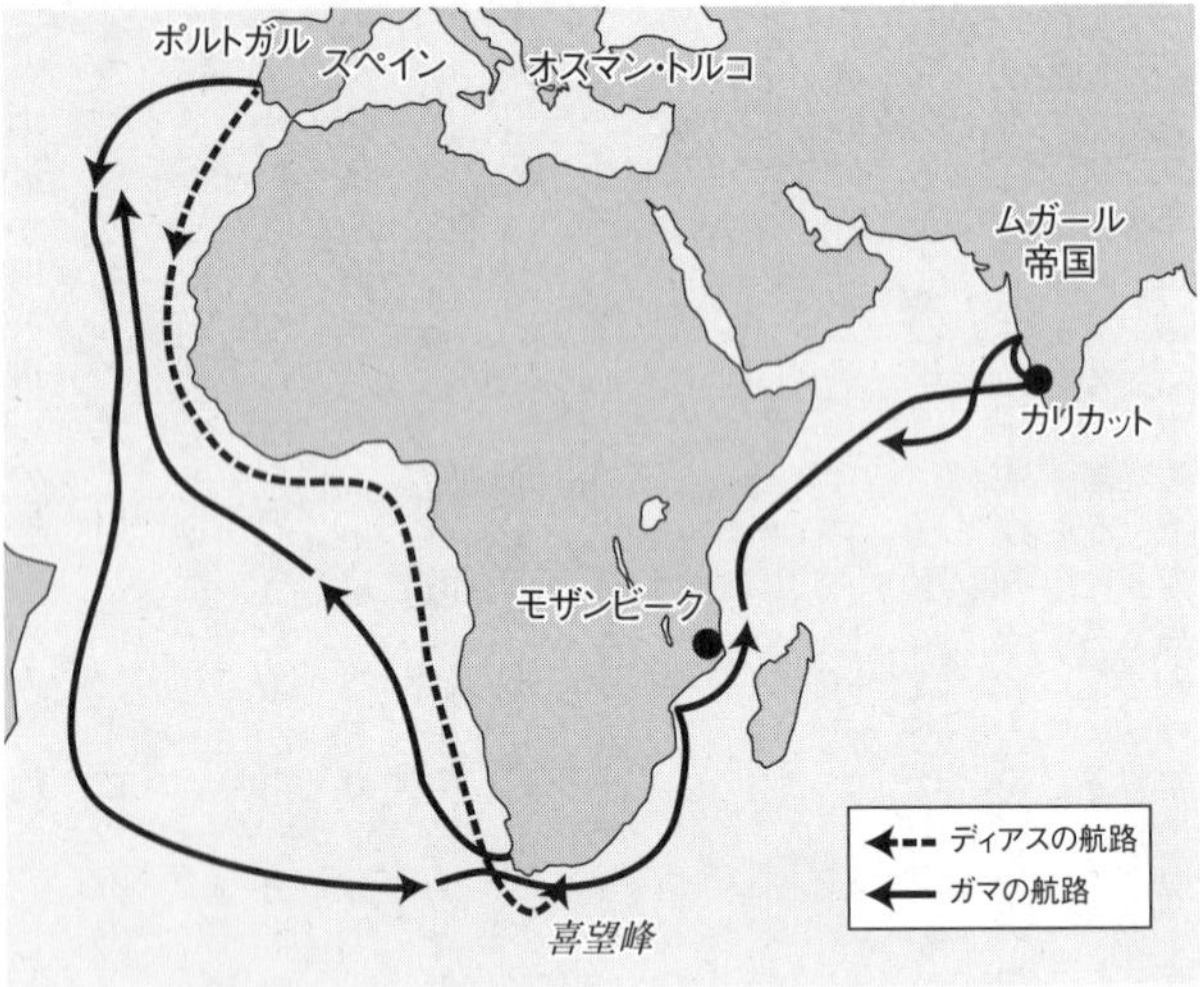

ンドのカリカットに到達した。

十六世紀に入ったあたりから、新大陸アメリカやアジア各地おけるヨーロッパの航海者たちの活躍が、目立つようになっていった。東西貿易の主導権は、アラブ商人からヨーロッパ商人の手に移ったのである。

十六世紀以後は、ヨーロッパ主導の時代といってよい。次章では、ヨーロッパ人が世界に進出して植民地をつくる前の新大陸について簡単にみておこう。

第一〇章

なぜ超高地のアンデスに文明が生まれたのか

ラテンアメリカの多様性

メキシコ以南パナマ以北およびカリブ海諸島からなる中部アメリカ（中米）と南アメリカ（南米）とを合わせたものを、「ラテンアメリカ」という。十五世紀末のヨーロッパ人の来航以前のこの地域では、アメリカ先住民（初期アメリカ人、インディオ）の文明が栄えていた。アステカ、マヤ、インカはその代表的なものである。

十六世紀にラテン系のスペイン人、ポルトガル人の進出によって中南米にカトリックが広まった。それと共にブラジルはポルトガルの、それ以外の地域の大部分はスペインの植民地とされた。

このあと、多くの白人がラテンアメリカに移住してきた。白人とアメリカ先住民や、白人やアメリカ先住民とアフリカから来た黒人との混血も、珍しくなくなった。

現代のラテンアメリカは「人種のるつぼ」と呼ばれるほどの、多様な人間の集まりとなっている。その中で最も多いのが、メスチーソと呼ばれる白人とアメリカ先住民との混血になる。

図69　ラテンアメリカの地形

ラテンアメリカの地形は、中部アメリカの大部分が山地や高地で、その地域の平野部は東のメキシコ湾、カリブ海側に集中している。

マヤ文明が栄えたユカタン半島の平野が、中米最大の平地である。

次に南米に目を転じると、まず太平洋側にアンデス山脈の高い山々が連なっていることに気づく。この中の現在のペルーを中心に、インカ帝国が栄えた。

東側を見ると、ギアナ高地と広大なブラジル高原の二つの高地の間に、アマゾン川流域に広がる平地が目に入ってくる。ブラジル北部のこの密林（ジャングル）は、かつて「世界最大の秘境」などと呼ばれたところである。

中学校の時に地理を教わった教員から、

「アマゾン川に落ちたら、人食い魚ピラニアに食べられてしまう」

という恐ろしい話を聞いたことがある。筆者はその四十数年後になってはじめて、それがアメリカ映画をもとにつくられた俗説であったことを知った。

南米ではアマゾン川の流域の他に、ブラジル高原の南方のラプラタ川やその支流の流域の平野もある。その平野は現在の、ウルグアイ、アルゼンチン、パラグアイ三国にまたがっている。

図70　ラテンアメリカの気候

西岸海洋性気候　地中海式気候　ツンドラ気候
温暖湿潤気候　温帯夏雨気候　ステップ・砂漠気候
熱帯雨林気候・サバナ気候

中南米の東部、中部は雨が多く、そこの南緯二〇度あたりより北側は熱帯、南側は温帯になっている。そして中南米の西部では、雨が少なく砂漠・ステップなどの乾燥地も多い。アンデス山脈の標高の高いところには、寒帯のツンドラ気候の地域まである。ツンドラでは、夏でも気温が一〇度以上に上がらない。そこには木や草はほとんど生えず、苔《こけ》などが広がっている。

インカ帝国は、このような南米西部の多様な気候の地域が集まっているところにつくられた。

メソアメリカ文明の芽生え

アメリカ先住民の多くは、私たち日本人と同じアジア系の人種だと考えられている。氷河期であった約四万年前には、シベリアとアラスカの間のベーリング海峡一面に氷が張っていたと推測されている。

シベリアにいた狩猟民がマンモスを追って、ベーリング海峡の氷の橋を渡ってアメリカに来たのであろう。アメリカのテキサス州で、約三万八千年前の石器が出土している。アメリカ先住民はその頃には、北アメリカに広まっていたと考えられる。

図71 アメリカ大陸原産の栽培植物の起源年代

栽培植物名	起源年代
カボチャ	紀元前 4000 年
インゲンマメ	紀元前 3000 年
トウガラシ	紀元前 3000 年
トウモロコシ	紀元前 3000 年
サツマイモ	紀元前 2000 年
タバコ	紀元前 2000 年
ラッカセイ	紀元前 2000 年
ジャガイモ（四倍種）	紀元 500 年
トマト	紀元 1000 年

出典：田中正武『栽培植物の起源』

ペルー最古の石器は、約一万二千年前のものになる。アメリカ先住民がアンデスまで南下したのは、一万数千年前ぐらいということになるのであろうか。しかし今後、南米でそれより古い石器がみつかる可能性も高い。

ヨーロッパ人に新大陸と呼ばれたアメリカ大陸では、旧大陸つまりユーラシア大陸やアフリカと全く異なる文化がつくられていた。

日本の縄文時代に相当する紀元前四〇〇〇年頃から、アメリカ大陸原産の作物の栽培が始まっている。しかし古い時代のアメリカでは、米や麦はつくられなかった。さらにそこには、アフリカやインドで盛んに行なわれた雑穀栽培もみられない。

アメリカ先住民には、

図72　メソアメリカの年表

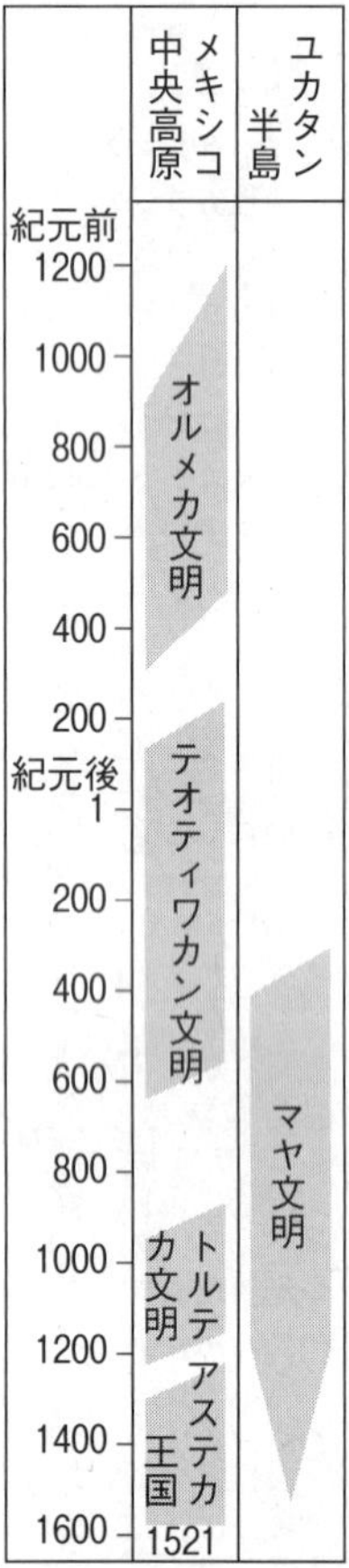

「長期の保存に耐える穀物をつくり、調理して食用にする」という発想が生まれなかったのである。かれらにとって最も大切な食物が、日本で肉料理の添え物とされるトウモロコシやジャガイモであった。

歴史学者は、中部アメリカで古代都市文明が栄えた地域を「メソアメリカ」と呼んでいる。

メソアメリカでは、紀元前二三〇〇年頃から農耕を生業として定住生活をする集落が現われた。かれらは簡素なつくりの土器を残している。

メソアメリカの住民の多くは、平和な生活を好んだ農耕民であったとみられる。

紀元前一一〇〇年頃に、メソアメリカ最古の都市文明であるオルメカ文明がメキシコ中央部の高地に出現した。

オルメカ文明では、ピラミッド神殿と祭祀《さいし》用の広場を持つ都市がみられた。そして神殿などの遺跡にはジャガー、蛇、鳥、人間などを描いた宗教美術が残されていた。

オルメカの住民は、トウモロコシ、カボチャ、インゲンマメを栽培し、硬玉（ヒスイ）、カカオ、ゴムといった特産物を交易に用いていた。

オルメカでは太陽暦と二百六十日を一周期とする暦を組み合わせた独自の暦が使われたが、冶金技術、弓矢、帆船、車、牧畜などはみられなかった。このオルメカ文明はメソアメリカ諸文明の基礎となるものであった。

マヤ文明の誕生

オルメカ文明が紀元前三〇〇年頃に滅んだあと、メキシコ中央部では紀元前二〇〇年頃からテオティワカン文明が栄えた。そして紀元三〇〇年頃のユカタン半島の平野に、独自の科学を育てたマヤ文明が現われた。

メキシコのチチェン・イッツァは、マヤ文明を代表する古代都市の遺跡である。世界遺産に登録されたその遺跡には、「ククルカンの神殿」と呼ばれるピラミッドや、天文台がある。

ピラミッドは高さ約二四メートル、基底部が約五五・三メートルの巨大な石造りのもので、最上部は、高さ約六メートルの神殿になっている。天文台は、高さ約一三メートルの石造りになっており、その西側の窓は春分の日の日没が見られる位置につくられている。

マヤでは、一年を三六五・二四二日とする精密な太陽暦が使われていた。これは、現代の天文学で用いる一年三六五・二四二二日の数値にきわめて近い。

マヤでは二十進法をとり、ゼロの概念を持つ数学が発達していた。マヤの住民はトウモロコシとジャガイモを栽培し、家畜としてリャマやアルパカを飼育した。精密な金、銀、青銅の細工はみられたが、鉄器はつくられなかった。

マヤ文明の遺跡は、十六世紀にスペイン人によって徹底的に破壊された。しかしいまでも神殿などにマヤ文字という絵文字が刻まれ残っている。それは十分に解読されていないが、今後マヤ文字から、新たな科学知識が得られる可能性もある。開

図73　マヤとアステカの領域

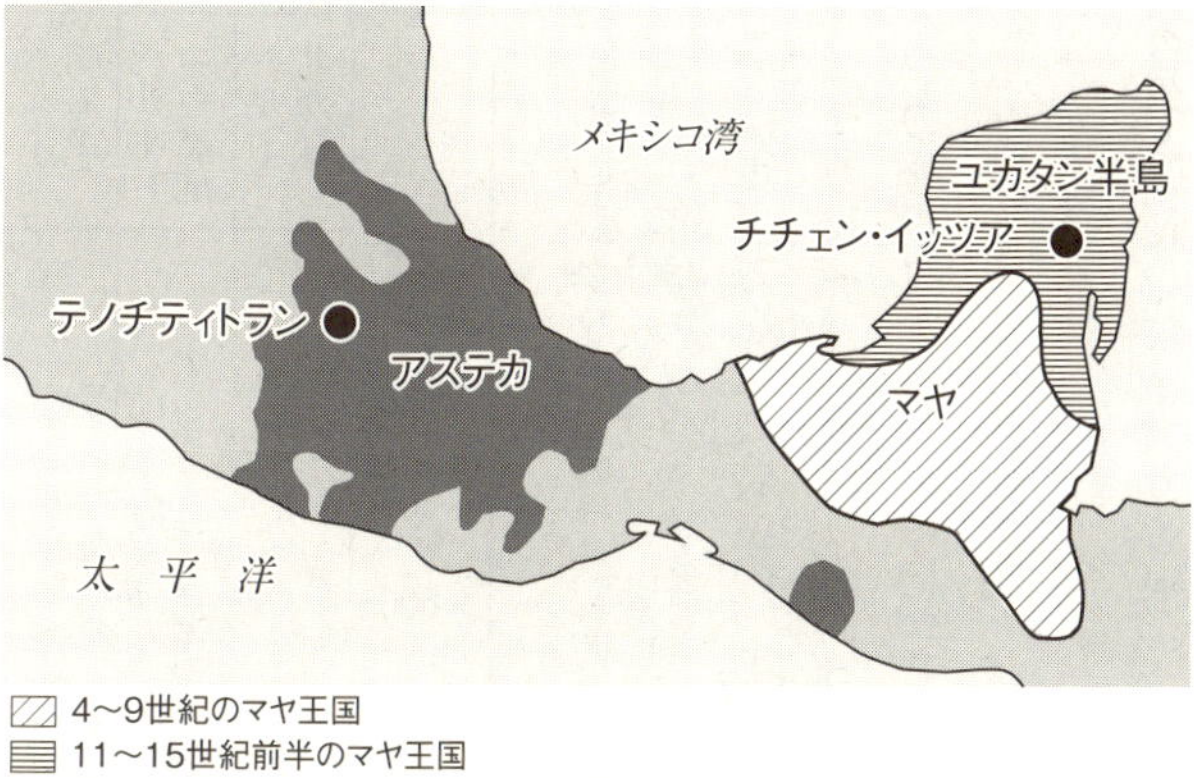

『ビジュアルワイド図説世界史』(東京書籍) を参考に作成

チチェン・イッツァのククルカンの神殿（メキシコ）

図74　アンデスの年表

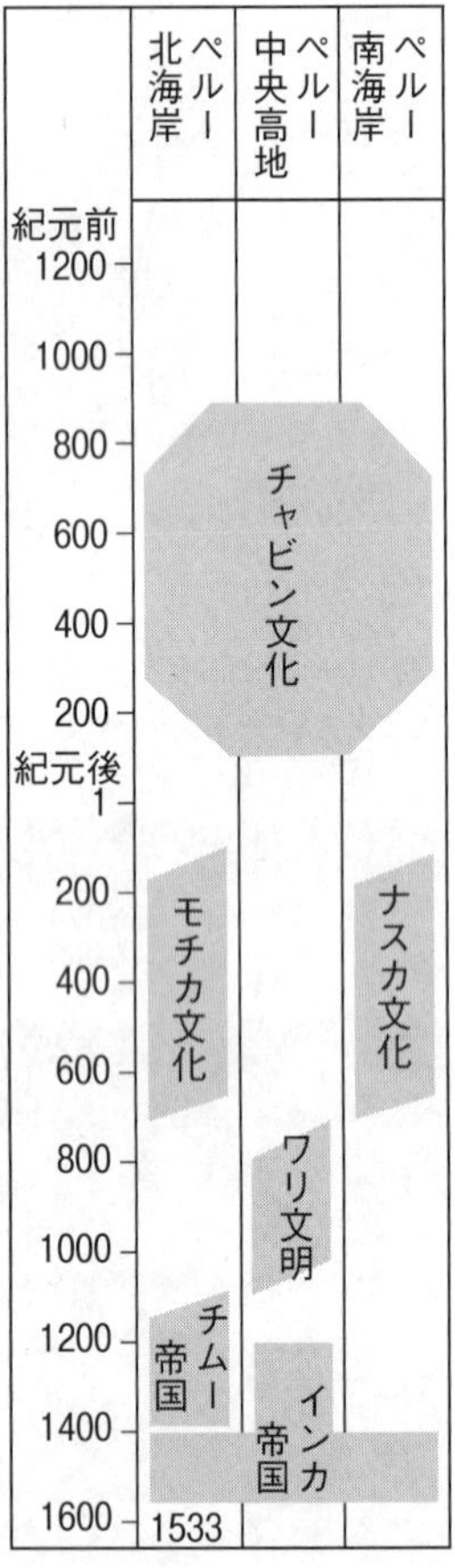

けた平地の豊かなところで、高度な科学が生み出されたのだ。

一三〇〇年頃のメキシコ中部に、マヤ文明を継承するアステカ王国が現われた。そこでは軍事力を持つ君主の、太陽信仰にもとづく神権政治が行なわれていた。アステカは「メソアメリカの強国」と呼ぶべき地位にあったが、一五二一年にスペインの将軍コルテスに滅ぼされた。メソアメリカの諸文明は、太陽と雨の恵みを受ける熱帯に栄えた農耕文明と呼ぶべきものであった。

交易で成長したインカ帝国

図75　アンデスの交易

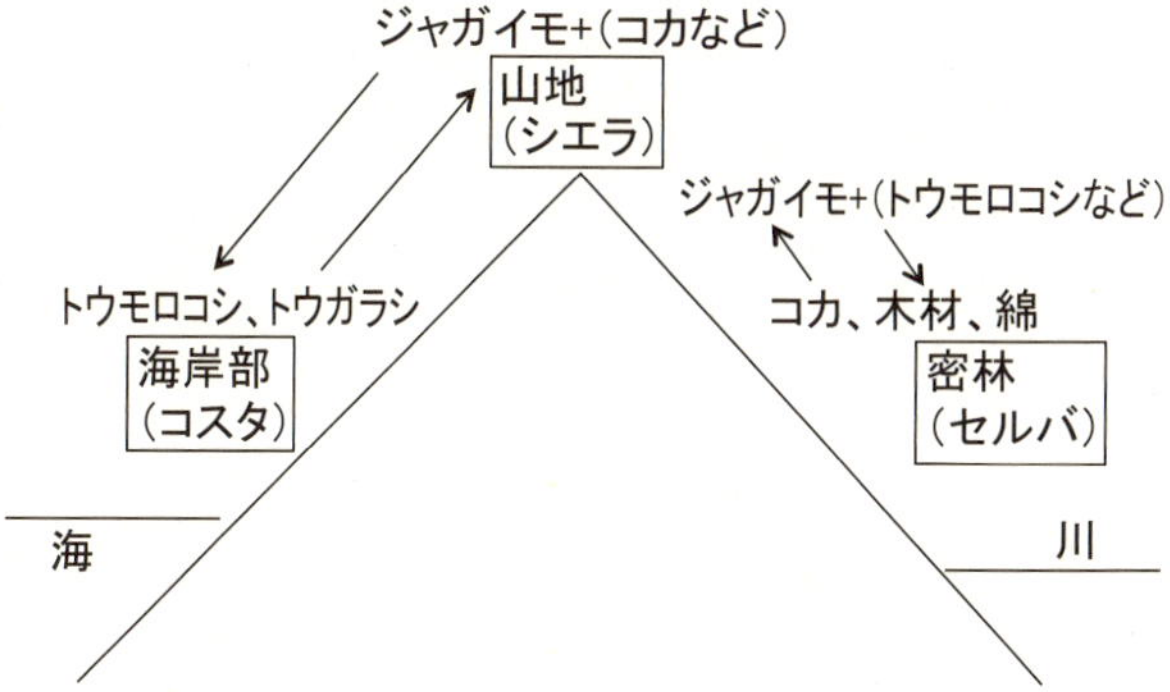

南米のアンデスではチャビン文化、ナスカ文化、モチカ文化、ワリ文明が次々に起こった(図74参照)。そしてワリ文明が滅んだあとのペルー中央高地に、インカ帝国という強大な政権が誕生した。

このインカ帝国は、交易を通じて多くの集団を従える、ユーラシア大陸にみられない独自の支配によって成長したものであった。インカ帝国を知るには、アンデス特有の地形、気候を理解する必要がある。

アメリカ先住民はアンデスの地をコスタ、シエラ、セルバの三つの地域に分けて考えていた。

コスタとは、ほとんどが砂や石で覆われた太平洋側の海岸部である。そして標高五〇〇

○メートル台の峰が幾つもあるアンデス山脈の山地が、シエラである。さらにシエラの東にアマゾン川上流域の密林、セルバがある。

コスタ、シエラ、セルバの産物は、いずれもアンデスの住民の生活に欠かせないものであった。地理上の区分では、コスタが砂漠、シエラがツンドラ、セルバが熱帯雨林になる。インカ時代のアンデスにわずかにみられる温帯夏雨気候のところは、コスタ、セルバ、シエラのいずれかの一部とされていたのである。

トウモロコシやトウガラシは海岸部で、山地ではジャガイモが育てられ、コカ、木材、綿などは密林で得られた。そのため徒歩十五日ほどの海岸と山地の交易や、徒歩十日程度の山地と密林の交易がしきりになされてきた。

この交易のあり方（245ページの図75参照）をみると、インカ族などの山地の住民が自然な形で交易の主導権を持つようになったことが了解できる。

インカ帝国はアンデスのこのような生活のうえにたって、互酬制を用いた支配をつくり上げた。互酬制とは、「何かをしてもらったときには、必ず何かの形でそれと同等のお返しをしなければならない」と古くから行なわれたアンデス独特の道徳である。互酬制のおかげで、海辺の集団のトウガラシと山地の集団のジャガイモなどとの交易の場で、よい信頼関係がつくられることになったのである。

インカ帝国の指導者たちは軍隊をお供にして各地の集団を訪れ、かれらに土器、織物、コカなどの貴重な商品を与えた。そしてそのお返しとして、インカの都に各地の特産品が集められたのである。

図76　インカ帝国の発展

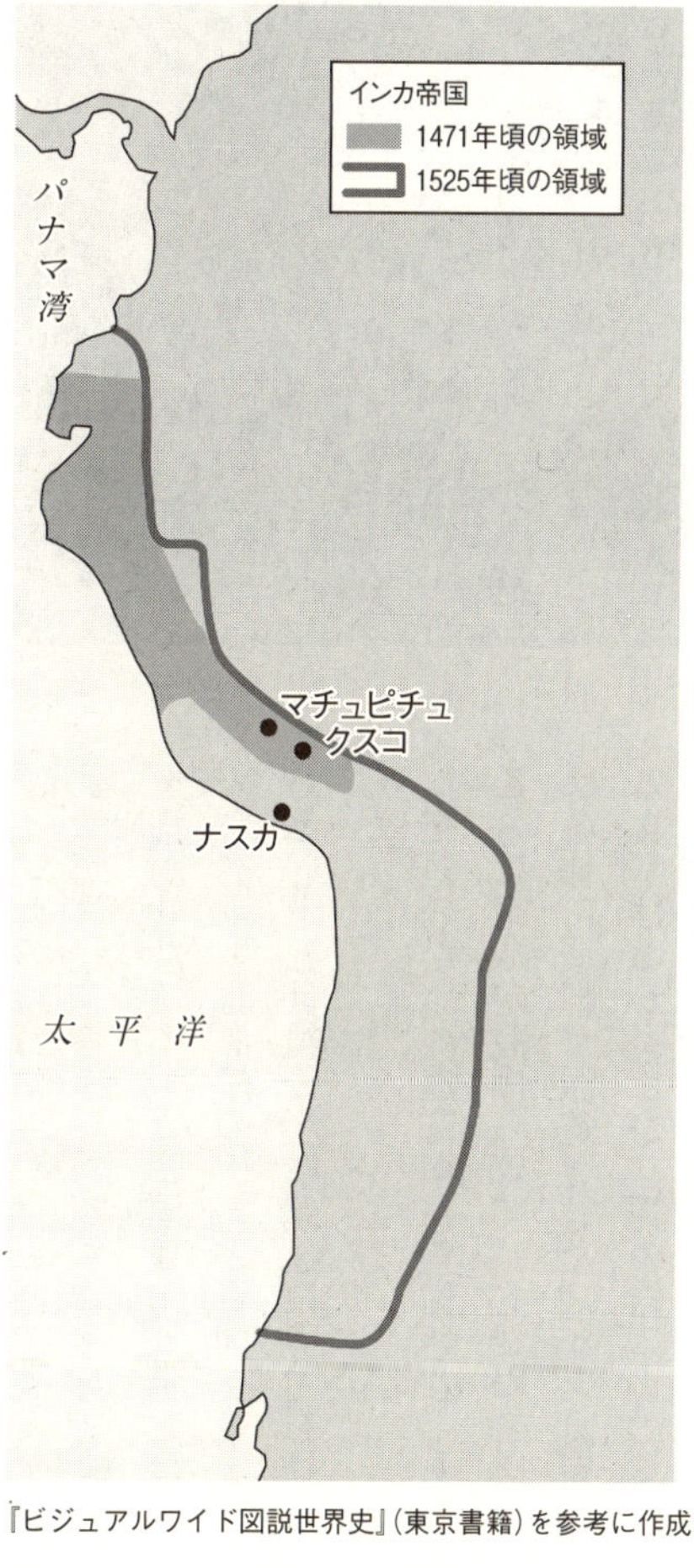

『ビジュアルワイド図説世界史』（東京書籍）を参考に作成

サクサイワマン遺跡（クスコ）

インカの皇帝は「私は太陽の化身である」と唱え、本拠のクスコに巨大な神殿を築かせた。インカ帝国は十五世紀はじめにペルー北海岸のチムー帝国を従えたあと、十五世紀後半に急速に勢力を拡大した。

交易のための道路網が整備され、あちこちに宿駅が設けられて、必要なときには各地に飛脚が派遣された。インカ帝国に文字はなかったが、縄の結び方の違いで数量を表わすキープという縄文字が用いられた。

インカには皇帝を護衛する兵隊はいたが、アンデスの地は自立した集団が信頼し合って交易を行なう平和な世界だった。スペインの征服者は、この原始的な武器しか持たないインカの地の富に目を付けた。

一五三三年にスペインの将軍ピサロが、短期間でインカ全域を征服してしまったのである。アンデスの住民は、銃と鉄製の剣や甲冑《かっちゅう》を持ったスペイン軍の敵ではなかった。スペイン人はアンデスにない馬や犬も、軍事用に使いこなしていた。ヨーロッパ人は南北アメリカの各地でアメリカ先住民の文明を破壊し、そこにヨーロッパ風の都市をつくった。

次章では、イギリス人が北米に建国したアメリカ合衆国（アメリカ）の発展について考えていこう。

第二章

アメリカ西部が十九世紀に意欲的に開拓されたのはなぜか

ヨーロッパからの自立を求めた北アメリカの人びと

アメリカ合衆国は、二十世紀後半に西ヨーロッパの強国に代わって世界の指導的地位についた。アメリカ合衆国は北アメリカ東部でイギリスから自立したのち、じわじわとその領域を西方に広げて大国へと成長した国である。

南米がスペインとポルトガルの主導のもとに植民地として開発されていったのに対して、北米では自由の気風が強かった。

強い指導力を持った国王の主導のもとでスペイン、ポルトガルの南米支配が進む中で、イギリスとフランスは北方の未開発の地に進出して植民地を広げていった。しかも北米にはかつて、スウェーデン、スペイン、メキシコやロシアの領地もあった。

現在の北アメリカは、広大な国土を持つアメリカ合衆国（以下「アメリカ」の略称を用いる）とカナダの二国に分割された形になっている。カナダとアメリカ合衆国とカナダの二国に分割されている。カナダとアメリカは、イギリスの流れをひく国である。フランスはイギリスとの競争に敗れたのちに、カナダやアメリカのルイジアナを失った。スペイン領、メキシコ領、ロシア領であったところも、のちにアメリカに併合された。

図77　北アメリカの植民地化（17世紀後半）

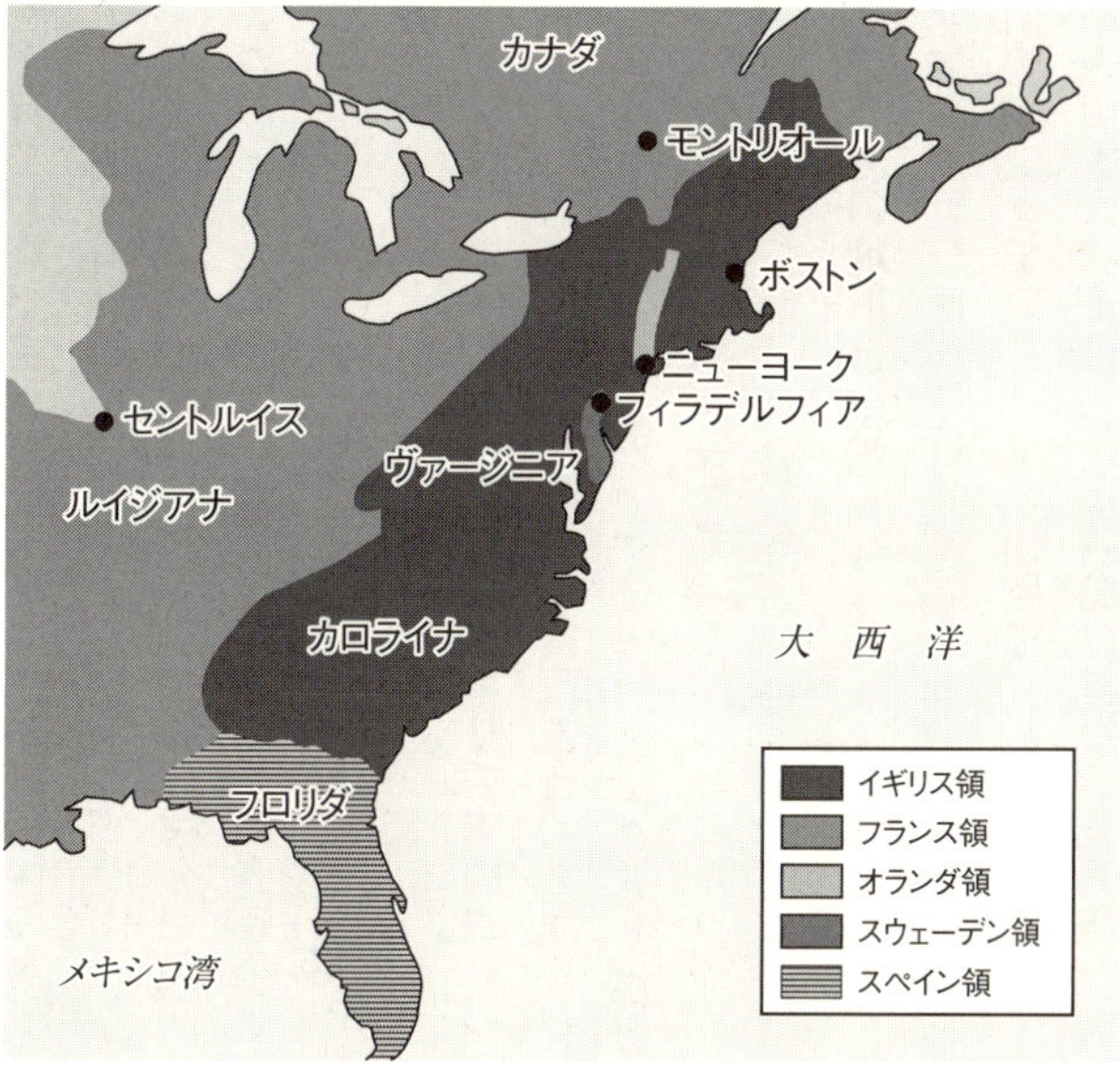

『増補版 標準世界史地図』（吉川弘文館）を参考に作成

イギリスやフランスの植民地の住民の多くは、本国での宗教弾圧や貧困から逃れてきた人びとであった。北米には入植者やアメリカ先住民の数が少なく、余計な紛争の心配が少なかった。そのために大部分の移住者は、北米に新たな生活の場を得ようとして家族連れでやってきた。

アフリカ、アジア、南米などのヨーロッパの植民地の多くでは、原地人を母国の経済圏に組み込む形での支配が行なわれてきた。植民地の住民に母国の高価な商品を売り付けて、その対価として食料や綿花などの工業の原料を得ていたのだ。これに対して北アメリカでは、イギリスの政治介入に対する住民の反発が強かった。

この母国と入植者の対立からアメリカ独立戦争が起こり、アメリカの一三の植民地（州）は一七七六年にイギリスから自立して州の連合体という新たな形の国となった。

カナダは、アメリカ独立後もイギリス本国寄りの立場をとっていた。しかし一八四〇年にカナダはイギリスから内政の自治を認められ、一八六七年にはカナダ自治領となった。このあとカナダは隣国アメリカと親密な立場をとる北米の国として、独自の道を歩むことになっていく。

アメリカの地形と気候

北アメリカの西海岸近くに、北米大陸の北端近くから南端まで続く広大なロッキー山脈が走っている。この山脈は、長期にわたって交通の障害になっていた。さらにその山脈は、その東側と西側に異なる気候をつくり出した。

上空から見たロッキー山脈（コロラド）

ロッキー山脈の東方の大部分は、標高二〇〇メートルから一〇〇〇メートルの、高地もしくは丘陵、台地である。この地域では、地形に適合した大掛かりな畑作や牧畜が行なわれた。
北アメリカの平野部は、南部のメキシコ湾沿いに集中している。この広大な平野は、大規模な綿花の栽培で栄えた。
北アメリカには、寒帯から熱帯までの気候がみられる。アラスカやカナダ北部には、寒帯のツンドラ気候の地があり、南部のフロリダ半島の南端部は熱帯のサバナ気候になっている。
カナダとアメリカ北部の一部分は、一年中、適度な雨や雪が降る北海道と同じ

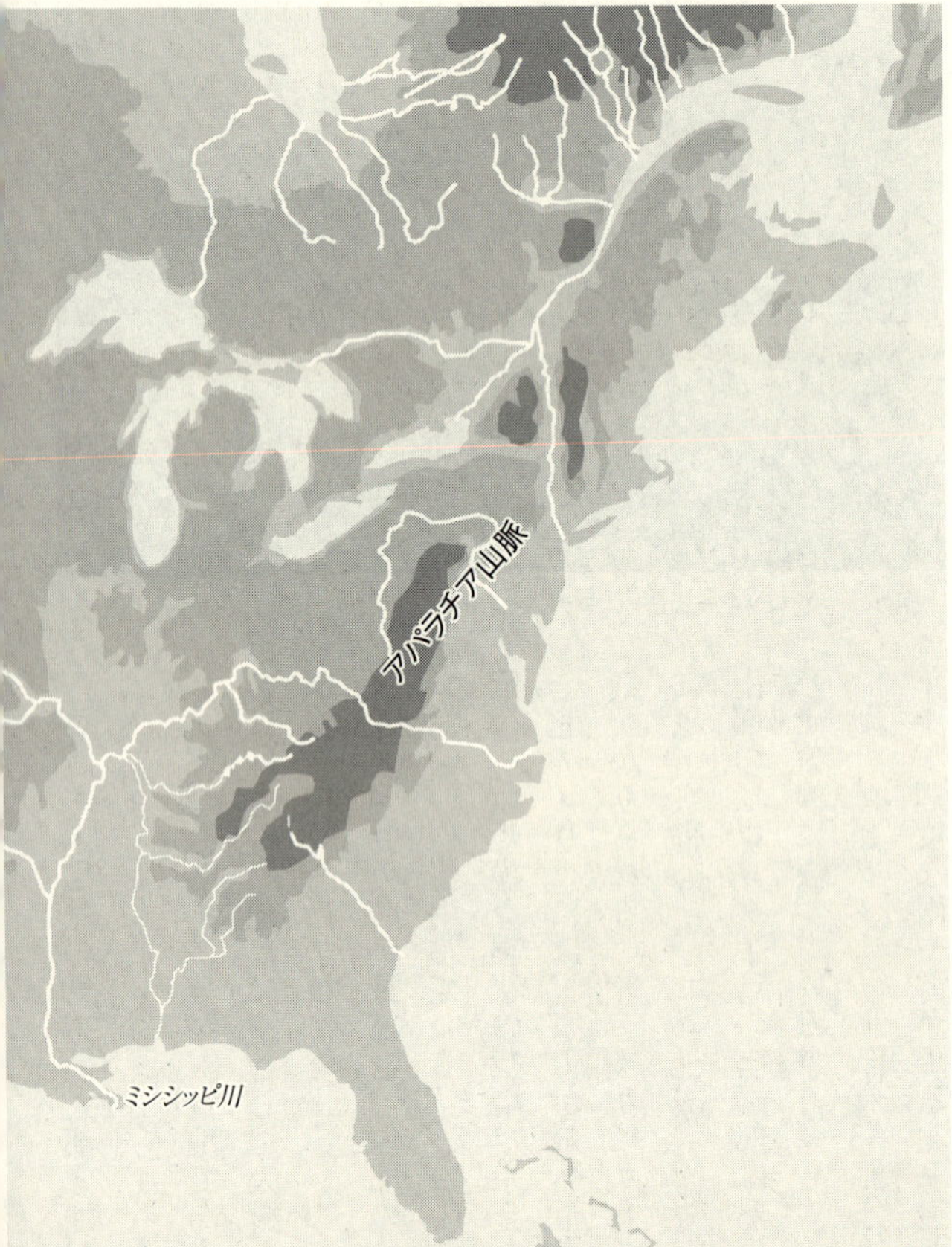
アパラチア山脈
ミシシッピ川

図78　アメリカの地形

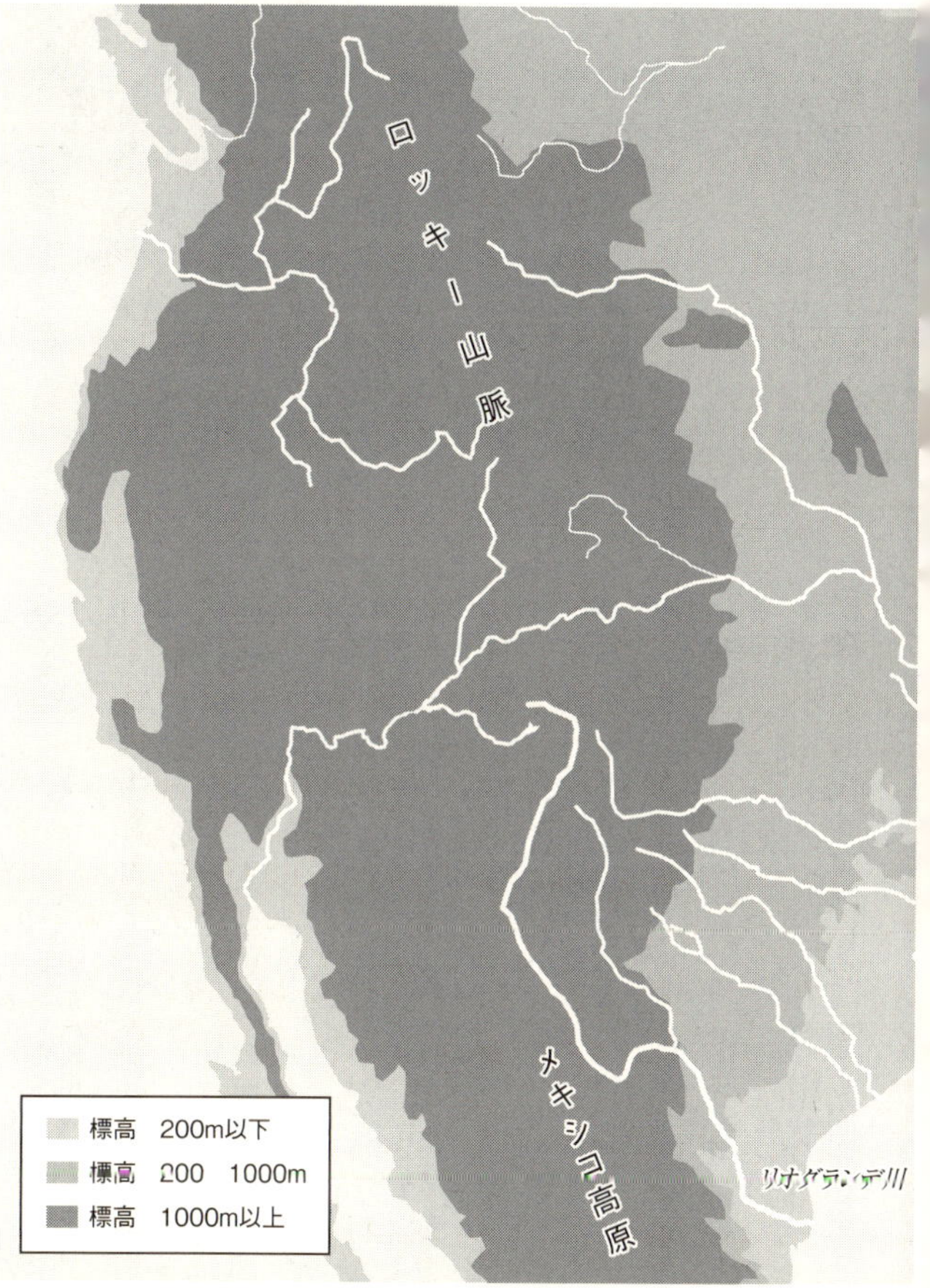

図79　北アメリカの気候

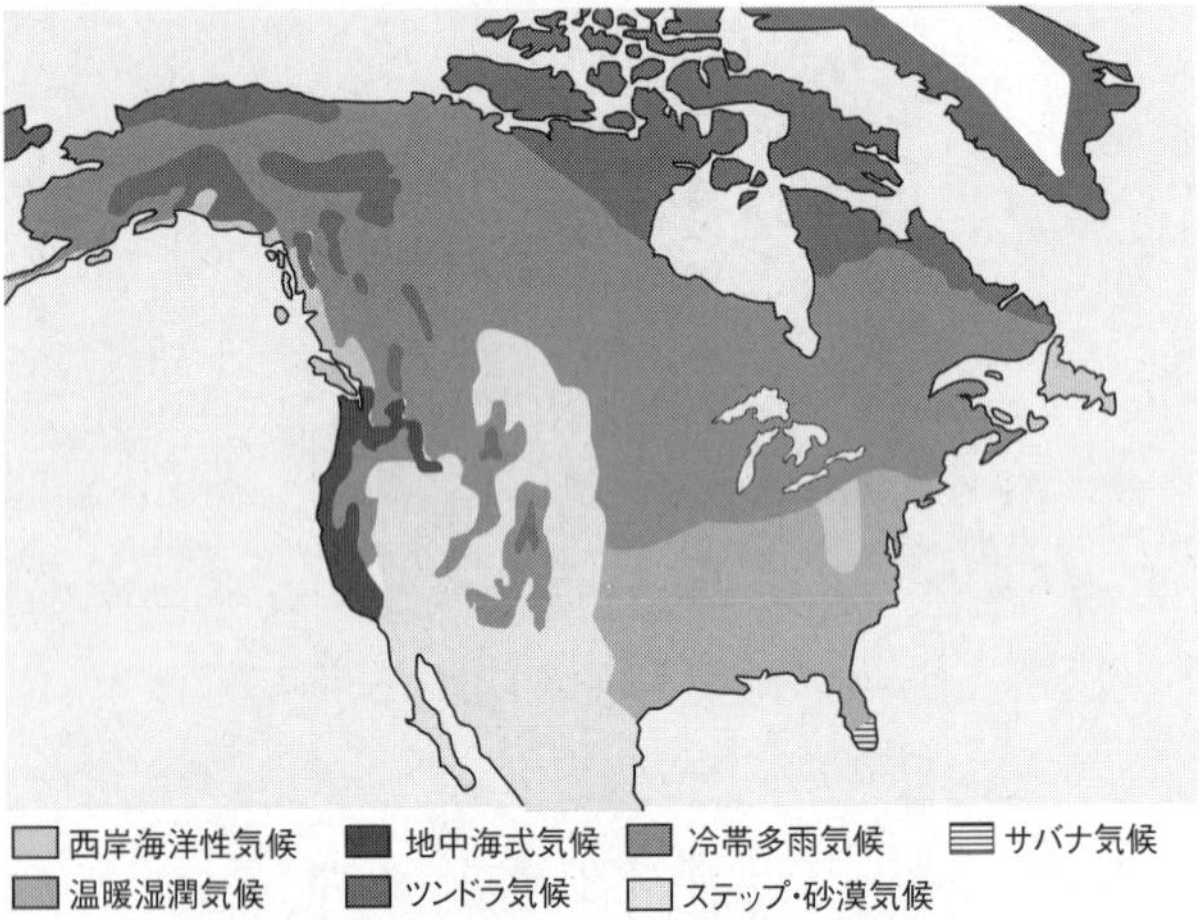

冷帯多雨気候である。そして北アメリカ大陸南部の東側は雨が多く、その大部分が温暖湿潤気候の地になる。

ただしアメリカ東海岸の北部は、カナダから来る冷たい北風の影響で寒い。ニューヨークの年間平均気温は、約六度で東京よりもかなり低い。

温暖湿潤気候地域の西端であるテキサス州西部あたりから西方の大部分が、ステップと砂漠の乾燥地である。大西洋からの東風が運ぶ湿気がそこまで届かず、太平洋方面からくる湿った風はロッキー山脈にさえぎられるためである。そのためロッキー山脈の西側の海岸に近い地域だけが、ある程度の雨の恵みを受けられる冬雨型の地中海式気候となっている。

アメリカの西海岸の大都市サンフランシスコとロサンゼルスは地中海式気候の範囲にあるが、その南方のサンディエゴは乾燥地のステップ気候になる。

独立時の一三州から成るアメリカは、温暖で雨が多く農耕に適した地につくられた。その国が発展して領土を拡大していく中で、乾燥地がアメリカに組み込まれていったのである。

アメリカが重んじた「辺境の精神」

アメリカ人の多くは、日本語で「辺境」と訳される「フロンティア」という英語に特別の愛着を感じる。アメリカ人はアメリカでつくられたよい資質として、民主主義、独立の精神、自発的な他人との協力関係、ユーモアを好む楽天的な生き方などをあげる。「辺境の精神（フロンティアスピリット）」は、それらの長所を合わせたものをさす言葉とされてきた。

開拓地では誰もが平等に扱われて、能力ある者が出自に関係なく尊敬されて指導者に推《お》される。人びとは未開の土地でさまざまな苦労に出会う。しかしアメリカの開拓者たちは楽天的でたくましく、みんなで力を合わせて問題を解決して豊かな国を築き上げた。いまでも、そのような開拓者の生き方に憧れる者がアメリカに多くいる。

アメリカでは「西部」という言葉が、長期にわたって「辺境」と同じ意味に用いられていた。

独立戦争に勝ったアメリカは一七八三年のパリ条約によって、イギリスからミシシッピー川以東の地を獲得した（262・263ページの図80参照）。その時点で現在のケンタッキー州、テネシー州などの一三州以外のミシシッピー以東の土地は、開発が不十分な「西部」つまり辺境とされた。アメリカが西方に拡大したのちに、そのあたりは「中西部」と呼ばれるようになった。

アメリカ政府の国勢調査局は、「一平方マイル（約二・五六平方キロメートル）について人口六名以下の土地を辺境」と定義していた。しかしミシシッピー川以東の開発が進むと、その地域（中西部）に辺境はみられなくなった。つまり時代が降るにつれて、アメリカの「西部」は西へ西へと移っていったのであった。

アメリカの辺境開発の先頭をきったのが、ハンター（猟師）たちである。かれらの生活には危険も多かったが、ヨーロッパ人が毛皮を珍重したので、収入は良かった。

アライグマの毛皮でつくった帽子をかぶった姿で知られる開拓者の英雄デヴィ・クロケットは、中西部のテネシー州出身のこのようなハンターであった。

西方に移動していった辺境

ハンターの活躍によって辺境の情勢がわかってくると、農民が辺境に移住して農地を開拓するようになった。十九世紀前半までは西部への移住者の大部分がハンターや農民であったが、十九世紀後半になるとかれらの他に放牧を行なう畜産業者やその下で働く牧童（カウボーイ）たちや、鉱山業者（金銀を求める山師）もそれに加わった。

開拓地の農民は、すべて自分の土地を買ったうえで入植した自作農で、白人の農民の間には出自や貧富の違いによる差別はみられなかった。

農場が広まった地にいたハンターたちは、よりよい猟場を求めて西方に移動して

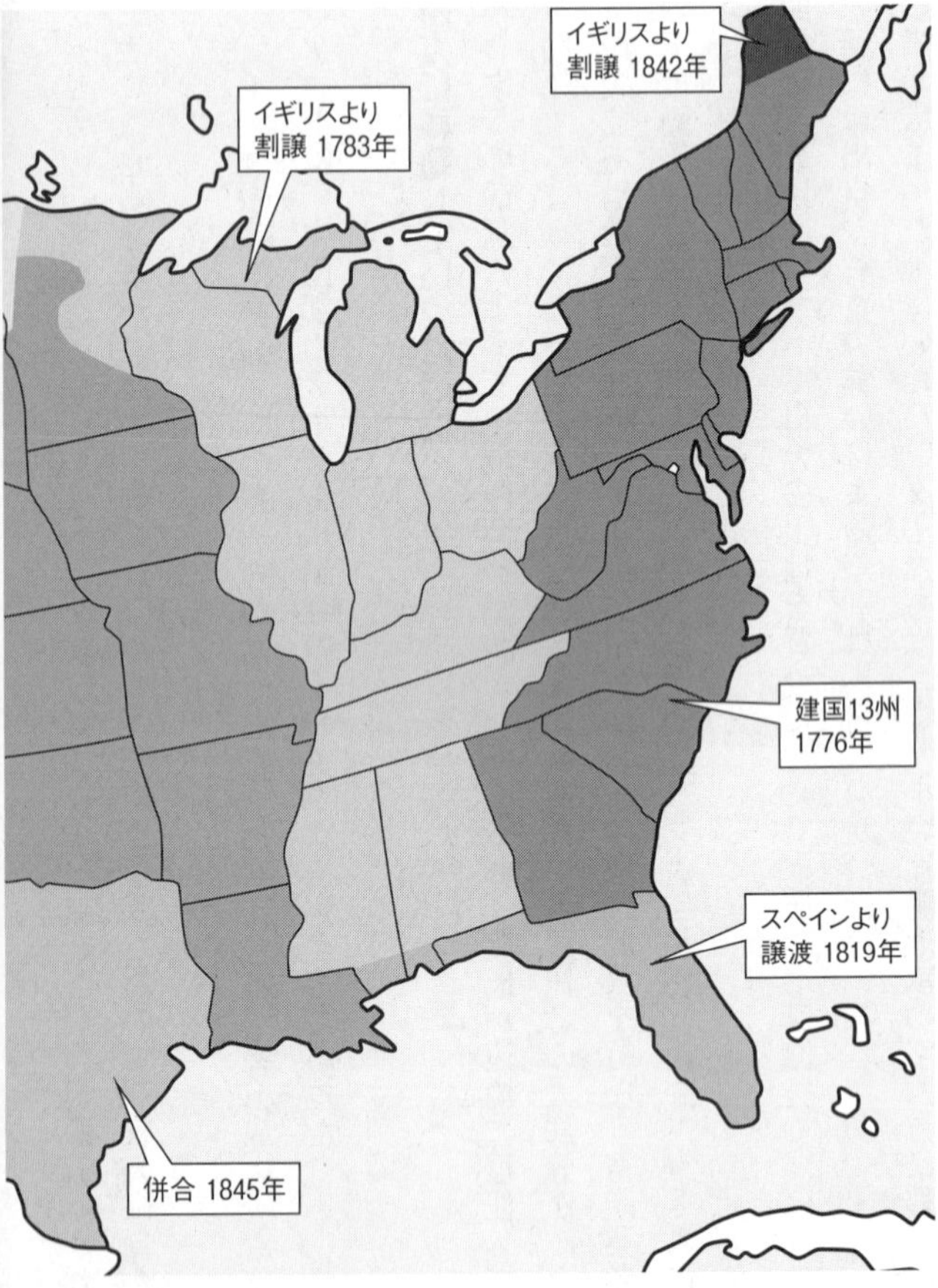

出典：『標準高等地図』（帝国書院）

図80　アメリカの拡大

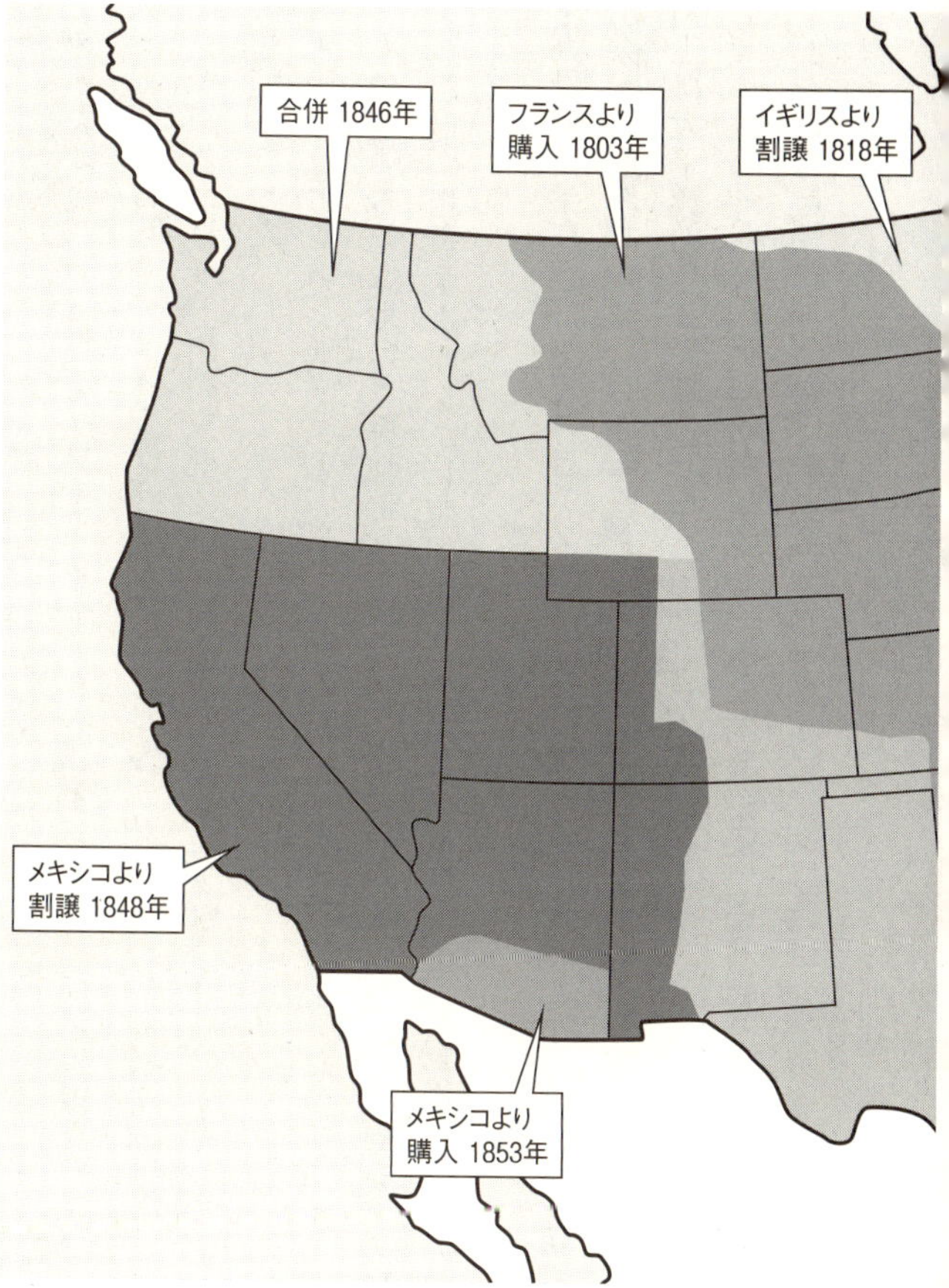

合併 1846年
フランスより
購入 1803年
イギリスより
割譲 1818年
メキシコより
割譲 1848年
メキシコより
購入 1853年

いった。

アメリカは一八〇三年に、フランス皇帝ナポレオンからフランス領ルイジアナを購入した。東は現在のルイジアナ州、アーカンソー州など、西はモンタナ州、ワイオミング州とコロラド州の東部にいたる広大な地域（図80参照）が、新たなアメリカの辺境になった。

アメリカの領地は、ロッキー山脈の手前の乾燥地にまで広がったのであった。アメリカの西側の乾燥地の草原地帯（ステップ）が、おおむね西部劇映画などの舞台になった地に相当する。しかし西部劇の物語の多くは、十九世紀後半のものである。

十九世紀前半に、かつてフランスが「ルイジアナ植民地」と呼んでいた地域の開発が徐々に進んでいった。さらにルイジアナ購入のわずか四十五年後に、アメリカの領土は太平洋沿岸まで拡大した。

アメリカは一八一八年にイギリスと「米加国境協定」を締結して、ノースダコタ州北部などを自領に加えた。ついで一八一九年にアメリカは、スペインからフロリダを購入した。

一八二三年に、メキシコ政府によってテキサスへのアメリカ人移民受け入れの政策が始められた。しかしこのあとテキサスにおけるアメリカ人の人口が急速に増加していき、テキサスのアメリカ系住民の手で一八三六年にテキサス共和国の独立が宣言された。前（261ページ）にあげたデヴィ・クロケットは、このテキサス独立をめぐる紛争のときにアラモの砦《とりで》でメキシコ軍と戦い、敗れて処刑された。

その後、テキサス共和国はアメリカ政府に接近し、一八四五年にアメリカに併合された。

メキシコがこれに抗議したためアメリカ・メキシコ戦争（一八四六―四八）が起こったが、その争いに勝利したアメリカはカリフォルニア等を得た。

これとは別にアメリカは、一八二〇年代頃から辺境の地であった太平洋沿岸でカリフォルニアの北方にあたるオレゴン方面の開拓を進めていった。そして一八四六年には、オレゴン等を併合した。

さらにアメリカは一八五三年にメキシコからアリゾナ南部を購入して、アラスカ、ハワイを除いた、アメリカの国土の形を確立させた。この年は、ペリーの日本来航が実現した年でもあった。そしてその翌年（一八五四）ペリーのはたらきで日米和親条約が調印され、アメリカは太平洋西部方面に雄飛する手掛かりを得た。

ゴールドラッシュによる西部の発展

西部と呼ばれた地はハンターや農民の手によって、徐々に開発されていった。この動きにともなって政府が「辺境」と呼んだ範囲は、次第に縮小していった。

西部の開拓は、十九世紀後半に急速に進んだ。日本の幕末から明治初年にいたる時期のことである。

アメリカ西部が急速に発展するきっかけとなったのが、カリフォルニアで起こった「ゴールドラッシュ」と呼ばれる熱狂であった。一八四八年にカリフォルニアのコロマという村落の水路で大量の砂金が発見されたのだ。これをきっかけに多くの人が、金を求めてカリフォルニアにやって来た。一八四八年のうちに、約一千万ドルの黄金が発見された。カリフォルニアの人口は、一八四九年に二万人から一二万人、つまりもとの六倍に急増したといわれる。

それでも一八六〇年頃までは、かつてフランスのルイジアナ植民地であった地の西半分以西の大部分が、「辺境」とされる人口のまばらな地（260ページ参照）であった。

まだネブラスカ、カンザス、テキサスの三州の西半分より先は、未開の地とみられていたのである。前（258ページ）に記したように、そこの大部分が乾燥地であった。この時点で「辺境」と呼ばれたところの面積は、当時のアメリカ国土（アラスカ、ハワイを除く）の約四割にも達していた。

カリフォルニアのゴールドラッシュは下火になったが、その頃からアメリカ西部の乾燥地に目を付ける者が増えてきた。鉱山業者はこう考えた。

「カリフォルニアで金を得るのは難しくなったが、広大な西部のどこかに未知の金山、銀が眠っているに違いない」

このあともかれらの活躍によってロッキー山脈周辺でいくつか金銀の鉱山が発見された。

西部の安い土地に関心を持つ牧畜業者もいた。

「西部の草原は麦畑にはむかないが、そこの草で牛を育てることはできる」

こう考えたかれらは広い平原を囲い込んで、そこに牛たちを放牧した。

無法者の時代から辺境の消滅へ

アメリカでは南北戦争（一八六一—六五）という内戦があったが、その間にも西部の開拓は進められた。一八七〇年には西部の人口は、一八六〇年の約一・六倍に増加していた。

内戦が終わると、東部の大資本の目が西部に向けられ、西部への投資が盛行した。

大陸横断鉄道は、一八六〇年代はじめに建設が始まり一八六九年に完成した。その動きの中で一八六〇年代後半頃から、「ロングドライブ」と呼ばれた牛の取り引きで大儲けする牧畜業者が多く出た。かれらはあちこちで放牧して二〇〇〇頭から五〇〇〇頭ほどの牛を育て、牛たちを大陸横断鉄道の駅まで連れていき貨物列車に乗せて東部に送って高く売ったのだ。しかしロングドライブは、一八八〇年代後半には姿を消していった。

人口が急増したために、西部の秩序が混乱した時期もあった。鉱山開発や牛の売買で金を摑んだ者が、あちこちにいた時代のことである。

鉱山や鉄道の駅、放牧地の中心にできた西部の町で、他人が働いて得た金を狙うさまざまな人間が活躍するようになったのである。ならず者の社交場としてつくられた酒場や賭博場、風俗店を経営する者や、怪しげな金融業者。さらには銀行強盗や列車強盗と、高い給料をとって命がけでかれらを取り締まる保安官まで現われた。「賞金稼ぎ」という冗談のような稼業の人間もいた。いずれも拳銃の技に長じた気の荒い人びとであった。

ワイルド・ビル、ジェス・ジェームズ、ワイアット・アープ、バット・マスターソンなどは、この時代を代表する暴れ者であった。このような人びとは、のちに西部劇映画などの題材となって広く知られるようになった。かれらが活躍したのは、一八六〇年代なかば頃から一八八〇年代はじめ頃までである。一八八一年に無法者ビリー・ザ・キッドが保安官に射殺されたあたりから、犯罪者は急速に減少していった。

そして一八八〇年代後半になると、西部の治安はようやく落ち着き始めた。その頃には「辺境」と呼ばれたアメリカの過疎地も、きわめて少なくなっていた。そのため一八九〇年のアメリカの国勢調査が、「辺境」の消滅を発表することになった。日清戦争の四年前のことである。

アメリカのめざましい発展

スペインやポルトガルの開拓者の流れをひく富豪の支配が長く続いたために、南米の近代化は遅れた。これに対してアメリカでは、産業が十九世紀なかばからめざましい発展をとげて、世界の強国の一つになっていったのである。

ペリー来航（一八五三年）の頃にアメリカの経済力や技術力は、イギリス、フランス、ドイツといった植民地支配を進める西ヨーロッパの強国に追い付きつつあった。

さらにアメリカは電気、内燃機関（エンジン）などの新たな技術が広まる二十世紀はじめに、電灯、飛行機、自動車などの分野で世界の技術開発の主導権を握るようになっていった。

第一次世界大戦（一九一四―一八）のあとのアメリカはイギリスと並ぶ世界最強の国にのし上がった。さらに第二次世界大戦（一九三九―四五）のあとイギリスが後退したのち、アメリカは世界一の経済大国となり、現在までその地位を保つことになった。

図81　イギリス系アメリカ人の多い州

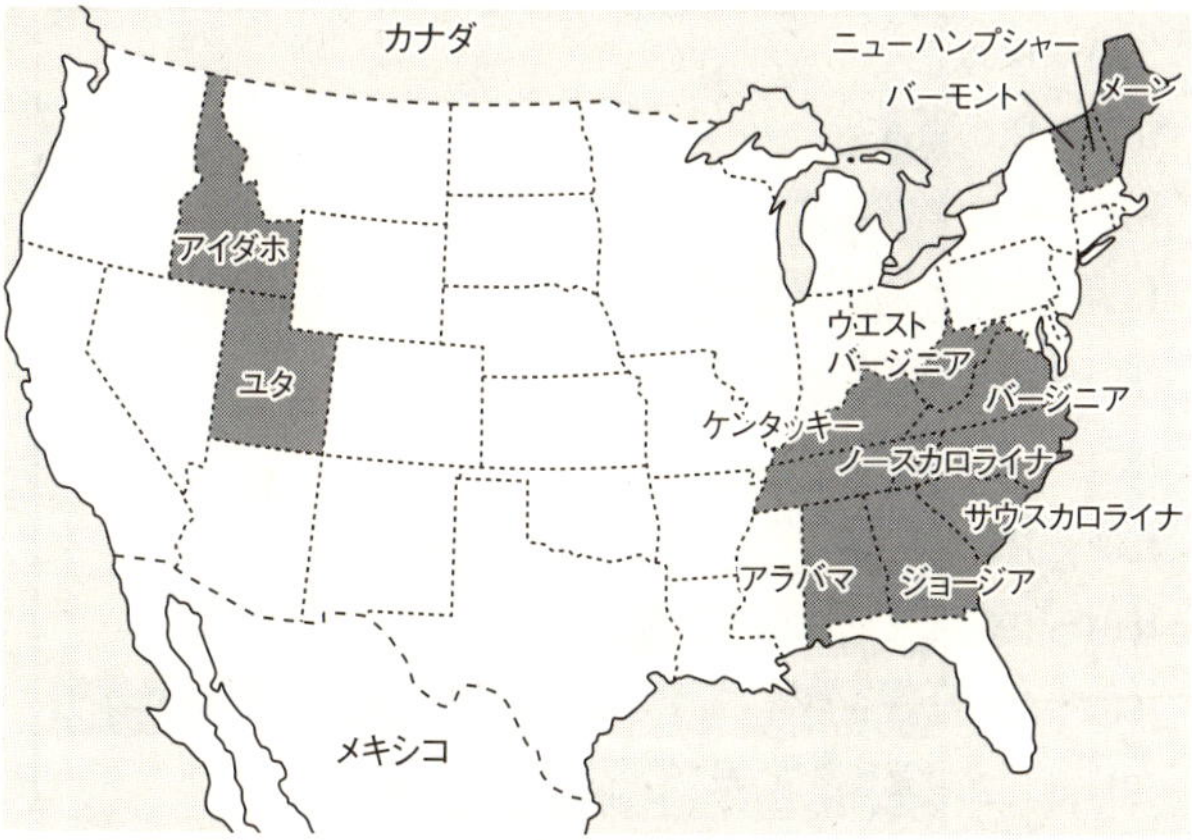

浅井信雄『民族世界地図』（新潮社）を参考に作成

西ヨーロッパの時代は終わり、二十世紀後半以後はアメリカの時代になったと評価してよいであろう。

このアメリカの躍進は、自由主義を重んじる「開拓の精神」とアメリカの豊かな国土によってもたらされたと考えられる。

西ヨーロッパは古い身分秩序が長期にわたって受け継がれた、閉鎖的な世界であった。これに対してアメリカには、能力のある者を評価して引き立てていこうとする「開拓の精神」がある。「本来のアメリカ人」と呼ぶべきイギリス系の人間の分布を表わした、興味深い地図（図81）を示そう。これはイ

図82　アメリカへの移民の人数の変遷

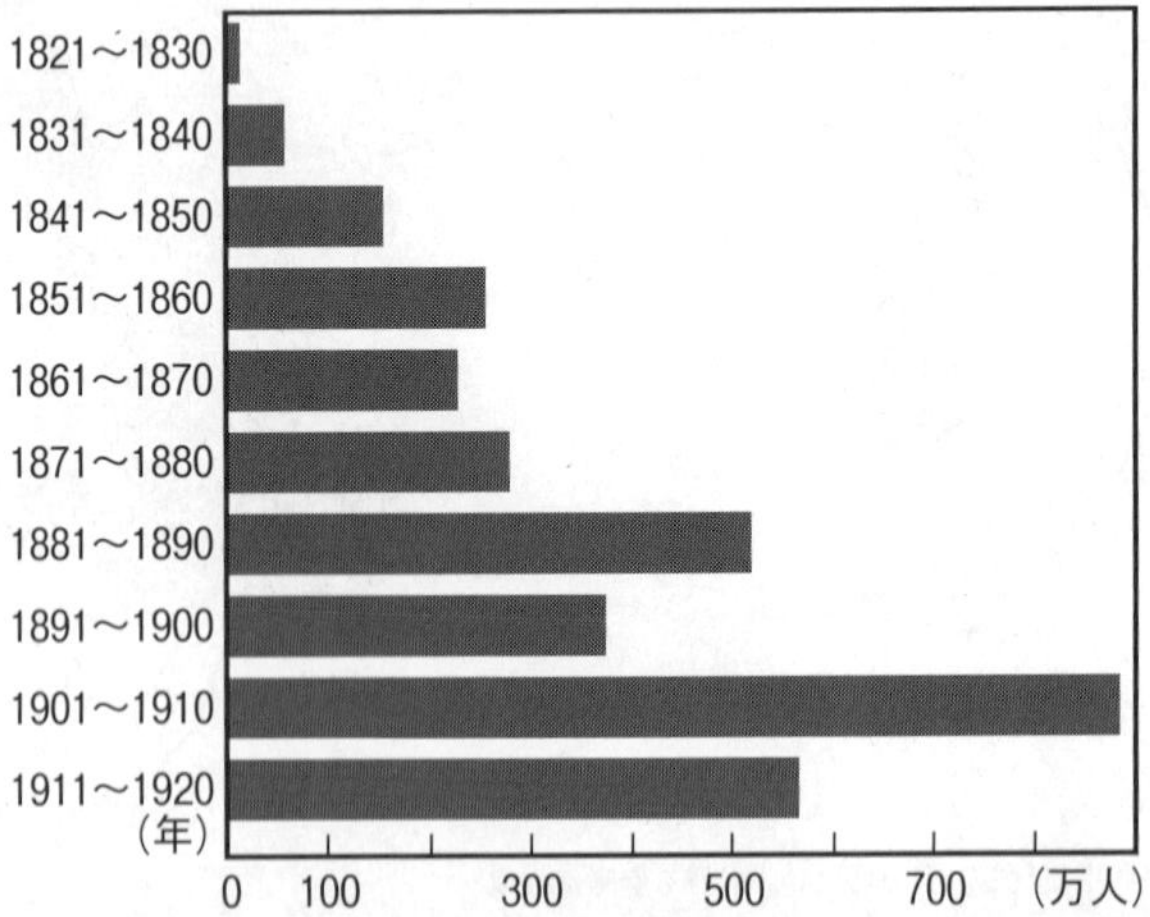

『ビジュアルワイド図説世界史』（東京書籍）を参考に作成

ギリス系アメリカ人がアメリカ独立時の一三州に多く、かつて西部と呼ばれた地に少ないことを物語っている。

「辺境」といわれた西部は、主にイギリス以外の地からの移住者によって開かれたのだ。「辺境の精神」もイギリスの倫理でなく、多種な人間の間の共通の思いからでき上がったものであった。

　アメリカへの移民の数を示しておこう（図82参照）。これによって十九世紀なかばから、年平均で三〇〇万人前後もしくはそれ以上の移民が集まってきていることがわかる。特に二十世紀はじめのアメリカには年間九〇〇万人ほどの移民が訪れていることが目立つ。

イギリス系の他に、ドイツ系、イタリア系、東欧系さらに日系人、華僑《かきょう》などのアジア人や黒人。多様な人間が集まって、今日のアメリカの繁栄をつくり上げてきた。しかし現在、このアメリカ主導の時代にかげりが見え始めているともいわれる。

本書にこれまで記したような人間の歴史を知ったうえで、私たちは今後の時代を見つめていきたいものである。

終章

地形からみえてくる世界史の流れ

交通の障害が生んだ多様な文化

自然人類学者の説によれば、世界中の人間が、アフリカ南部の猿人（アウストラロピテクス）の流れをひくことになる。五〇〇万年もしくはそれ以上前に出現した猿人は、原人（ホモエレクトゥス）、旧人（ホモ・ネアンデルターレンシス）を経て、新人（ホモ・サピエンス、クロマニヨン人）に進化した。

現在の人間と同じ体型をした新人の登場は、いまから二十万年ほど前だと考えられている。新人は、旧人よりかなり大きな脳を持ち、やがて多様な文化を生み出すことになった。

この新人が、あちこちでさまざまな環境に適応する形の進化をして、白人、アジア人、黒人などのいくつかの人種に分かれたのちに、各地に散らばっていった。白人やアジア人の中国人系民族（新モンゴロイド）は、氷河期の寒冷地で誕生し、北から南に広がっていった集団であるといわれる。

世界規模でみれば、白人、アジア人、黒人が混在していた地域も少なくない。まず、地域ごとの人種の構成の違いが、多様な文化が生まれる大もとであった。

さらに古い時代には、海、山地、砂漠などが大きな交通の障害になっていた。そのため世界は、自然条件によってきわめて多くの地域に分かれていたのである。特にヨーロッパが「新大陸」と呼んだ南北アメリカは、大西洋と太平洋でユーラシア大陸と切り離されてきた。大航海時代にあたる十五世紀末から、ようやくヨーロッパと南北アメリカとの本格的な交流が始まったのである。

またユーラシア大陸中央のトルキスタン（中央アジア）にも、広大な乾燥地という交通の障害があった。中国の元代にあたる十三世紀末頃まで、トルキスタンではオアシスの道を通る隊商《たいしょう》による交易が細々と行なわれただけであった。

しかしその僅かな東西の交流が、世界の文化を大きく発展させてきた。

西の文化の誕生

本書で説明した、世界の文化の発展の歴史をおさらいしておこう。まずシルクロードのオアシスの道の西方の、ヨーロッパ、アラブ圏、インドに目を向けよう。

人類がつくった最も古い文明とされる世界四大文明の中の三つが、西の世界にある。エジプト文明、メソポタミア文明、インダス文明である。

エジプトとメソポタミアの大河の流域に開けた広大な農地には、有力な専制君主が現われた。そしてその君主の主導で、贅沢な文化が育っていった。エジプトの文化とメソポタミアの文化は、全く異質であった。

その二つの地域の古代文化は、のちにギリシア文化やイスラム文化に大きな影響を与えることとなった。

少し遅れて、エジプトとメソポタミアの中間とでも呼ぶべき地中海沿岸のシリアからパレスチナにかけての地域で、フェニキア人とユダヤ人の独自の文化もつくられた。

インドのインダス河流域では、古い時代にインダス文明が生み出された。しかしそれは千年足らずで衰退し、新たな移住者であるアーリア人によってバラモン教を中心としたインドの古典文化がつくられた。

ギリシア・ローマとイスラム帝国

紀元前六世紀末頃から、地中海の交易の主導権を握ったギリシアの都市国家（ポリス）群のめざましい成長がみられた。もう一方では、イラン高原の交易路を握るアケメネス朝ペルシアの勢力拡大が目立った。ギリシアでは君主の権力が弱く、自由な考えを持つ上流市民が政治、経済の主役となっていた。かれらによって、ギリシア独自の合理的思考をふまえた哲学が生み出された。特にその中の自然哲学は、近代科学につながる重要なものと評価できる。

アケメネス朝ペルシアでは、宮廷の贅沢で華やかな文化が目立った。このあとアレクサンダー大王がギリシア、ペルシア、エジプト等を征服して大帝国を築いた。これが、ギリシア文化がインドやトルキスタンに広まるきっかけとなった。現在のアフガニスタンにあったクシャーナ朝では、仏教にギリシア美術の要素を取り込んだガンダーラ仏が生み出された。

またアレクサンダー帝国が分裂したあとエジプトに立ったプトレマイオス朝では、エジプトの伝統文化とギリシア文化の融合が進んだ。プトレマイオス朝の都であったアレクサンドリアは、ローマ時代の文化の中心地の一つであった。

アレクサンドリアでは新プラトン主義やキリスト教にエジプトの要素を取り入れたコプト教とそれに付属した科学、技術が発展していった。

ローマ帝国によって地中海を中心とする世界が統一され、ローマ領間の多様な文化がローマに集められた。そして四世紀末になると、ローマ帝国のパレスチナで起こったキリスト教が重んじられるようになった。

「愛の宗教」とも呼ばれるキリスト教は、ユダヤ教をより平易で解放的にしたものと評価できる。このあとキリスト教はヨーロッパ各地に広まり、そこの封建領主の支配に欠かせないものになっていった。

七世紀はじめになって、アラビア半島でイスラム教が誕生した。このイスラム教は、ユダヤ教、キリスト教ともつながり、ローマ、エジプトをはじめとする多様な文化を取り込んだものであった。

イスラム教の広まりと共にイスラム帝国はめざましく拡大した。十世紀までは、アラブ圏は西の世界の先進地であった。

中国からみた東西交流

次に中国を中心とする東の世界をみていこう。中国の黄河流域で芽生えた黄河文明は、広大な農地を支配する有力な君主のもとでつくられたものであった。そのあと紀元前三世紀末に秦朝の中国統一がなされた。

中国ではこの時代から専制的な支配をする君主のもとで、宮廷の華やかな文化が発展していった。宮廷では、陰陽《いんよう》五《ご》行《ぎょう》説《せつ》にたつ東洋独自の科学、技術が重んじられた。

中国の君主は遠方の珍しい商品を好み、オアシスの道を用いて意欲的に西方と交易した。

そのため西方の仏教やペルシアの贅沢品が、オアシスの道で中国に伝えられた。中国人は世界各地の文化を上手に自国に取り込み、中国文化を発展させていった。それと共に、中国の絹が、オアシスの道を運ばれて西方の広い範囲に広がっていった。

十三、四世紀に中国の磁針と火薬がヨーロッパに伝えられた。これをもとに十四世紀のヨーロッパで、羅針盤と鉄砲という重要な発明がなされた。

羅針盤によって遠距離の交易が可能になり、大量の鉄砲はきわめて有効な武器で戦争のありかたを一変させるものであった。中国との交流が、大航海時代におけるヨーロッパ人の世界規模の征服活動を可能にしたのである。

ルネサンスと近代科学の誕生

五世紀末に西ローマ帝国がゲルマン人に滅ぼされたあとの西ヨーロッパは、諸勢力の抗争が続く混乱期となった。十一世紀になってようやく西ヨーロッパの政情が落ち着き、森林を開いた農地開発が進められるようになった。

カトリック教団は、この時期になってはじめて、アラブ世界を介してアリストテレスの哲学を学び、合理的発想を身に付け始めた。

このあと十四世紀から十六世紀にかけてのヨーロッパで、ルネサンスと呼ばれる文化の革新がなされた。それはそのまま近代科学に拠る現在の西洋の世界につながるものであった。

ルネサンスの時期にアラブ世界から伝わった新プラトン主義、占星術、錬金術などのイスラムの科学的思考が流入した。そしてそれが新たな工芸技術や航海術の発展をもたらした。さらに十四世紀にヨーロッパ躍進の鍵となる羅針盤と鉄砲が広まり始め、十五世紀には学問の発展に大きく貢献する活版印刷術が発明された。

それと共にルネサンスの時期には望遠鏡が発明され、天文学が急速に発展した。

この動きは近代科学の誕生につながるものであった。

十五世紀後半からポルトガル人やスペイン人の長距離の航路の開発が盛んになった。大航海時代が始まったのである。このあとヨーロッパ人は、南北アメリカやアジア、アフリカの各地に意欲的に進出した。

ルネサンスのあとのヨーロッパは、有力な君主がならび立つ絶対王制の時代になった。ヨーロッパ諸国が急速に成長する中で、十七世紀末にイギリスのニュートンが近代物理学を開いた。このあと物理学の手法を用いた技術革新が指向され、十八世紀にイギリスで産業革命が始まる。

機械による大量生産の時代が、訪れたのである。このあと西洋の強国は、市場を求めて各地に植民地を展開する。この動きの中で、近代科学を核としたヨーロッパの文化が世界中に広がった。

国や民族によって差はあるが、現在では地球上のあらゆるところで西洋流の文化にたつ社会がみられるといってよい。

歴史をつくる力とは？

世界の歴史は、古い時代から各地で多様な文化がつくられてきたことと、多様な文化がさまざまな形で交流を繰り返して文化を発展させてきたことを教えてくれる。

一方では哲学を生み出したギリシア人や一神教を唱えたユダヤ人のような独創力の強い民族もいる。またイスラム帝国やルネサンス期のヨーロッパの知識人のように、多様な文化を取り入れて、それに独自の工夫を加えていくのが上手な人びともいる。

日本人や中国人も、他国のものを上手に学んで文化を発展させてきた。

現在の私たちの豊かな生活は、長い人間の歴史の中で生きた多くの人びとの努力によってつくられてきたといってよい。そう考えると、

「人間は素晴らしい」

と思えてくる。歴史書に名を残した科学者、技術者は、ほんの一握りの人びとにすぎない。かれの背後には、無数の学者や職人の営みがあった。

ニュートン以前に活躍した学者たちの学問を知っていなければ、天才といわれるニュートンであっても、万有引力の法則をあみ出せなかっただろう。

本書は世界的規模の視野で歴史をみる、歴史哲学の手法でまとめたものである。読者の方が小著をきっかけに、歴史の一つの事項を大きな視野の中でとらえる発想を身に付けていただければ幸いである。

なお、西トルキスタンのアラル海は、現在、急速に干上がって陸地化しているために、本書の引用した地図によって、アラル海の形が異なるものになったことをお断りしておきたい。

著者紹介

武光 誠（たけみつ　まこと）

1950年、山口県防府市生まれ。1979年、東京大学大学院国史学博士課程を修了。文学博士。現在、明治学院大学教授。日本古代史を専攻し、歴史哲学的視野を用いた日本の思想・文化の研究に取り組む。主な著書に、『藩と日本人』（河出書房新社）、『一冊でつかむ日本史』（平凡社新書）、『国境の日本史』（文春新書）、『日本人なら知っておきたい！ 所作の「型」』（青春文庫）、『知っておきたい日本の神様』『知っておきたい日本の神道』（以上、角川ソフィア文庫）、『「古代日本」誕生の謎』『地図で読む「古事記」「日本書紀」』『日本史の影の主役 藤原氏の正体』『地図で読む「魏志倭人伝」と「邪馬台国」』（以上、PHP文庫）などがある。

本書は、書き下ろし作品です。

PHP文庫 「地形」で読み解く世界史の謎

2015年8月19日 第1版第1刷
2015年9月17日 第1版第2刷

著　者　武　光　誠
発行者　小　林　成　彦
発行所　株式会社ＰＨＰ研究所
東京本部　〒135-8137 江東区豊洲5-6-52
文庫出版部 ☎03-3520-9617(編集)
普及一部 ☎03-3520-9630(販売)
京都本部　〒601-8411 京都市南区西九条北ノ内町11
PHP INTERFACE　http://www.php.co.jp/
組　版　有限会社エヴリ・シンク
印刷所
製本所　図書印刷株式会社

 ISBN978-4-569-76391-0